Das Buch beschreibt eine dreiwöchige Reise durch Kenia. Mit Auto, Schlafsäcken und Zelt macht sich die Autorin, gemeinsam mit ihrem Mann, auf den Weg, das Land jenseits der ausgetretenen Touristenpfade zu erkunden. Sie erzählt von eindrucksvollen Landschaften, gefährlichen Abenteuern und nimmt Stellung zur derzeitigen Situation in Kenia.

Esther Stein, geboren 1962 in Frankfurt am Main, studierte klassischen Gesang und arbeitet heute als Sängerin und Schauspielerin.

1988 führte sie ein Engagement nach Wien, wo sie während einer Vorstellung in den Orchestergraben fiel und dort ihren Mann kennen lernte. Seitdem lebt sie in Österreich. Ihre künstlerische Tätigkeit führte sie an Theater von Flensburg bis Wien. Zum Zeitpunkt der Reise war sie im Musical »Der Glöckner von Notre Dames«, in Berlin beschäftigt. Ihr erstes Buch »*Heimweh nach Afrika*«, schrieb sie im österreichischen Waldviertel, wohin sie nach Ende der Spielzeit zurückkehrte.

Esther Stein

Heimweh nach Afrika

Tagebuch einer Reise
durch Kenia

Vollständige Taschenbuchausgabe
Copyright © 2002 by Esther Stein
Herstellung : Books on Demand GmbH
Norderstedt
Coverphoto: ® Steinhaus 2002
Umschlaggestaltung: Steinhaus
Printed in Germany
ISBN 3- 8311- 4498- 2

www.afrikaabenteur.at

»Afrika ist mehr als nur ein Land –
es ist ein Wesen, geboren aus den Hoffnungen und Träumen
von Menschen.«
(Beryl Markham)

Vorwort

Viele Menschen denken, wenn das Gespräch auf Afrika kommt, an einen gefährlichen Kontinent, der sich wenig für Individualreisen eignet, oder der zumindest, höchstens lebensmüde Extremurlauber locken kann, sich außerhalb der sicheren Hotels zu bewegen; das waren jedenfalls die Erfahrungen, die mein Mann und ich machten, als wir im Bekanntenkreis von unseren Urlaubsplänen erzählten.

Die Phantasie unserer Freunde und Verwandten kannte keine Grenzen, wenn es darum ging, Horrorszenarien zu entwerfen, um uns von unserem Vorhaben, ein Auto zu mieten und Kenia auf eigene Faust zu erkunden, abzubringen. Auf der einen Seite waren da Bürgerkriege, Konflikte zwischen Schwarzen und Weißen und die hohe Kriminalitätsrate, die uns abschrecken sollten, und auf der anderen Seite warnten uns gutmeinende Menschen vor gefährlichen Schlangen, giftigen Skorpionen, Ungeziefer aller Art und schließlich natürlich auch vor den vielen lebensbedrohlichen Krankheiten, die in Afrika auf uns lauern würden.

Es nutzte alles nichts, wir fuhren doch, allerdings mit einem etwas mulmigen Gefühl – aber wir haben es nicht bereut. Unsere Ängste waren zu einem großen Teil völlig überzogen und unnötig.

All die erwähnten Gefahren mag es geben in Afrika, aber es gibt sie nicht alle überall und schon gar nicht gleichzeitig. Ich möchte mit meinem Buch Mut machen, Kenia auch abseits der ausgetretenen Pfade zu besuchen. Es ist ein wunderbares Land, das unglaublich viel zu bieten hat, und mit ein bisschen Improvisationsfähigkeit und der Bereitschaft offen, auf die Menschen zuzugehen, ist ein Individualurlaub durch Grassavannen, Buschland und Regenwald ein Abenteuer, das auch Menschen, die weniger Neigung zu Extremurlauben haben, offen steht und das den Geldbeutel deutlich geringer belastet, als vorgebuchte, organisierte Safaris. Zudem zeigt meine Erfahrung, dass man das Land auf diese Art sehr viel intensiver, direkter und echter erlebt.

Diese Reise war die schönste, die ich je gemacht habe und sie weckte den Wunsch, andere an meinen Erlebnissen teilhaben zu lassen. So entstand dieses Buch. Ich möchte Sie einladen, mir in einzigartige Landschaften, unberührte Natur und wildromantische Abenteuer zu folgen und sich zu amüsieren, über diverse Pannen und unerwartete Begebenheiten die unseren Urlaub begleitet haben.

Esther Stein

4. Februar 2002

Ungeduld und Vorfreude treiben uns bereits drei Stunden vor Abflug an den Flughafen.

Seit einem Jahr fiebern wir nun schon Afrika entgegen, um genau zu sein, seit wir von unserem letzten, und damit ersten Keniaurlaub zurückgekommen sind.

Damals haben wir, zum ersten Mal in unsrem Leben, einen Pauschalurlaub gebucht und entschieden, dass es auch unser letzter gewesen sein würde. Gegen das Hotel war nichts einzuwenden, im Gegenteil, der Service war ausgezeichnet; aber ein einziger derartiger Urlaub hat uns zu der unumstößlichen Überzeugung gelangen lassen, dass Pauschaltouristen ein Volk sind, das nur mit viel Mühe und Geduld zu ertragen ist, eine Geduld, die ich zumindest weder aufbringen kann, noch will.

Die Gesellschaft von Tante Herta aus Kleinhausen, die sich, des Englischen nur in soweit mächtig, dass es zu »Good morning, I am from Germany!« reicht, anmaßt, die mangelnde Bildung des Kellners zu kritisieren, weil er *Spiegelei* nicht versteht - eines Kellner übrigens, der in der Regel drei Sprachen (Englisch, Suaheli und seine jeweilige Muttersprache) fließend beherrscht - ist mehr, als ich im Urlaub für zumutbar halte.

Immerhin muss ich zu unsrer Schande gestehen, dass wir uns, durch die Panikmache der Reiseveranstalter bezüglich Kriminalität außerhalb des bewachten Hotels, genauso haben anstecken lassen wie besagte Tante Herta. Durch unsere dadurch eingeschränkte Abenteuerlust, konnten wir uns lediglich dazu durchringen, an einer, vom Reiseveranstalter organisierten, Flugsafari in die Maasai Mara teilzunehmen, auf der wir uns mit dem Virus des Afrikafiebers infiziert haben.

Nachdem wir, ganz am Ende des Urlaubs, noch einmal all unseren Mut zusammengenommen und auf eigene

Faust, per Taxi, einen Ausflug auf eine Krokodilfarm unternommen und diesen auch noch, wieder Erwarten, unbeschadet überlebt hatten, war klar: wir werden wiederkommen, aber diesmal ganz anders.

Und jetzt ist es also so weit. Wir stehen am Flughafen Berlin-Tegel, ausgerüstet mit Rucksäcken voller nützlicher Campingutensilien, Schlafsäcken und Zelt, nicht genau wissend, was uns erwartet, aber dank Hartmut Fiebigs Reiseführer, so gut wie möglich vorbereitet und voller Vorfreude.

Außer dem Rückflug, einem Auto und einer ersten Nacht in Nairobi, ist nichts gebucht.

Horst ist in einen Hundehaufen getreten und hat versehentlich seine neue, helle Safarihose verschmiert. Er versucht gerade, sich auf der Flughafentoilette wieder in einen nicht stinkenden, properen Touristen zu verwandeln, während ich mich frage, ob es nicht vielleicht Glück bringen könnte, den Urlaub mit Hundescheiße an der Hose zu beginnen.

Der Taxifahrer, der uns zum Flughafen gebracht hat, wollte angesichts unsres - seiner Ansicht nach wahnsinnigen Urlaubsvorhabens - unser Rückkunftsdatum wissen. Er würde nach uns Ausschau halten, meinte er, er könne sich nicht vorstellen, dass wir dieses Abenteuer überleben würden.

Er ist nicht der Einzige, der uns für leichtsinnig oder todesmutig hält. Afrika in Verbindung mit Camping, löst offensichtlich bei vielen Leuten Vorstellungen von menschenfressenden Löwen, die nichts Besseres zu tun haben, als Touristenzelte zu attackieren, aus und lässt Phantasien von mit Speeren bewaffneten Wilden entstehen, die harmlose Reisende im Schlaf überfallen, um ihnen die Kehle durchzuschneiden.

Ehrlich gesagt, halte ich selbst uns weder für besonders mutig, noch unsere Reise für übermäßig gefährlich. Weder Verwandten noch Freunden ist es gelungen, uns dazu zu bringen, ihre übertriebenen Ängste zu teilen, und ich stelle mir die Frage, ob wir tatsächlich extrem naiv und leichtsinnig sind, oder ob es der durch die Urlaubsvorbereitungen angehäufte Wissensvorsprung ist, der uns das Risiko berechenbar erscheinen lässt.

Beruhigt komme ich zu dem Schluss, dass Letzteres der Fall sein muss.

Mittlerweile ist es 16.50 geworden. Wir sitzen in der Maschine nach Amsterdam, von wo, nach kurzem Zwischenstopp, endlich der Flieger in die Sonne starten wird. Das Gepäck ist bis Nairobi durchgecheckt, Afrika wir kommen.

5. Februar 2002

0.00 Uhr, etwas mehr als 12000 Meter über der Sahara, mein 40. Geburtstag hat begonnen. Horst holt seine Klarinette aus dem Handgepäck und überrascht mich mit einem Geburtstagsständchen, womit er mir ein paar Tränen und den umsitzenden Passagieren, die in mehr oder weniger verbogenen Stellungen, erfolglos versuchen, wenigstens ein bisschen Schlaf zu finden, einen genervten Augenaufschlag entlockt.

Die Stewardess bringt Champagner. Eigentlich hatte Horst nur Sekt verlangen wollen, aber da er »champagne« bestellt hat, ist es französischer Champagner geworden, auf Kosten von Kenya Airways.

Wir trinken zwei Drittel der edlen Spende, dann rempelt Horst sein Tablett an, und der Rest ergießt sich, mitsamt einem Glas Rotwein, über seine Hose, deren Schicksal damit nun endgültig besiegelt sein dürfte.

Vielleicht sollte man, für Leute wie meinen Mann, Safarihosen in dezentem Grau-Grün-Braun-Rot-Ocker verkaufen. Sie hätten eindeutig mehr Chancen, wenigstens einen Urlaub unbeschadet zu überstehen.

Trotzdem, es ist mit Abstand der romantischste Geburtstag, den ich je gefeiert habe.

Umrahmt von vierzig gedruckten Rosen, bekomme ich einen Gutschein über ein Kleid, einzukaufen morgen in Nairobi, damit meine Reisegarderobe etwas aufzuweisen hat, das dem Anlass entspricht, zum Essen ins *Tamarind*, einem der edelsten, aber auch teuersten und besonders für seine Meeresfrüchte bekannten Lokale Kenias, ausgeführt zu werden.

Außerdem umfasst mein Geschenk einen weiteren Gutschein - einen Segelflug über das Hochland der Abadares.

Ich muss zugeben, vierzig zu werden, kann ausgesprochen nett sein.

Während sich mein Mann, befriedigt darüber, dass seine Geburtstagsüberraschung so gut angekommen ist, in seiner bunt gescheckten Hose, einem friedlichen, leichtbetrunkenen Schlummer hingibt, betrachte ich meine Mitreisenden.

Ich frage mich, was sie wohl nach Kenia treiben mag. Ein paar schwarze Nonnen sind wahrscheinlich auf dem Weg nach Hause, aber was ist mit dem überwiegend weißen Anteil der Passagiere, was ist ihr Reisegrund? Immerhin gehen täglich zwei ausgebuchte Linienflüge von Amsterdam nach Kenia und zwei zurück.

Selbst wenn ich in Betracht ziehe, dass es auch weiße Kenianer und sicherlich auch irgendwo anders in Afrika ansässige Transitreisende gibt, muss ich wohl der Tatsache ins Auge sehen, dass wir nicht die einzigen Individualtouristen sind, die darauf aus sind, sich den Gefahren Afrikas, jenseits der ausgetretenen Touristenpfade, auszusetzen.

Schade eigentlich, ich hätte mich gerne der Illusion hingegeben, etwas ganz Besonderes zu sein, besonders verwegen oder besonders abenteuerlustig, aber womöglich werden sich, kaum dass wir in Nairobi ankommen, Massen wagemutiger weißer Abenteurer auf die dort ansässigen Autovermietungen stürzen, um nun Afrika auf eigene Faust zu erobern.

Nette Vorstellung!

Es ist 6:15, als wir Nairobi erreichen. Wie per Email verabredet, werden wir von einem Fahrer des *Marble Arch Hotels* erwartet. Ich muss natürlich sofort mein in den letzten drei Monaten erlerntes Suaheli an den Mann bringen, was Jonathan, wie sich der Fahrer vorstellt, allerdings enttäuschend wenig zu würdigen weiß.

Europäer, die über die Begrüßungsformel »Jambo« hinauskommen, mögen an der Küste beeindrucken, hier in Nairobi, sind offensichtlich Suahelikenntnisse auch bei der blassen Rasse durchaus üblich.

Außerdem muss ich zugeben, dass es dem sprachgewandten Eindruck, den ich so gerne erwecken möchte, sicherlich einigen Abbruch tut, dass ich zwar ganz brauchbar grammatisch korrekte Fragen stellen kann, aber leider unfähig bin, auch nur eine einzige Antwort zu verstehen.

Drei Monate habe ich diese Sprache gepaukt, und jetzt stehe ich da, als hätte ich meine erste Lehrstunde noch vor mir. Es ist frustrierend, ich fürchte, ich lese besser, als ich verstehe, aber da ich Jonathan vermutlich nicht davon überzeugen könnte, mir seine Antworten schriftlich zu geben und zudem seine Englischkenntnisse hervorragend sind, muss ich mich wohl für jetzt mit meinem Versagen abfinden und die Unterhaltung in der Sprache der weißen Kolonialherren führen.

Die Sonne geht gerade auf, als wir aus dem Flughafen

kommen, und es ist angenehm warm. Afrika begrüßt uns auf freundlichste Weise.

Mit dem *Marble Arch*, haben wir eine letzte Nacht in einem luxuriösen Oberklassehotel mit internationalen Standart gebucht, bevor wir morgen die Zivilisation verlassen werden. So jedenfalls hat es der Reiseführer versprochen. Nun, zumindest aus europäischer Sicht, sieht die Wirklichkeit etwas anders aus. Als luxuriös, würde ich dieses Hotel sicher nicht bezeichnen. Es ist einfach und etwas abgewohnt; aber es ist sauber und das Personal ist sehr freundlich.

Wir scheinen die einzigen weißen Gäste zu sein, was uns aber nicht weiter stört.

Beim Frühstück bin ich schon erfolgreicher als am Flughafen. Selbstbewusstsein heuchelnd, bestelle ich forsch »mayai ya kukaanga« und bekomme tatsächlich: Spiegeleier!

Es kommt mir vor wie ein Wunder. Der Kellner hat tatsächlich diese sonderbaren Laute, die vorgeben eine Sprache zu sein, richtig interpretieren können. Die vierhundert Mark für meinen Suahelikurs waren doch keine Fehlinvestition. Ich werde verstanden!

Zugegebenermaßen hätte ich mein Frühstück auch bekommen, wenn ich ganz schlicht »fried eggs« bestellt hätte, aber vermutlich hätte ich dann auf die bewundernden Blicke meines Mannes verzichten müssen, der, gebührend beeindruckt von seiner intelligenten Frau, mir gegenüber sitzt und an seinem Toast knabbert.

Nach dem ausgiebigen morgendlichen Mahl, machen wir uns zu Fuß, auf den Weg zur Autovermietung. Leichtsinnigerweise überlasse ich meinem, nicht wirklich als Meister der Navigationskunst bekannten Mann, den Reiseführer und so haben wir uns, binnen kürzester Zeit, hoffnungslos verlaufen.

Wir erleben Nairobi als eine ausgesprochen freundliche Stadt. Ein suchender Blick in den Reiseführer genügt, um augenblicklich einen aufmerksamen Afrikaner zu veranlassen, stehen zu bleiben und uns zu fragen, ob wir Hilfe bräuchten.

Nach unseren Erfahrungen in Mombasa, im vorigen Jahr, habe ich aufdringliche, hartnäckige Souvenirverkäufer oder endlose Massen von Bettlern erwartet, die sich einem an die Schuhsohlen heften; nichts davon ist der Fall.

Völlig unaufdringlich wird uns ein paar mal der Weg gewiesen, und wir werden weder belästigt noch angestarrt, obwohl wir in dieser Gegend weit und breit die einzigen Weißen sind.

Von allen Großstädten die ich kenne, unterscheidet sich Nairobi in erster Linie durch die schier endlose Zahl von Fußgängern, die die Straßen bevölkern. Ein unglaublich buntes, lautes, lebendiges Gedränge herrscht auf den Gehsteigen, ohne dass es mir hektisch erscheinen würde.

Horst trägt einen goldenen Ohrring, eine unnötige Provokation, die nicht ohne Folgen bleibt. Als eine zerlumpte Gestalt aus der Menge danach greift und versucht ihn herunterzureißen, wird er, noch bevor wir richtig verstehen, was passiert, von anderen Passanten an dem Diebstahl gehindert und davongejagt. Ein freundlicher junger Mann entschuldigt sich für Nairobis Kleinkriminelle und rät uns, die Richtung, die wir eigentlich einschlagen wollten, lieber zu meiden.

Ich bin gerührt über soviel Fürsorge, und anstatt nervös zu werden, fühle ich mich behütet und sicher in Kenias Hauptstadt. Es scheint, als läge den Einwohnern das Ansehen der Stadt und das Wohl ihrer Gäste am Herzen und sie fühlten sich daher ganz selbstverständlich für deren Schutz verantwortlich. Ich habe in Deutschland durchaus schon vergleichbare Situationen erlebt, in denen sich niemand aufgefordert gefühlt hat einzugreifen.

Wir kommen sicher bei der Autovermietung an.

Statt des bestellten Modells, bietet man uns dort das

nächst größere, zu einem kaum höheren Preis an. Angeblich ist es »brand-new«.

Na ja, über die Definition von »brand-new« kann man ganz offensichtlich geteilter Meinung sein. Immerhin lässt das Erscheinungsbild des angebotenen Wagens nicht nur Rückschlüsse auf Kenias Straßen zu, sondern auch auf den möglichen Zustand, eines sich eventuell schon länger in Gebrauch befindlichen Exemplars, und so entscheiden wir uns, zuzugreifen. Damit ist ein Suzuki Nomade, für die nächsten drei Wochen, unser rollendes Zuhause.

Schließlich buchen wir, für ein Viertel der Summe, die wir für unser heutiges Schlaflager bezahlt haben, ein Zimmer für unsre letzte Nacht, im zur Autofirma gehörenden Hotel, mit dem vielversprechenden Namen *Glory palace.*

Dann stürzen wir uns in Nairobis Straßenverkehr.

Wir haben uns zielsicher die beste Zeit ausgesucht, um die ersten Fahrerfahrungen auf der »falschen« Seite zu machen. Es herrscht Rushhour. In scheinbar völligem Chaos, quälen wir uns durch hupende Matatus, Taxis, die ausschauen, als müssten sie jeden Moment auseinanderfallen und einige wenige, ebenso schrottreife Privatfahrzeuge. Fahrstreifenmarkierungen gibt es keine, oder sie werden nicht ernstgenommen, und sämtliche Ampeln sind außer Betrieb. Ob man hier so umweltbewusst ist, dass, wo immer möglich, Strom gespart wird oder die Ampeln überhaupt nur Attrappe sind, die den Eindruck erwecken sollen, man befände sich hier in einer zivilisierten Großstadt, vermag ich nicht zu beurteilen. Jedenfalls habe ich ein bisschen das Gefühl, Autoskooter auf einer Fußgängerzone zu fahren. Horst ist in seinem Element.

Es begeistert ihn, scheinbar völlig ohne Reglementierungen, sein Fahrzeug durch den dichten Verkehr steuern zu dürfen. Immer wieder tut er, wahrscheinlich nicht zuletzt, um meine blankliegenden

Nerven zu beruhigen, fröhlich seine Ansicht kund, Lenker, die selbstständig denken dürften, seien viel aufmerksamer und Unfälle damit weit weniger wahrscheinlich. Immerhin muss ich zugeben, dass die allgemeine Fahrweise ausgesprochen defensiv ist. Von deutscher, oder auch österreichischer Aggression und Sturheit im allabendlichen Berufsverkehr, fehlt jede Spur.

Trotzdem gelingt es mir nicht wirklich, mich zu entspannen, was unter anderem damit zu tun hat, dass Horst jedes Mal den Scheibenwischer betätigt, wenn er eigentlich blinken will. Außerdem schätzt er, jetzt wo er rechts sitzt, immer wieder den Abstand auf der linken Seite des Autos, also der Seite auf der ich sitze, falsch ein - eine Tatsache, die er natürlich heftig bestreitet.

Als knapp neben meiner linken Schulter ein Fahrradfahrer vor Schreck strauchelt, weil Horst seinen voll beladenen Gepäckträger streift, mache ich meinen Mann höflich darauf aufmerksam, dass er doch bitte bedenken möge, dass sich, bedingt durch die Bauweise des Autos, bei diesem rechtsgesteuerten Modell, etwas mehr Auto links von ihm befände, als er es gewohnt sei. Besonders in Linkskurven, hielte ich es für ratsam, diesen Umstand im Auge zu behalten. Ich handle mir eine rüde Abfuhr ein, er brauche meine Belehrungen nicht, schließlich sei er ein erfahrener Autofahrer und habe die Situation voll im Griff. Spricht's und nimmt den linken Randstein mit.

Wie durch ein Wunder, kommen wir trotzdem heil beim Hotel an, und obwohl sich mein Mann natürlich völlig selbstverständlich und ohne Schwierigkeiten auf die fremde Fahrweise eingestellt hat, kann ich ihn erstaunlich schnell dazu überreden, das Auto auf dem bewachten Parkplatz des Hotels stehen zu lassen und unsre Einkäufe zu Fuß zu erledigen und die nächsten Fahrübungen auf morgen, außerhalb Nairobis zu verschieben.

Nachdem wir uns im Supermarkt, schräg gegenüber

vom Hotel, mit Lebensmitteln, Wasser und diversen fehlenden Ausrüstungsgegenständen eingedeckt haben, als hätten wir vor, morgen in den Urwald oder in die Wüste aufzubrechen und wären darauf eingestellt, die nächsten drei Wochen keinem Anzeichen von Zivilisation oder irgendeinem Menschen zu begegnen, suchen wir im Reiseführer nach möglichen Zielen für den Nachmittag.

Bei dieser Gelegenheit erfahren wir, dass unser Hotel in einem Distrikt steht, der »*bei Europäern nicht ohne Grund wegen seiner Taschendiebe berüchtigt ist*«, auch Raubüberfälle habe es hier schon gegeben; deshalb sei dies definitiv eine der Gegenden von Nairobi, in denen man besser die Armbanduhr abnähme und nicht mit seinem gesamten Eigentum durch die Gegend spaziere. Vielleicht wäre es sinnvoll gewesen, den Reiseführer zu Rate zu ziehen, *bevor* wir uns, mit Goldschmuck behangen, auf unseren Fußmarsch zur Autovermietung gemacht haben. Andererseits wäre uns wahrscheinlich ein interessanter Vormittag entgangen. Ich glaube kaum, dass ich mich *nach* dieser Lektüre noch so unbeschwert ins Straßengetümmel gestürzt hätte.

Für den Nachmittag entschließen wir uns, per Taxi in eines der ältesten afrikanischen Viertel der Stadt zu fahren und den Markt von Kariokor zu besuchen.

Der Fahrer bietet uns an, auf uns zu warten. Wir lehnen dankend ab, was sich als mittelschwerer Fehler herausstellen soll. Nachdem wir ausgiebig das bunte Treiben auf dem Markt genossen, diversen Kleinhandwerkern bei der Arbeit zugesehen und zwei Maasai-Fliegenwedel erstanden haben, wollen wir erschöpft zurück zum Hotel, aber es gibt weit und breit kein Taxi. In dieser Gegend verkehrt offensichtlich nicht unbedingt eine Klientel, die es Fuhrunternehmern besonders lohnend erscheinen lassen würde, in langen Schlangen auf Fahrgäste zu warten.

Der stolze Besitzer eines gerade eben noch fahrbaren

Blechhaufens, ohne erkennbaren   Hinweis, der das rostende Etwas als Taxi ausweisen würde, erkennt unsere Notlage und bietet uns, zu einem völlig überhöhten Preis, seine Dienste an. Ich bin nicht bereit, mehr zu zahlen als für die Herfahrt, aber der geschäftstüchtige Rostlaubeninhaber ist eindeutig in der besseren Verhandlungsposition. Erst als ich, Entschlossenheit vortäuschend, im Reiseführer blättere und einen vorbeigehenden Passanten nach der Matatu-Haltestelle frage, ist er bereit auf unsere Preisvorstellung einzugehen. Allerdings jammert er auf der gesamten Fahrt über den schlechten Handel und kann damit letztendlich doch das weiche Herz meines Mannes rühren und ein Trinkgeld rausschlagen, das mehr als ein Viertel des Fahrpreises ausmacht. Wir müssen eindeutig noch an unsrer Verhandlungsstrategie arbeiten.

Wir lassen uns an der Tom Mboya Road absetzen, damit ich mich für den Abend einkleiden kann. Die Auswahl an passender Garderobe, die sich in den Läden bietet, ist klein, was die Entscheidung beschleunigt, und schon bald erholen wir uns von dem anstrengenden Nachmittag im *Thorn Tree Café* des altehrwürdigen *Stanley Hotels*.

Auch wenn statt der berühmten alten Fieberakazie, die in der Kolonialzeit von frühen Siedlern als Briefkasten genutzt wurde, nur ein noch sehr mickriger neuer Baum steht, dessen Rinde noch keinen Platz für Nachrichten bietet, lassen die Notizen der Globetrotter, an der Holzwand, die um den Stamm gebaut worden ist, etwas von dem alten Flair erahnen.

Endlich ist es soweit. Ich bin gestylt und rausgeputzt, mein Magen schreit lauthals nach Futter, und wir sind auf dem Weg, zu meinem Geburtstagsdinner.

Wieder geraten wir an einen Taxifahrer, der anbietet zu warten. Diesmal nehmen wir dankend an, obwohl es gerade hier wahrscheinlich nicht nötig gewesen wäre.

Vor dem Eingang des *Tamarind* stehen Luxuskarossen Schlange und warten auf gutzahlende Fahrgäste, um sie, nach ihrem fulminanten Mahl, sicher nach Hause zu bringen. Neben diesen teuren Autos, wirkt unser Taxi mitleiderregend schäbig; aber unser ärmlich gekleideter Chauffeur hat einen Verdienst sicher nötiger, als die Fahrer der Nobelschlitten, und so bleibt es dabei, er wird auf uns warten, auch wenn es sehr lange dauern sollte.

Ein Page in eleganter Livree, öffnet uns Wagentür und salutiert zackig, als ich aussteige. Das Geräusch seiner zusammenschlagenden Hacken trifft mich völlig unvorbereitet, und ich erschrecke zu Tode, weil ich glaube, jemand habe geschossen. Noch bevor ich mich erholt habe, rennt der Livrierte vor uns her zum Eingang des Lokals, und zu zweit wiederholen sie dort diese übertrieben förmliche Begrüßung.

Ich fühle mich, als hätte man mich mit der englischen Königin verwechselt und weiß nicht genau ob ich mich angesichts dieser etwas albernen Begrüßungszeremonie geehrt fühlen, oder dem aufsteigenden Lachreiz nachgeben soll.

Es gelingt mir, das verräterische Glucksen in meiner Kehle in ein huldvolles Lächeln umzuwandeln, und so schreiten wir hoheitsvoll vorbei, an den in respektbezeugender Pose verharrenden Türstehern, ins Restaurant.

Nach dem Outfit und dem Gebaren der beiden Eingangspagen, überrascht das elegante Understatement im Inneren des Lokals. Nachdem man uns nach unseren Namen gefragt hat, werden wir zum Tisch geleitet, und ein höflicher Kellner fragt, bevor er uns die Karte bringt, ob wir ein »Small–« oder ein »Big-Dinner« wünschten. Welche Frage, »big« natürlich, es ist mein vierzigster Geburtstag, und ich bin eingeladen. Unter diesen Umständen werden wir prompt noch ausgesuchter behandelt. Fünf Kellner sind um unser Wohl bemüht, und sie schaffen es, dabei völlig unaufdringlich und nahezu unbemerkt vorzugehen. Nach den Cocktails, Pina Colada und Bloody Mary, wählt Horst gebratene Straußenleber, als Vorspeise, und anschließend Riesengarnelen auf Nelkenreis mit Gemüse. Für mich gibt es zuerst gebackene Krebsscheren mit dreierlei Saucen und, als Hauptgericht, Hummer-Suaheli mit Gemüse und Kokosreis. Dazu trinken wir im Eichenfass gelagerten, südafrikanischen Chardonnay.

Das Essen ist gigantisch, ebenso wie der Wein, und gepaart mit dem Ambiente und unseren fünf perfekten Kellnern, wird dieser Abend zu einem unvergesslichen Erlebnis. Ich melde meine Bedürfnisse anlässlich meines fünfzigsten Geburtstag schon jetzt an. Bitte ganz genauso!!!

Bevor wir die Dessert-Karte verlangen können, erscheinen die fünf Befrackten mit einer Schokoladencremespeise, dekoriert mit Waffel und brennender Wunderkerze, und singen mir ein Geburtstagsständchen. Auf dem Rand des Tellers steht, in Schokoladenschrift: »Happy Birthday Esther«.

Horst bestellt als Nachspeise Kokos-Eis mit gebackener Banane und Karamellsauce, und damit er nicht weniger Zuwendung bekommt als ich, steht auf seinem Tellerrand »Specially made for Horst«.

Total übermüdet - schließlich sind wir, wenn man von Horsts betrunkenem Kurzschlaf im Flugzeug einmal absieht, seit mehr als 36 Stunden wach - befriedigt, satt und im Bewusstsein, einen ersten Urlaubstag erlebt zu haben, der nur schwer zu übertreffen sein wird, falle ich nach diesem gigantischen Mahl in mein Bett. Ich freue mich auf mindestens acht Stunden Schlaf - aus denen jedoch nichts wird.

Mitten in der Nacht steht plötzlich eine Militärpatrouille vor der Tür und will unsere Pässe prüfen. Im Halbschlaf und angesichts ihrer schweren MGs, denken wir natürlich beide zunächst an einen Überfall und haben ein ausgesprochen mulmiges Gefühl. Aber die Uniformierten sind echt und wenn als Schikane, dann wohl eher als eine für den Besitzer des Hotels gedacht, womöglich hat der Manager nicht genug geschmiert.

Jedenfalls sind meine Papiere in Ordnung, aber nach 10-minütigem Studium des zwei Jahre alten Visums von Kap Verde in Horsts Pass, wird befunden, dass das Datum nicht in Ordnung sei. Der Irrtum lässt sich glücklicherweise leicht aufklären, indem man zwei Seiten weiter blättert, dort befindet sich nämlich ein gültiges Visum für Kenia. Unter den Entschuldigungen des Managers, dem die ganze Aktion ziemlich peinlich zu sein scheint, dürfen wir endlich wieder schlafen gehen.

6. *Februar* 2002

Die Nacht hat mir drei Mückenstiche eingebracht. Horst hat gestern vehement die Ansicht vertreten, wenn es in einem Hotel dieser Preisklasse keine Moskitonetze gäbe, sei davon auszugehen, dass es auch die gefürchteten stechenden Insekten nicht gäbe, und hat vor dem Schlafengehen, an der offenen Balkontür, eine Zigarette geraucht, während im Zimmer das Licht brannte. Immerhin sind die Stiche zu groß, um von der Anophelesmücke zu stammen, es wird sich also um ganz gewöhnliche Mückenstiche handeln, die ich gute Chance habe, zu überleben.

In der Hoffnung, die ersten und somit die einzigen Besucher zu sein, fahren wir sehr früh los, in Richtung *Karen Blixen Museum*.

Sobald wir das Zentrum verlassen, zeigt sich Nairobi sehr viel afrikanischer. Primitive Verkaufstände, rechts und links der Straße, bieten in ungeordnetem Durcheinander, Kleidung, Schuhe, Obst, Gemüse und Geschirr an. Dazwischen brennen Müllhaufen. Die Menschen sind ärmlich gekleidet, und alles starrt vor Schmutz; wir fahren durch die Slums von Nairobi. Mich faszinieren die Gesichter, in die ich schaue. Trotz des Elends, in dem diese Menschen hier leben, wirken sie nicht deprimiert. Die meisten lachen mich freundlich an, wenn sich unsere Blicke begegnen.

Noch weiter draußen finden sich einfache Wohngebäude an der Straße. Manche sind aus Lehm, andere aus Stein. Alle haben winzige, oft nur 4 qm große Gärten davor, in denen von Bananen und Kartoffeln, bis hin zu Zierpflanzen alles Mögliche angebaut und zum Verkauf angeboten wird.

Nachdem wir einige Missionsschulen, Kindergärten, ein medizinisches Trainingscamp und ähnliche Gewissen beruhigende Sozialeinrichtungen passiert haben, erreichen wir schließlich Nairobis Villenviertel. Hohe massive Mauern, elektrisch geladene Stacheldrahtzäune und bewaffnete Wächter vor den Eingangstoren lassen nur wenige Blicke auf die luxuriösen Anwesen zu, die sich dahinter verbergen. Die wenigen Aussichten, auf gepflegte, blühende Gärten, Swimmingpools und weißgetünchte Prachtbauten, lassen den Schluss zu, dass, falls es in Nairobi überhaupt eine Mittelschicht gibt, diese hier genauso wenig zu Hause ist, wie die unterprivilegierte Mehrheit des Landes.

Ich gebe zu, ein eigener Garten mit Swimmingpool, in ganzjährig angenehmem Klima, ist etwas, das zu besitzen, ich durchaus für erstrebenswert halten könnte. Aber der Preis, hinter Mauern und Stacheldraht, wie in einem Gefängnis leben zu müssen, in ständiger Furcht vor Diebstahl und Überfall, weil der größere Teil der einheimischen Bevölkerung nicht einmal Zugang zu sauberem Trinkwasser hat, während ich in meinem gereinigten und gefilterten Schwimmbadwasser mit Gummientchen planschen würde, erscheint mir eindeutig zu hoch. Das Paradies stelle ich mir anders vor.

Endlich sind wir auf Karen Blixens ehemaligem Grundstück.

Angesichts der luxuriösen Villen, an denen wir vorbeigefahren sind, ist dieses gemütliche kleine Anwesen geradezu einfach und schlicht.

Außer uns sind noch keine Touristen hier, wir haben richtig kalkuliert.

Ich sitze auf der Veranda und blicke auf die Ngongberge, die der dänischen Schriftstellerin so viel bedeutet haben. Ihre malerischen Beschreibungen der sanften Hügel haben oft meine Sehnsucht geweckt. Jetzt bin ich selbst hier und kann nachfühlen, was sie, auf ihrer Terrasse stehend, beim Anblick des atemberaubenden Panoramas empfunden hat.

Es gibt eine Stelle in »*Jenseits von Afrika*«, die mir die Atmosphäre auf der Farm besonders nahe gebracht hat, ohne dass ich wirklich erklären könnte, warum mir gerade dieser Abschnitt so in Erinnerung geblieben ist. Karen Blixen beschreibt das Zimmer, in dem sie ihre ersten Aufzeichnungen gemacht hat, »*das Esszimmer mit den drei langen Fenstern, die nach Westen sehen und die sich zu der gepflasterten Terrasse öffnen lassen und immer offen stehen, da der Wind ausschließlich von Osten kommt*«, und sie erzählt von den Hirtenjungen die regelmäßig, um kurz vor zwölf Uhr, ihre Ziegen auf den Rasen vor der Terrasse brächten, um die deutsche Kuckucksuhr zu hören, die sie ungeheuer faszinierte.

Diese Szene hat etwas so Friedvolles, Geborgenes, dass ich mich beim Lesen, mit jeder Faser meines Seins, sehnsüchtig hierher gewünscht habe.

Jetzt, wo ich vor ihrem Schreibtisch stehe, vor den leider

geschlossenen Fenstern, die nach draußen führen, ist es genauso, wie ich es mir vorgestellt habe. Zeit spielt keine Rolle mehr, es gibt nichts mehr zu versäumen und ich begreife was es heißt, seinen Frieden zu finden. Ich spüre, dass sich etwas in mir verändert, dass ich ruhig werde.

»Im Hochland erwacht man in der Frühe und weiß: hier bin ich, wo ich sein sollte.«

Ich fürchte, meine Mitmenschen zu Hause, würden mich normalerweise eher als laut, hektisch, ungeduldig und manchmal sogar aggressiv bezeichnen. Nun, ich mag mich selbst auch lieber so, wie ich jetzt bin.

Ich könnte den Rest des Urlaubs auf Karen Blixens Terrasse verbringen, wenn - ja wenn das nicht ein touristisch erschlossener Platz wäre, der nur noch ausnahmsweise, in den frühen Morgenstunden, so ruhig und friedlich ist.

Gerade kommt ein Reisebus mit lauten, lärmenden, mit Shorts bekleideten Engländern, und es wird Zeit für uns zu gehen, wenn wir diesen Ort so positiv in Erinnerung behalten wollen.

Auf dem Weg zum ehemaligen Verwalterhaus der Blixen-Plantage, das heute ein Restaurant sein soll, machen wir Halt bei einer Keramikfabrik, die immerhin 67 Menschen, vorwiegend Frauen, einen Arbeitsplatz bietet. Nach einer ausgiebigen Besichtigung, erstehen wir, um das Projekt zu unterstützen, einen Kerzenständer, obwohl ich eigentlich gar nicht in Kaufstimmung bin.

Schließlich erreichen wir das Gartenlokal, in dem wir, in gediegenem Luxus, einen leichten Lunch zu uns nehmen.

Das Essen ist phantastisch. Von afrikanischer Wildnis sind wir wahrhaftig noch weit entfernt. Mein Tintenfisch in Tomatensauce ist der zarteste, den ich je gegessen habe, die Getränke sind eisgekühlt, die Sonne scheint, und es weht ein angenehmes leichtes Lüftchen, das nicht unwesentlich zum Wohlbefinden beiträgt. *»...der gleiche*

Wind, den sie unten an den Küsten Afrikas Monsun nennen...
Hier oben spürt man ihn nur, als wär´s der Widerstand der
Luft, gegen den die Erde ostwärts durch den Raum rollt.«

Luxus pur, weißer Luxus allerdings, wie ich zugeben muss. Am Nebentisch sitzen drei weiße Geschäftsleute mit Aktenkoffer und Labtop, etwas weiter entfernt, zwei junge amerikanische Touristinnen, und auf der Veranda genießt ein Paar in mittlerem Alter traute Zweisamkeit. Schwarz sind hier nur die ausgesucht freundlichen Kellner. Trotzdem, ich kann es nicht ändern, ich genieße dieses träge Seele-Baumeln-Lassen ohne schlechtes Gewissen. Auch das ist wohl Afrika, extreme Gegensätze und Widersprüchlichkeiten.

Die weitere Planung für den heutigen Tag beinhaltet Thika und die *Fourteen Falls*. Wir wollen die vierspurige Autobahn vermeiden und wählen statt dessen die geteerte Nebenstraße bis Kiambu, von wo uns dann eine Sandpiste ebenfalls zum Ziel führen soll.

Soweit die Planung. Bis Kiambu läuft alles glatt. Von dort aus geht die Teerstraße, wie erwartet, geradeaus, in eine breite, offensichtlich häufiger befahrene Sandpiste über. Eine weiterer Pfad führt nach rechts, aber er ist schmal, bucklig und wenig vertrauenserweckend. Nachdem auf meiner Karte nur die eine, die geradeausführende Piste eingezeichnet ist, fällt die Entscheidung nicht schwer.

Wir fahren durch eine wunderschöne Landschaft. Saftiggrüne Hügel, unter der heißen Sonne Afrikas fast unnatürlich aussehende, satt gefärbte Plantagen, soweit das Auge reicht. Kein verdorrter Grashalm, kein welkes Blatt sind zu entdecken, und das in der Trockenzeit. Dies muss eine der fruchtbarsten Gegenden Kenias sein.

Ich bin nicht sicher ob es sich um Kaffee- oder Teeplantagen handelt, weder das eine noch das andere habe ich je gesehen. Da ich aber keine Früchte erkennen kann, tippe ich auf Tee.

Unterwegs treffen wir kaum auf Menschen. Ein älteres Paar, das einsam ein kleines Stück Land inmitten der Sträucher bearbeitet, veranlasst uns anzuhalten. Sie können wir fragen, was hier angebaut wird. Auch wenn ich fast sicher bin, dass es sich um Tee handelt, bin ich doch begierig darauf, wieder einmal meine Suahelikenntnisse anzubringen.

Meine Vermutung wird bestätigt. Es ist »chai«. Der Alte ist sehr schweigsam, aber seine Frau fragt mich bereits im zweiten Satz, ob ich Geld hätte. Ihr Mann schaut verlegen in eine andere Richtung, und ich tue als ob ich die Frage überhört hätte und fahre mit unserem Smalltalk fort.

Ich erfahre, dass sie hinter den Feldern wohnt - jetzt kann ich auch die Dächer der Hütten sehen -, dass sie neun Kinder hat und dass diese Hunger hätten, womit wir endlich wieder beim Thema wären. Ich bin froh, dass ich gut vorbereitet bin. Vor dem Urlaub habe ich extra noch ein paar landwirtschaftliche Worte gelernt, und so kann ich jetzt widersprechen: »Lakini udongo ni nzuri hapa«, aber der Boden sei gut hier. Wow, mein Suahelilehrer wäre stolz auf mich. Die Alte ist weniger beeindruckt. Sie antwortet blitzschnell: »Ja, wenn es Regen gibt, aber jetzt gibt es keinen Regen.«

Sicher ist sie nicht reich, ich bin jedoch überzeugt davon, dass in dieser Gegend niemand hungert. Um ihr zu sagen, dass der Boden trotz Trockenzeit sehr fruchtbar aussähe und ich ihr deshalb den angeblichen Hunger ihrer Kinder nicht recht abnähme, reichen meine Sprachkenntnisse nicht aus; und da ich ihr dankbar für die Übungsstunde bin, biete ich ihr 100 Ksh um von ihr und ihrem Mann ein paar Fotos machen zu dürfen.

Natürlich willigt sie in den Handel ein, und so sind beide Seiten zufrieden, als wir wieder weiterfahren.

Um halb 5, am späten Nachmittag, stoßen wir wieder auf eine Teerstraße. An der Kreuzung stehen die obligatorischen Verkaufshütten, und es gibt wieder

Menschen. Ein paar verstreute Häuser lassen auf eine Ansiedlung schließen, aber ich halte es für wenig wahrscheinlich, dass ich diese Ortschaft auf der Karte finden werde.

Durchs offene Fenster, frage ich einen jungen Burschen, wie weit es noch bis Thika sei.

»Oh, sehr weit, mindestens 70 km«.

Das kann ja nun nicht sein. Nach meiner Berechnung müssen wir kurz davor sein, er muss mich missverstanden haben. Ich versuche es anders: »Welcher Weg führt nach Thika?«

Er deutet in die Richtung, aus der wir kommen. Entweder haben wir wirklich ernstzunehmende Verständigungsschwierigkeiten, oder der junge Mann kennt sich nicht besonders gut aus.

Ich starte einen letzten Versuch und frage nach dem Namen des Ortes, an dem wir uns gerade befinden. »Limuru«, ist die Antwort.

Wie erwartet finde ich Limuru natürlich nicht auf der Karte; der junge Mann, der sich inzwischen ins Fenster gebeugt hat und eifrig interessiert den Plan in meiner Hand studiert, auch nicht. Wie sollte er auch, bei einem Maßstab von 1:1 300 000.

Ich bedanke mich trotzdem und weise Horst auf Verdacht nach links, erst mal weg und aus der Sichtweite dieser hilfsbereiten, aber ahnungslosen Menschen.

Wo zum Teufel sind wir? Irgendwann finde ich Limuru doch noch auf der Karte. Ich hatte uns völlig woanders vermutet und deshalb natürlich auch an der falschen Stelle gesucht. Schuldbewusst leiste ich im Geiste Abbitte bei dem freundlichen jungen Mann, den ich in meiner europäischen Arroganz für unwissend und nicht ernst zu nehmend gehalten habe. Wir müssen uns bereits bei der Abzweigung in Kiambu verfahren habe; jedenfalls sind wir nicht, wie geplant, westlich, sondern östlich der Abadares gelandet. Sowohl die Richtungsangabe des

Burschen als auch seine Einschätzung über die Entfernung von Thika waren völlig korrekt.

Nebenbei erfahre ich im Reiseführer, dass der Ort Limuru einstmals das Zentrum der englischen Plantagenbesitzer gewesen sei. Vielleicht sollte ich langsam damit beginnen, mich auf die afrikanischen Dimensionen und vor allem Proportionen einzustellen.

Also gut, ich habe keine Zeit, um in Selbstvorwürfen zu baden. In nicht einmal zwei Stunden geht die Sonne unter, und nachdem immer wieder vor mangelhaft oder gar unbeleuchteten Matatus und LKWs gewarnt wird, die das nächtliche Befahren von Kenias Straßen zu einem lebensgefährlichen Unterfangen machen, sollte ich schnellstens einen neuen Übernachtungsplatz ausfindig machen.

Ich disponiere kurzerhand unsre Urlaubsroute um und erwähle den Lake Naivasha zu unserem nächsten Ziel und einen Campingplatz an seinem Ufer, zu unserem heutigen Nachtlager. Horst fährt, ist mit allem einverstanden und meldet nur an, dass er bald etwas Kräftiges zum Essen bräuchte.

Nachdem wir vom Nakuru–Highway abgebogen sind, erreichen wir Naivasha. Doch wir haben uns noch immer nicht an die Größenverhältnisse afrikanischer Ortschaften gewöhnt, bevor wir mitbekommen haben, dass wir uns mitten im Zentrum des Ortes befinden, sind wir auch schon wieder draußen, ohne nach einer Einkaufsmöglichkeit gesucht zu haben.

Horst verlangt nach Fleisch. Auf dem Weg zum See ist eine weitere Ansiedlung eingezeichnet. Vielleicht können wir dort versuchen, tierisches Eiweiß für meinen ausgehungerten Mann zu besorgen. Das Örtchen Karagita ist noch kleiner als Naivasha. Eigentlich scheint es überhaupt nur aus einer Marktstraße zu bestehen. Auf dem staubigen Boden werden, lediglich auf Matten angehäuft, riesige Berge von Secondhand-Kleidung angeboten, in denen jeder nach Herzenslust herumwühlen darf. Bei dieser Art von Verkaufstechnik, braucht jedes Stück bereits vor dem ersten Tragen, zunächst eine gründliche Wäsche, fürchte ich.

Dazwischen wird Obst und Gemüse und allerlei Haushaltkram feilgeboten.

Schließlich entdecke ich eine Holzbude, mit der Aufschrift »*Butchery*« und einem Pfeil, der nach rechts weist. Ich folge seiner Richtungsangabe und lande - nirgendwo! Ich kann kein Geschäft entdecken, das auch nur im Entferntesten nach einem Metzger aussieht. Wir müssen uns durchfragen.

Mein Vokabular reicht problemlos für: »Wo kann ich Fleisch kaufen?«

Auch die Gegenfrage: »Welche Art Fleisch?«, macht keine Probleme.

Horst will Huhn. Huhn gibt es nicht, nur Schaf oder Ziege. Wir einigen uns auf Ziege. Die Frau, mit der wir gesprochen haben, bedeutet uns ihr zu folgen. Sie führt uns tief in den Markt hinein, bis zu einem winzigen Geschäft, immerhin mit Steinwänden, an dem großartig »*Butcher*« und »*Mbuzi*«, (Ziege) steht. Im höchstens zweieinhalb Quadratmeter großen Innenraum, hängt ein halbes totes Tier hinter einer gemauerten Theke, sonst ist der Raum leer.

Jetzt ist Horst dran. Seit er bei einem früheren Italienurlaub, in einer Metzgerei mit Hilfe von Grunzlauten sein Anliegen hat wesentlich schneller vorbringen können, als ich imstande war, im Lexikon das italienische Wort für Schwein zu finden, überlasse ich die Konversation gerne seiner phantasievollen Laut– und Zeichensprache, wenn mein Fremdwortschatz zu Ende ist. Aber irgendwie steigt mein so begabter Mann heute nicht ein. Der Hunger muss sich negativ auf seine Kreativität ausgewirkt haben. Alles, was er zu der Unterhaltung beisteuert, ist auf Deutsch: »Sag ihr, dass du einen Schenkel willst!«

Sehr hilfreich! Ich habe keine Ahnung, was Schenkel auf Suaheli heißt. Ich versuche es mit »Fuß von Ziege« und bekomme, als sei es das Selbstverständlichste der Welt, genau das, was ich gewollt habe. In meinem ganzen Leben habe ich mich wohl noch nie so über ein Stück Fleisch gefreut.

Der Preis ist natürlich höher, als vorher ausgemacht. Womöglich habe ich mich zu deutlich gefreut. Ich habe weder Lust, das Fleisch zurückzugeben, noch um die paar Pfennige zu handeln, die er aufgeschlagen hat, also zahlen wir und eilen in der Vorfreude auf ein üppiges Mahl zum Campingplatz.

Fisherman´s Camp liegt wunderschön am Südufer des Lake Naivasha, im Schatten von großen alten Fieberakazien. Es gibt Stehklos und sogar warme Duschen. Zwischen den wenigen Zelten spazieren Marabus, und auf dem Baum, unter dem wir unser Lager aufschlagen, sitzt eine riesige Eule und bewacht ihr Nest. Idylle pur, in fast 2000m Höhe. Wir wählen einen Platz direkt an dem etwa 50cm über dem Boden aufgespannten Elektrodraht, der nach Einbruch der Dunkelheit die Nilpferde von den Zelten fernhalten und damit einen sicheren nächtlichen Pinkelgang gewährleisten soll.

Nachdem das Zelt aufgeschlagen und Horst zweimal über den Zaun gestolpert ist, sieht es allerdings so aus, als gäbe es keinen Strom im Draht. Bleibt nur zu hoffen, dass diese Information noch nicht bis zu den Nilpferden vorgedrungen ist. Ihre Kotspuren, die auf dem gesamten Campingplatz verteilt sind, lassen jedoch etwas Anderes befürchten.

Vorerst sind sie aber noch im See, und wir können ganz beruhigt unseren Abend genießen.

Ich freue mich auf eine ausgiebige Dusche.

Während der gesamten Fahrt heute, hatte ich mein Fenster offen - mit dem Resultat, dass ich über und über mit rotem Staub bedeckt und linksseitig schwer verbrannt bin. Während ich mich unter dem warmen Wasser wieder in einen zivilisierten Menschen verwandle, versucht Horst erfolglos, herumliegendes Kleinholz zum Brennen zu bringen. Als ich zurückkomme gibt er auf und überlässt mir das Feld, um am Eingang des Campingplatzes, wo ein paar Maasais Feuerholz verkaufen, Nahrung für die Flamme, die ich in seiner Abwesenheit zustande bringen soll, zu erstehen.

Nach einer Stunde und zehn Minuten kommt er zurück. Er findet mich erfolglos und der Verzweiflung nahe. Schon Tausende Feuer habe ich erfolgreich entzündet, warum will es bloß mit diesem verdammtem Dürrzeug nicht klappen? Aber selbst wenn es mir gelungen wäre, das trockne Gestrüpp zu entflammen, hätte ich unmöglich in näherem Umkreis brennbares Material für eine Stunde und zehn Minuten gefunden.

Ich bin einigermaßen genervt. Horst hat sich, meiner Ansicht nach, schon etwas zu gut an das afrikanische Zeitempfinden gewöhnt. Er sei unterwegs mit einem deutschen Pärchen ins Plaudern gekommen und habe darüber ganz vergessen, dass er ja eigentlich Hunger gehabt hätte, erklärt er entschuldigend. Wie schön für ihn! Nur, mein Magen schreit mittlerweile auch nach Nahrung, und wir haben immer noch kein Feuer. Da naht die Rettung in Form von Horsts neuem Bekannten. Er fragt, ob wir Butter oder Margarine zum Braten hätte. Ich biete ihm Öl an. Wir bräuchten es heute sowieso nicht mehr, knurre ich bissig, da wir offensichtlich unfähig seien, ein Feuer in Gang zu bringen. »Kein Problem«, meint unser Retter gutgelaunt, er habe Spiritus. Ich könnte ihn küssen!

Wir tauschen Öl gegen Spiritus, und ich lade ihn und seine Freundin ein, mit uns zu essen. Unser Fuß von Ziege hat eineinhalb Kilo und reicht locker für vier Personen. Außerdem haben wir Süßkartoffeln und

Bohnen, und Kai und Katrin, so heißen die Beiden, steuern Ananas und Tomaten bei.

Horst macht sich auf den Weg, in der Bar, am Eingang des Campingplatzes, eine Flasche Wein zu erstehen. Bleibt zu hoffen, dass ihm unterwegs niemand begegnet, mit dem er ein Schwätzchen halten könnte. Na, zumindest habe ich Unterhaltung, und was für welche. Kai hat einiges zu erzählen. Er hat, zusammen mit einem Studienkollegen, gerade eine viermonatige Fahrradtour von Südafrika nach Kenia hinter sich gebracht. Seine Freundin ist erst gestern angekommen. Jetzt wollen die Beiden gemeinsam noch einen zweiwöchigen, etwas gemäßigteren Keniaurlaub anhängen.

Horst kommt erstaunlich schnell zurück, und wir verbringen einen interessanten Abend, dem weder der zähe Ziegenfuß, noch die halbrohen Süßkartoffeln und auch nicht der lauwarme Wein Abbruch tun können. Eine Nilpferdfamilie, die sich aus dem See gewuchtet hat und nun, in etwa 20 Meter Entfernung, geräuschvoll schmatzend ihrer nächtlichen Fressorgie frönt, leistet uns Gesellschaft.

Um 11 Uhr gehen wir schlafen. Wir nehmen die äußere Plane des Zeltes herunter und können so, vom Schlafsack aus, den Sternenhimmel sehen. Karen Blixen hat recht, in Afrika gibt es mehr Sterne, und sie leuchten heller.

7. Februar 2002

Es ist 6.30. Ich scheine der einzige Mensch zu sein, der schon wach ist. Von der harten Unterlage im Zelt tut mir jeder Knochen weh, und ich bin froh, dass die Nacht vorüber ist. Leise krieche ich ins Freie und schleiche mich hinunter zum Seeufer. In einem der Boote, die vertäut am Steg liegen, genieße ich in der morgendlichen Stille den Sonnenaufgang.

Unter mir blubbert es, die Nilpferde sind wieder im Wasser. Nur frische Kothaufen erinnern noch an ihren nächtlichen Landgang. Ab und zu höre ich einen der grauen Fleischberge schnaufen, aber jedes Mal, wenn ich meinen Kopf in Richtung des Geräuschs drehe, sind sie schon wieder abgetaucht.

Auch von den vielen Vögeln, die es hier geben soll, kann ich nur ein paar sehen. Außer der Eule, die im Baum über unserem Zelt nistet, mache ich hier am Ufer ein paar Enten, ein Adlerpärchen und einige Marabus aus; aber dafür bekommen die Ohren umso mehr Nahrung.

Fast fünfhundert Vogelarten zwitschern durcheinander, als wollten sie mir mit diesem prächtigen Morgenkonzert ihre Existenz beweisen.

Mittlerweile hat sich auch mein Mann aus dem Zelt geschält ,und es gibt Frühstück. Kekse pur. Da wir kein Benzin gekauft haben, funktioniert unser genialer Kocher nicht, und vom Feuerholz ist nichts mehr übrig. Wir müssen also, wohl oder übel, auf unseren Morgencafé verzichten.

Das kärgliche Mahl kann aber unserer guten Stimmung keinen Abbruch tun, und wir beschließen eine weitere Nacht auf diesem idyllischen Campingplatz zu verbringen und heute die nähere Umgebung zu erkunden.

Unser Ziel ist der Hellsgate-Nationalpark. Trotz imposanter Landschaft bin ich zuerst etwas enttäuscht, weil es so gar keine Tiere zu geben scheint. Schließlich sind wir jetzt schon den dritten Tag in Afrika, und bis jetzt haben wir noch nicht allzu viel Wildnis gehabt. Laut Reiseführer gibt es im Park weder Löwen noch Elefanten, und auch Büffel sollen nur sehr selten zu sehen sein; daher darf man ihn, als einen der wenigen, auch zu Fuß erkunden. Wir lassen also das Auto stehen und versuchen auf unbefahrenen Fährten weiter in die Natur einzudringen. Und da sind sie: Zebras, Buschböcke, Thomsongazellen, Giraffen und Warzenschweine mit Nachwuchs. Jetzt sind wir wirklich in Afrika! Und wir sind ganz allein hier.

Ich versuche mich den Giraffen auf die gleiche Art zu nähern, die normalerweise bei meinen Pferden erfolgreich ist, wenn sie vor mir davonlaufen, weil sie eigentlich keine Lust haben, ihr saftiges Mahl auf der Weide zu beenden, nur weil ich reiten gehen will. Ohne die eleganten, stolzen Tiere direkt anzuschauen, und nicht in gerader Linie auf sie zugehend, gelingt es mir, so nahe heranzukommen, dass ich sie ohne Teleobjektiv fotografieren kann.

Nach drei Stunden Fußmarsch kommen wir zum Auto zurück und fahren eine weitere Stunde kreuz und quer durch den Park, immer den kleineren von zwei möglichen Wegen wählend, da Horst der Ansicht ist, die Tiere würden, genau wie wir, die Einsamkeit suchen. Eine Annahme, die sich leider als irrig herausstellt.

Die Zebraherden sowie der einzige Büffel, den wir zu Gesicht bekommen, befinden sich, wie wir durchs Gestrüpp erkennen können, jedes Mal auf der parallelen, breiteren Hauptpiste. Autos scheinen sie absolut nicht aus der Ruhe zu bringen. Die wenigsten Touristen dürften wohl ihr Auto verlassen; Hellsgate´s Tierwelt ist offensichtlich an Blechkisten weit mehr gewöhnt, als an deren zweibeinige Insassen, wenn sie sich zu Fuß fortbewegen.

Jedenfalls komme ich mit weniger Mühe zu besseren Fotos, als wir den Tieren schließlich doch noch per Auto begegnen.

Über den Buffalo Circuit wollen wir den Park verlassen, doch der ist gesperrt. »Road is in reparation«, steht auf einem Holzschild. Aber wofür hat mein Mann schließlich ein Auto mit Vierrad-Antrieb gemietet?! Jetzt berauscht ihn das Gefühl, in echter Wildnis unterwegs zu sein. Wir ignorieren das Schild, und Horst freut sich wie ein kleine Junge, als »sein« 4-Wheeler das 45° Gefälle auf der, von El Ninjo weggewaschenen Piste schafft.

Es ist zwei Uhr, Horsts Laune läuft Gefahr sich massiv zu verschlechtern, wenn nicht bald etwas Essbares unseren Weg kreuzt; und auch mein Magen meldet sich schon recht deutlich. Außerdem habe ich Kopfschmerzen, ob vor Hunger, oder weil ich zu wenig Flüssigkeit zu mir genommen habe, weiß ich nicht. Wir machen uns also auf die Suche nach einem Restaurant. Aber auch wenn wir die Wildnis des Parks inzwischen verlassen haben, wir sind in Afrika!

Die Lektüre des Reiseführers verspricht, dass man, auch wenn es rund um den See keine eigenständigen Lokale gäbe, als zahlender Besucher, problemlos in den umliegenden Hotels bedient würde. Fehlanzeige!! Wir werden zwar auf all den traumhaften Luxusanwesen, auf denen wir unser Glück versuchen, herzlichst von in strahlendem Weiß gekleideten Empfangskomitees begrüßt, die vor den prächtigen Gebäuden, an schwarze Hausdiener aus amerikanischen Südstaatenfilmen erinnern, aber leider bekommen wir, ebenso freundlich, Absagen. Man bediene hier nur Hotelgäste, heißt es jedes Mal höflich bedauernd.

Tja, leider sind wir nicht Scarlett O`Hara und Rhett Buttler auf Tara, sondern nur zwei staubbedeckte Rucksacktouristen in Kenia.

Horsts Zustand wird langsam akut, die Stimmung sinkt, wir sollten dringend von weiteren Experimenten absehen. Bleibt nur, der sichere Weg nach Naivasha.

»Fish and Chips« im *La Belle Inn*, einem der besseren Hotels am Platz sind umwerfend. Nach dem Essen finden wir die Stadt eindeutig charmanter als noch am Vortag.

Und als wir schließlich sogar den Supermarkt finden, wo wir uns endlich mit eigenem Spiritus eindecken können, sind wir bereit Naivasha zu unsrem neuen Lieblingsort zu erklären. Wir erstehen außerdem zwei Flaschen Wasser, zwei Flaschen Wein und eine Plastikwanne zum Abwaschen. Geschirrspülmittel gibt es nicht, in Afrika wäscht man seine Teller offensichtlich mit einem Allzweckreiniger, der laut Aufschrift außer diesen, auch Wäsche und Autos reinigt. Wir wollen nicht kleinlich sein und hoffen, dass wir es hier nun tatsächlich mit einem ungiftigen oder wenigstens nicht gesundheitsschädlichen Reinigungsmittel zu tun haben. Es würde irgendwie einen peinlichen Eindruck hinterlassen, wenn in unsrem Nachruf stünde: »Sie starben in Afrikas Wildnis - an einer Vergiftung mit Autoreiniger...«

Unser in Nairobi gekaufter Benzinkanister, stellt sich leider als undicht heraus. Der Verschluss leckt. Wie füllen ihn trotzdem. Horst will später etwas Haltbareres basteln, für jetzt wird er, mit einem alten Lappen, notdürftig abgedichtet.

Auf dem Heimweg finden wir einen Metzger und erstehen ein halbes Kilo Rindfleisch für heute Abend.

Dann geht es zurück, zum Campingplatz. Ich freue mich auf eine gute Dusche, aber der Duschmeister, ein freundlicher, dicker Schwarzer mit strahlend weißen Zähnen, rät mir noch zu warten, er will gerade erst einheizen.

Also lege ich mich mit Buch und Karte in den Schatten vors Zelt, studiere die Route für morgen und genieße ansonsten einen faulen Restnachmittag. Stunden später entscheide ich, dass die Dusche jetzt wohl warm sein müsse. Warm ist gar kein Ausdruck. Der Heizer hat es etwas zu gut mit mir gemeint. Was mir da über die Schädeldecke rinnt, ist heiß genug, um einen Hummer umzubringen. In der Wellblechhütte gibt es nur einen Hahn, und das Wasser, das aus dem Duschkopf an der

Decke kommt, ist je nachdem, ob Feuer unterm Tank brennt oder nicht, kochend oder kalt. Irgendwelche Abstufungen dazwischen gibt es höchsten in der Aufwärmphase, und die habe ich ganz eindeutig verpasst.

Jetzt sind nicht nur meine Arme vom heutigen Pirschgang in der prallen afrikanischen Sonne verbrannt, sondern ich kann auch noch mit Brandblasen auf der Kopfhaut aufwarten.

Trotzdem, ich fühle mich großartig. Eine Dusche nach einem Tag voll Staub und Hitze, ist ein Luxus, den ich in Deutschland als selbstverständlich hinnehme. Hier lerne ich Wasser, selbst wenn es nahezu kocht, als kostbares Gut zu schätzen.

Zum Abendessen gibt es Reis mit Rindfleisch-Bananen-Curry.

Unsre Kochmethoden werden ausgereifter. Horst hat den Rost auf zwei Steine gelegt, dazwischen glüht ein dickes Stück Holz, das immer wieder nachgeschoben wird, und obendrauf köchelt der Rindfleischeintopf. Der Reis zieht gleichzeitig auf dem Benzinkocher, der, dank unsrer nachmittäglichen Einkaufstour, auch mittlerweile funktionstüchtig ist.

Nach dem schmackhaften Mahl ist Horst von einem unerklärlichen Bewegungsdrang ergriffen, der ihn, schon zum zweiten Mal hintereinander, freiwillig abspülen lässt. Ich liebe mein Leben!!!

Wir warten auf unsre grauen Freunde aus dem Wasser. Nachdem es dunkel geworden ist und sie noch immer nicht aufgekreuzt sind, beschließen wir sie zu suchen. Ausgerüstet mit Taschenlampe und Nachtsichtgerät, steigen wir über den stromlosen Zaun und gehen langsam, vorsichtig und mit klopfenden Herzen aufs Wasser zu.

Ich höre ihr Schmatzen noch bevor ich sie mit dem

Infrarotlicht erfassen kann. Die meisten tödlichen Unfälle mit Tieren, die sich in Afrika ereignen, sollen erstaunlicherweise angeblich nicht mit Löwen, sondern mit Büffeln und Nilpferden zu tun haben. Allerdings habe ich gelesen, dass letztere an Land nur dann aggressiv würden, wenn man dumm genug sei, ihnen den Zugang zum Wasser zu verstellen.

Schritt für Schritt, natürlich sorgsam darauf achtend, nicht zwischen die Tiere und den See zu geraten, pirschen wir uns näher, bis wir im schwachen Schein der Taschenlampe die unförmigen, scheinbar ungelenken Fleischkolosse erkennen können. Es ist die gleiche Familie wie gestern. Papa Hippo gähnt. Die riesigen Eckzähne, die er dabei entblößt sind wenig vertrauenerweckend. Mir ist nicht ganz wohl in meiner Haut, hier im Dunkeln, ohne wenigstens den schützenden 50cm-Zaun zwischen mir und den massigen Viechern.

Wir sind etwa zwanzig Meter entfernt, als eins der erwachsenen Tiere sein überdimensionales Maul aufreißt und einen markerschütternden Grunzer in unsre Richtung entlässt.

In meinem ganzen Leben bin ich noch nie so schnell gerannt. Weder auf Baumstümpfe noch auf Wurzeln achtend, stolpere ich, ohne mich umzusehen, panisch zurück in Richtung Zelt. Ich halte erst an, als ich den Zaun zwischen mich und die Nilpferdzähne gebracht habe.

Horst amüsiert sich königlich über meine hysterische - wie er meint, völlig unnötige Flucht - und zieht mich noch Stunden später wegen meiner angeblich übertriebenen Angst auf. Er ist natürlich absolut ruhig und beherrscht geblieben.

Allerdings wird mir irgendwann bewusst, dass, als ich stehen geblieben bin, Mister Supercool keine 20cm hinter mir war.

Wie ist er da nur so schnell hingekommen?

8. Februar 2002

Die Sonne ist schon aufgegangen, als wir endlich aufstehen. Langsam scheinen sich meine alten Knochen an die harte Unterlage im Zelt zu gewöhnen; ich habe wunderbar geschlafen! Die Kopfschmerzen von gestern sind verschwunden, und heute gibt es Tee in Massen, was bedeutet, wir können schon am Morgen die Flüssigkeitsration für den ganzen Tag tanken. Wir werden eindeutig professioneller!

Von oben kommen Grunzlaute. Irgendwelche Vögel hier sprechen die gleiche Sprache wie unsre heimischen Hausschweine.

Während ich Wasser hole, spielt Horst mit dem GPS. Er behauptet natürlich, er würde irgendwelche wichtigen Programmierungen vornehmen, aber ich denke, die Formulierung »spielen« trifft es genauer. Neue technische Geräte scheinen auf alle Männer eine ungeheure Faszination auszuüben. Manchmal bin ich nicht ganz sicher, ob die Aussicht, dass ein GPS nötig sein könnte, nicht einen großen Teil der Begeisterung meines Mannes bei der Planung dieser Reise ausgemacht hat. Da die Navigation allerdings mein Ressort ist und ich bis jetzt mit der Karte ganz gut ausgekommen bin, hat er leider noch nicht den Beweis antreten können, dass die Anschaffung dieses Spielzeugs tatsächlich notwendig gewesen ist.

Eine weitere von Horsts großartigen Errungenschaften fällt einem tragischen Schicksal zum Opfer. Sein inniggeliebter, »ungeheuer praktischer« Wasserkanister ist nicht mehr. Was diesen Umstand so besonders tragisch macht, ist die Tatsache, dass er nie die Chance hatte, seinen eigentlichen Lebenszweck zu erfüllen.

Wir besitzen dieses Ding seit Jahren, waren aber noch nie in einer Situation, wo wir es hätten gebrauchen können. Mein Mann hat ihn irgendwann erstanden und ihn mir, stolz wie ein kleine Junge seine neue Eisenbahn, präsentiert. Zusammenlegbar, somit problemlos in jedes Fluggepäck passend, und sogar ausgestattet mit einem Ventil, sei er geradezu *die* Erfindung schlechthin. Jedes Mal, wenn er ihm beim Aufräumen wieder einmal zufällig begegnet ist, hat sich Horst von neuem darüber gefreut und von den diversen Einsatzmöglichkeiten geträumt. Irgendwann hat er ihn, wahrscheinlich um ihn immer bei sich zu haben, gefüllt in den Kofferraum seines Wagens gestellt, für Notfälle! - Und vergessen.

Ich weiß nicht genau, welche Art Notfälle er sich vorgestellt hat, in Österreich gibt es ausgesprochen wenig trockne Wüstenlandschaften, und Tankstellen sind durchaus auch an Österreichs Straßen in regelmäßigen Abständen zu finden. Jedenfalls blieb das Ding einen Winter lang ungenutzt im Auto, und der Inhalt gefror. Kurz vor dieser Reise hat Horst ihn aufgetaut, den Kanister entleert, ihn sorgfältig, liebevoll geputzt und voller Begeisterung verpackt. Und nun endlich, wo diese ungeheuer, praktische, sinnvolle Erfindung zum Einsatz kommen und ihren großen Moment erleben könnte, - lässt sie uns im Stich.

Horsts Faltkanister leckt!

Er steht angefüllt im Kofferraum, könnte vielleicht irgendwann in den nächsten Tagen lebensrettend sein, und unter ihm breitet sich eine schnell wachsende Wasserlache aus.

Er wird entsorgt, der Kofferraum bei dieser Gelegenheit aufgeräumt und neu geordnet, und nachdem mein Mann seine Trauer verarbeitet hat, geht's los in Richtung Abadares.

Die ersten Kilometer nach North Kinangop fahren wir noch auf einer vielversprechenden, halbwegs brauchbaren Straße. Was dann kommt, verdient diese Bezeichnung nun wirklich nicht mehr. Zwar ist erkennbar, dass es hier irgendwann einmal eine befestigte Fahrbahn gegeben hat, aber das muss so lange her sein, dass die Annahme, irgendein lebender Mensch könne sich noch an diesen Zustand erinnern, mir wenig wahrscheinlich erscheint. Diese »Straße« *hat* keine Schlaglöcher, sie *ist* ein einziges riesiges Schlagloch, mit verstreuten geteerten Inseln, die selbst ein gleichmäßiges Schritttempo unmöglich machen.

Für die zehn bis fünfzehn Kilometer bis zu dem kleinen Ort, der letzten Ansiedlung vor dem Abadare-Nationalpark, brauchen wir mehr als zwei Stunden.

Im Auto fängt es an zu stinken. Horsts provisorische Benzinkanisterdichtung hält nicht. Heute ist kein Tag für Kanister.

Wir haben die Wahl, bei offenem Fenster am Straßenstaub zu ersticken, oder bei geschlossenem Fenster an den Benzindämpfen. Immerhin schränkt Horst seinen Zigarettenkonsum drastisch ein, was ich dankbar zur Kenntnis nehme. Wenn man will, kann man jeder Situation etwas Positives abgewinnen.

Als wir endlich den Ort erreicht haben, bin ich mir nicht mehr sicher, ob die Teemengen vom Morgen eine so gute Idee waren. Meine Blase ist kurz vorm Platzen, und Kopfschmerzen habe ich, dank der giftigen Wolke die aus unsrem Kofferraum nach vorne strömt, trotzdem.

Von einem einsamen Busch kann nirgendwo eine Rede sein. Sobald wir stehen bleiben, ziehen wir neugierige Blicke auf uns, und freundliche Menschen fragen uns, woher wir kommen, wohin wir fahren, wie viele Kinder wir haben und ob wir etwas zum Verschenken oder zum Tauschen hätten. Kenia ist eindeutig kein Land, in dem man anonym reisen oder diskret im Gebüsch seiner Verdauung nachgehen kann.

Wir bleiben bei einem Haus stehen, dass die hochtrabende Bezeichnung »*Hotel*« trägt. Ich kann nicht länger warten. Durch einen bunten Plastikvorhang, der im offenen Eingang hängt, komme ich in einen cirka 15qm großen, viereckigen Raum. Am Kopfende befindet sich eine Theke, hinter der eine gutgenährte Mami Maandazi (in Fett herausgebacken Teigteilchen), Sodas (Bezeichnung für alles was mit Cola, Fanta, Sprite u.ä. zu tun hat) und Tee verkauft. Des Weiteren gibt es vier Tische mit farbenfrohen, nicht ganz dem europäischen Geschmack entsprechenden, Plastiktischdecken im Blumenmuster. Ich frage, ob es eine Toilette gibt. Die Frau weist auf eine Tür hinter dem Tresen, und ich verstehe *Tür* und *zwei*. Ich komme auf einen Hinterhof mit einer ganzen Menge Türen. Hinter der zweiten von links werde ich tatsächlich fündig und bin unendlich glücklich. Afrika macht ja soooo bescheiden.

Horst bastelt währenddessen aus einem Stück Autoreifen, dass er am Straßenrand gefunden hat, eine Gummidichtung für den Benzinkanister.

Nachdem wir beide erfolgreich unsere Missionen beendet haben, kehren wie in das abenteuerliche Lokal ein und laben uns an lauwarmer Cola und der afrikanischen Version von Krapfen. Für die Erlaubnis ein Foto machen zu dürfen, muss ich alle anwesenden Gäste auf einen Tee einladen. Es ist wahrscheinlich das Geschäft ihres Lebens für die dicke Mami - aufgrund der Straßenverhältnisse dürften sich nur selten Touristen auf diese Seite des Abadare-Nationalparks verirren -, mich kostet diese Rast weniger, als eine einzige Cola an einer deutschen Autobahnstation.

Endlich fahren wir weiter. Nach zehn Minuten - Kanisterprüfung. Mein Mann, ein ehemaliger Installateur, hat kläglich versagt, die Dichtung dichtet nicht.

Wenigstens weiß ich jetzt, warum er Musiker geworden ist. Mein Spott stachelt seinen Ehrgeiz gewaltig an. Er schnitzt einen Holzpfropfen, umwickelt ihn mit dem Stück vom Autoreifen und versucht sein Glück aufs Neue. Fehlanzeige! Auch diese Konstruktion stellt sich als untauglich heraus. Am Ende erfüllt ein schlichter Maiskolben die gestellte Aufgabe am besten. Es ist nicht zu fassen, in einem Land, wo Menschen verhungern, stopft mein Mann unsere Lebensmittelvorräte in den Benzinkanister. Aber immerhin, der stinkende Flüssigkeitsverlust reduziert sich auf ein vertretbares Minimum.

Wir kommen an einer Polizeikontrolle vorbei. Vor einem Schild, das uns erklärt, man dürfe von hier aus nur mit »*Smartcard*« weiterfahren, stehen zwei bewaffnete Uniformierte, die auf unsre Frage, was denn bitte eine Smartcard sei, freundlich abwinken und erklären: »No problem – you don´t need a smartcard, you can drive.«

Na bestens, im Vertrauen auf die Auskunft offensichtlich autorisierter Obrigkeitsvertreter, fahren wir weiter. Die Straße wird bald besser. Ein ziemlich frisch geteerter Weg führt in Serpentinen durch menschenleeres Gebiet. Rechts und links säumt undurchdringlicher, geheimnisvoller Urwald die Straße, der weiter oben in dichten Bambuswald übergeht. Gigantische Stämme, vom Umfang eines Oberschenkels, ragen weit in die Höhe, und überall stoßen wir auf Spuren von Elefanten. Kothaufen und riesige Fußabdrücke finden sich in der weichen Erde neben der Straße. Umgeknickte Bäume, dort wo die grauen Riesen Pfade durch den Dschungel gebahnt haben, geben uns einen sehr plastischen Eindruck, von der ungeheuren Kraft, über die diese urzeitlichen Tiere verfügen. Bei jedem noch feuchten Haufen halten wir an, um auszusteigen und zu lauschen, ob nicht ein Knacken im Dickicht, die Anwesenheit der Dickhäuter verrät. Ein paar Mal folgt Horst zu Fuß den Elefantenpfaden ein Stück weit in die Dunkelheit des Dickichts hinein, während ich mit Herzklopfen am Auto warte, jederzeit darauf gefasst, seine Todesschreie zu hören, falls sich ein Bulle gestört fühlen und meinen mutigen Helden schlicht platt walzen würde. Gott sei Dank werden wir nicht fündig. Wer oder was immer die Straße gekreuzt hat, ist glücklicherweise längst über alle Berge, und so kommen wir, trotz der häufigen Stopps, endlich unbeschadet am Parkgate an.

Hier stoßen wir auf Schwierigkeiten. Ein freundlicher, dicker Ranger, im Rollkragenpullover, erklärt uns, er sei leider nicht befugt, den Parkeintritt in bar zu kassieren, wir bräuchten eine Smartcard, auf der er die Gebühr abbuchen könne.

»Na phantastisch! Und wo bekommt man dieses Ding?«, will ich wissen.

Wir hätten es gleich in Nairobi kaufen sollen, ist die Antwort.

Das wird ja immer besser, auf von Spontaneität geprägten Individualtourismus ist man in Afrika ganz offensichtlich nicht oder noch nicht eingerichtet. Den ganzen Weg zurückzufahren, würde auch ohne Elefantenkot-Inspizieren, Tankabdichten und Verfahren, mindestens eine Tagesreise im Zeitlupentempo, auf großteils schlaglöchrigen oder ganz unbefestigten Pisten, bedeuten.

Was jetzt?

Nun, schließlich sind wir in Afrika und nicht in Deutschland. Ein *Nein* muss nicht zwangsläufig ein *Nein* bleiben.

Der gutmütige Dicke hat eine Idee und hängt sich ans Telefon.

Er heißt Joseph, wie wir später erfahren, und kommt aus dem feucht-heißen Kisumu. Das Hochland, mit im Augenblick etwa 30° C und einer angenehmen Brise, bedeutet für ihn nahezu arktisches Klima, daher der Rollkragenpullover. Als er zurückkommt, hat er eine Lösung gefunden. Wir sollen, in seiner Begleitung, ins Hauptquartier fahren, das am anderen Ende des Parks liegt, und dort eine Smartcard kaufen. Sein Assistent würde in der Zwischenzeit hier die Stellung halten.

Anschließend müssten wir ihn zurückbringen, und dann dürften wir auf den Campingplatz. Das Ganze klingt etwas umständlich, vor allem in Anbetracht der Tatsache, dass wir das Hauptquartier auf der anderen Seite am nächsten Tag sowieso hätten passieren müssen. Schließlich hätte er doch vielleicht einfach nur unsere Autonummer aufschreiben müssen, und wir hätten morgen, beim Verlassen des Parks bezahlt. Aber bitte, in Unkenntnis über den Zustand der Pisten im Park, lassen wir uns auf diesen Vorschlag ein. Schließlich haben wir wohl auch nicht wirklich eine andere Wahl.

Joseph lässt es sich nicht nehmen, uns die *Chania Falls*, auch *Queens Falls* genannt, zu zeigen. Angeblich hat Königin Elisabeth, bei einem Besuch im Park, die Stelle oberhalb der Fälle zu ihrem »favourite spot« erklärt und einen überdachten Picknickplatz bauen lassen, der heute auch von ganz gewöhnlichen Menschen zu nutzen ist. Eine Höhle unter dem Wasserfall diente einst den Mau-Mau Kämpfern als Versteck.

Unterwegs begegnen wir Büffeln und Warzenschweinen, und von Ferne könne wir endlich auch eine Elefantenherde ausmachen.

Trotz der traumhaften Landschaft dränge ich zur Eile. Zurecht, wie sich herausstellt. Ich möchte nur ungern das Zelt im Dunkeln aufbauen müssen. Es ist bereits vier Uhr am Nachmittag, als wir endlich das Hauptquartier erreichen. Wir bezahlen den Eintritt, die Campinggebühr und einen bewaffneten Führer für den nächsten Tag, um zu Fuß den Park erkunden zu können. Inzwischen erfährt Joseph per Telefon, dass sich ein weiteres Paar ohne Smartcard am Gate eingefunden hat. Da kein weiterer Mann mehr zur Begleitung zur Verfügung steht, wird ihnen der Eintritt ohne das angeblich unentbehrliche Plastikteil gewährt. Sie dürfen morgen beim Verlassen des Parks bezahlen. Wären wir doch eine halbe Stunde später gekommen!!!

Joseph bittet uns, bevor wir zurück fahren, einen kleinen Umweg über eine Metzgerei zu machen, damit er sich ein Abendessen kaufen könne. Nachdem sowohl er als auch Horst je ein Stück Rindfleisch erstanden haben, kehren wir, direkt neben der Straße, für einen Imbiss in ein schäbiges *Hoteli* ein. Argwöhnisch und reserviert werden wir betrachtet. Zwei Weiße und ein bewaffneter Schwarzer sind in diesem Etablissement wohl ungewöhnlicher und anscheinend nicht sehr willkommener Besuch. Auch mein geradebrechtes Suaheli kann, außer bei Joseph, der mir grinsend das Bestellen überlässt, keine freundlichere Stimmung hervorrufen. Er und ich entscheiden uns für Pommes Frites, aber Horst will etwas Afrikanisches und bekommt einen undefinierbaren, aber durchaus schmackhaften Eintopf aus Fleisch, Kartoffeln und weiterem, uns unbekanntem Gemüse.

Unser Tiefland-Afrikaner verzieht angewidert das Gesicht und schüttelt den Kopf, in absolutem Unverständnis über Horsts Experimentierfreudigkeit bezüglich Essen. »*Was der Bauer nicht kennt, frisst er nicht*«, gilt offensichtlich auch in Afrika.

Die Sonne ist schon untergegangen, als wir endlich am Campingplatz ankommen. Joseph ist einverstanden, dass wir zuerst das Zelt aufbauen, bevor wir ihn zu seinem Stützpunkt zurückbringen.

Was sich hochtrabend *Public Campside* nennt, ist nichts weiter, als eine kleine, halbrunde Stufe im Berg. Auf der Rückseite geschützt durch den Hang, bietet sich nach vorne ein wunderbares Panorama. Kilometerweit schaut man über tieferliegendes Buschland - oder könnte man schauen, wenn noch genug Tageslicht da wäre. Weiter unten gibt es ein Plumpsklo und einen freistehenden Wasserhahn.

Wir sind nicht allein. In der Mitte des Platzes steht bereits ein Auto mit luxuriösem Zeltvorbau, vor dem ein nicht mehr ganz jugendliches, weißes Ehepaar Tee trinkt. Wir grüßen freundlich und beginnen unser Nachtlager aufzustellen, als uns der ältere Herr etwas säuerlich auf Englisch anspricht. Ob er eine höfliche Frage stellen dürfe, will er wissen, warum wir unser Zelt denn bitteschön gerade genau vor seines stellen müssten. Ich bin einigermaßen irritiert. Wir stehen nicht *vor* ihm sondern *rechts* von ihm; und abgesehen davon, haben wir ein winziges Igluzelt, es kann also auch nicht die Rede davon sein, dass wir seine Aussicht verstellen würden. Seine Behausung ist nach drei Seiten offen, und egal wie wir uns platzieren, er kann uns gar nicht übersehen. Aber bitte, wenn er meint - zu müde zum Streiten, packen wir unser Minizuhause und quetschen uns an den äußersten linken Rand des Plateaus.

Unser Tag ist noch nicht zu Ende, wir müssen noch zum Kiandongoro Gate, um uns mit dem bewaffneten Ranger für morgen zu verabreden und anschließend endlich Joseph am Mutubio Gate abzuliefern.

Auf der Fahrt erzählt der Schwarze von seiner Familie. Er sähe sie nur sehr selten, sie wohnten zu weit weg. Seine älteste Tochter habe die Schule abgeschlossen und Sekretärin gelernt, jetzt sei sie arbeitslos. Moi, der Präsident, gehöre zum Stamm der Kalenjin, da sei es schwer für einen Luo einen Job zu bekommen. Er selbst habe einfach Glück gehabt.

Ob es unter Kenyatta besser gewesen sei, will ich wissen. „Um Himmels willen nein!", meint er, Kenyatta sei ein Kikuyu gewesen, damals habe es für Luos noch weniger Chancen auf Arbeit gegeben.

Ich erzähle von Deutschland und Österreich. Stämme und damit Tribalismus gäbe es bei uns nicht, (die Bayern habe ich der Einfachheit halber unterschlagen). Was wir denn stattdessen hätten, will er wissen, Clans? Oder Familie?

Nein, auch das nicht, zumindest nicht in der

afrikanischen Form. Ich erkläre ihm, die Großfamilie sei weitgehend ausgestorben. Wenn man bei uns »Familie« sage, meine man zuerst Ehepartner und Kinder und dann Eltern. Aber selbst Geschwister hätten im Erwachsenenalter oft nur losen Kontakt.

Oh, das sei gut, ist Joseph begeistert, das spare einem viel Kopfweh, dann gäbe es nicht so viele Menschen, um die man sich sorgen müsse.

Als ich ihn allerdings darüber aufkläre, dass es bei uns viele Menschen gäbe, die einsam seien und die von der Einsamkeit krank würden und zum Arzt gehen müssten, um Tabletten gegen diese Krankheit, die man Depression nennt, zu bekommen, schwindet seine Begeisterung merklich.

Plötzlich weiß er seine vielen Neffen, Onkels und Cousins wieder zu schätzen.

Als wir endlich bei unsrem Zelt ankommen, ist es stockfinster und scheißkalt. Wir befinden uns immerhin auf etwa 3000m Höhe.

Mr. und Mrs. Säuerlich schlafen bereits.

Im Scheinwerferlicht des Autos klauben wir etwas Holz zusammen, aber es ist nicht genug, um ein wirklich wärmendes Feuer zustande zu bringen. Der Wein ist das Einzige, was noch warm ist. Zum Kochen haben wir keine Lust mehr, das Steak bleibt im Auto. Horst isst Cornedbeef mit Zwiebeln, allen Warnungen zum Trotz, direkt vorm Zelt. Hoffentlich hat Mr. Simba keine gute Nase.

Frierend knabbere ich an ein paar Keksen, als plötzlich, keine drei Meter neben mir, zwei Augen in der Dunkelheit auftauchen. Ich erschrecke zu Tode. Die Taschenlampe griffbereit vor mir, leuchte ich mutig dem vermeintlichen Ungeheuer ins Gesicht. Es stellt sich als harmloser Buschbock heraus. Wohl ist mir trotzdem nicht. Während ich in mein Tagebuch schreibe, blitzen immer wieder Augenpaare rund um unser Lager auf. Es ist höchst unheimlich.

Von der langen Autofahrt bei offenem Fenster sind wir unglaublich staubig und verschwitzt, aber kein Dreck der Welt könnte mich heute dazu bringen, im Dunklen die hundert Meter zu dem einsamen Wasserhahn zurückzulegen, um mich zu waschen. Auch das Plumpsklo muss auf meinen Besuch verzichten. Gepinkelt wird direkt neben dem Zelt, im sicheren Lichtschein der eingeschalteten Autoscheinwerfer.

Ich lasse sogar vorsorglich meine Kontaktlinsen in den Augen, um bei eventuellen, nächtlichen Tierattacken, nicht hilflos-blind nach meiner Brille suchen zu müssen.

Es wird eine unruhige Nacht. Um 2 Uhr wacht Horst auf, mit dem Gefühl keine Luft zu kriegen. Außerdem schwitzt er stark. Im Halbschlaf höre ich ihn stöhnen. Es hat nur um die 0° Grad draußen und mir ist eiskalt. »Er muss Fieber haben«, denke ich, »wie praktisch!«, und kuschele mich ganz nah an ihn, damit er mich wärmt.

Der halb wache Zustand möge meine selbstsüchtige Rohheit entschuldigen. Als ich endlich zu mir komme, zeige ich sehr wohl das angebrachte Maß an Mitleid. Horst hat allerdings kein Fieber, sondern wohl nur altersbedingte Kreislaufbeschwerden, aufgrund der Höhenluft. Schließlich ist der gute Mann zwei Jahre und einen Monat älter als ich und geht somit stark auf die Fünfzig zu.

Draußen hören wir laute Kaugeräusche. Nachdem Löwen keine Pflanzenfresser sind und sie somit als Verursacher ausscheiden, öffnen wir vorsichtig das Zelt, um dem Geschmatze auf den Grund zu gehen, aber der Reißverschluss vereitelt unser Vorhaben. Er lässt sich nicht leise genug bedienen. Was immer vor dem Zelt gegrast hat, es ist verschwunden. Jedenfalls waren die Geräusche zu laut, um sie den zierlichen Buschböcken zuzutrauen. Vielleicht war es ein Warzenschwein, oder noch etwas Größeres....

Horsts Pulsschlag hat sich inzwischen beruhigt und er atmet auch wieder normal. Während er gesundet wieder einschläft, liege ich noch lange wach und lausche in der wohligen Wärme des Schlafsacks auf die ungewohnten Laute dieser ersten Nacht in der Wildnis.

9. Februar 2002

7.30 Uhr, die Sonne wärmt schon kräftig und trocknet das Zeltdach und die Rucksäcke, die vom Reif nass geworden sind. Zwischen halb neun und neun sind wir mit dem Ranger vom Kiandongoro Gate verabredet; daher gibt es kein üppiges Frühstück, nur Tee und Kekse. Die große Katzenwäsche mit eiskaltem, klarem Wasser, es kommt aus den Bergen und hat angeblich Trinkwasserqualität, weckt unsre Lebensgeister.

Die Dame des Hauses nebenan ist auch schon wach und versucht mich in ein Gespräch über die nächtlichen Besucher zu verwickeln; aber ich antworte nur höflich und kurz, und so kommt keine Konversation in Gang. Ich habe ihr den rüden Empfang vom Vortag noch nicht verziehen. Jetzt bei Tageslicht, stellt sich außerdem heraus, dass es mitten auf dem Platz einen Tisch aus Stein gibt; allerdings haben Mr. und Mrs. Säuerlich ihr Zelt so geschickt drumherumdrapiert, dass er quasi in ihre Behausung integriert ist, was es unmöglich macht, ihn zu benutzen, ohne neuerlich der Rücksichtslosigkeit oder gar der Provokation bezichtigt zu werden. Die Beiden sind offenbar der Ansicht, sie hätten hier alleiniges Campingrecht.

In Anbetracht der Tatsache, dass der Platz öffentlich ist,

und ferner der Annahme, dass unsere Nachbarn *Residents* sind und somit ihre Übernachtungskosten weniger als ein Drittel dessen ausmachen, was wir an Gebühren gezahlt haben, kann ich nicht umhin, diese Ansicht für eine völlige Fehleinschätzung zu halten, eine reichlich unverschämte noch dazu.

Wenig später bietet Madame Horst Kaffee an, aber der antwortet stur auf Deutsch, er habe schon Tee getrunken.

Die Botschaft dürfte angekommen sein.

Als ich vom Abspülen zurückkomme, entschuldigt sie sich bei mir, für ihr Verhalten von gestern Abend. Sie, wohlgemerkt - er zeigt sich nicht. Sie erklärt, sie hätten nicht mehr erwartet, den Platz teilen zu müssen. Wenn wir früher gekommen wären, hätten sie sicher anders reagiert. Ich frage, ob sie Residents seien. Als Madame bejaht, kann ich mir nicht verkneifen zu bemerken, wir hätten uns so was gedacht. Teilen sei wohl nicht gerade etwas, das weiße Kenianer gelernt hätten. Zerknirscht gibt sie zu, da sei ich leider »terribly right«.

Wenigstens hat *sie* ein schlechtes Gewissen. Ihr Mann zieht es vor, sich bis zu unsrer Abfahrt in seinem Zelt zu verkriechen. Hoffentlich hat er die Unterhaltung wenigstens gehört, schließlich war mein Gift eigentlich an seine Adresse gerichtet.

Pünktlich um dreiviertel 9 sind wir am Kiandongoro Gate, um unseren bewaffneten Beschützer abzuholen. Auch er ist übergut genährt und trägt einen Rollkragenpullover, nur der Name hat sich geändert, diesmal heißt er Peter. Wir lassen das Auto stehen und gehen zu Fuß zu den 6 km entfernten *Chania Falls*, die wir gestern nur im Eiltempo und ohne Zeit zum Fotografieren besucht haben. Unterwegs stoßen wir auf Elefanten- und frische Büffelspuren. Außerdem haben ein Leopard und irgendeine kleinere Katze ihre Fußabdrücke auf dem Weg hinterlassen; aber außer ein paar Dikdiks begegnen uns keine Tiere. Diese Miniaturgazellen, die eher an Rehpinscher erinnern, sehen ausgesprochen grotesk aus, wenn sie in wilder Flucht durchs Gebüsch hüpfen. Sie sind einfach zu klein geraten, und ich komme mir in ihrer Gegenwart vor, wie Alice im Wunderland.

Nach einem erfrischenden Fußbad in dem eiskalten Wasser und ausgiebiger Fotosession, bitten wir Peter, uns auf dem Rückweg nicht entlang der Piste, sondern querfeldein zu führen. Wir hoffen immer noch auf den Nervenkitzel, zu Fuß ein paar Großtieren zu begegnen; aber daraus wird leider nichts. Peter führt uns zwar, in glühender Hitze, steil bergauf durch dichtes Gras- und Buschland, aber wir stoßen nur auf riesige Fußabdrücke von Elefanten, die sie an sumpfigen Wasserlöchern - oder besser, an dem, was in der Trockenheit davon übrig geblieben ist, klägliche, matschige Löcher, in denen die Tiere graben müssen, um an das überlebenswichtige, kostbare Restwasser zu kommen – hinterlassen haben.

Peter bleibt immer wieder stehen und schnauft und hustet wie eine Dampflok. Wir können uns des Eindrucks nicht erwehren, dass es um seine Kondition nicht optimal bestellt ist. Er rauche wohl zu viel, witzelt Horst blöde, in einem Land, wo Zigaretten einzeln verkauft werden und trotzdem für die Wenigsten erschwinglich sind. Tatsache ist, dass er der Einzige ist, der hier raucht.

Es stellt sich heraus, dass unser tapferer Führer Fieber hat, Lungenentzündung wie er behauptet. Allerdings erfahren wir später, dass, in Unkenntnis weiterer Krankheitsnamen, hierorts jeder Husten Lungenentzündung und jedes Fieber Malaria heißt. Immerhin, Fieber hat er wohl wirklich. Zurück am Gate, ändern wir unsere Pläne für den restlichen Tag. Zuerst einmal kriegt Peter ein Voltaren, und wir schicken ihn bis zum Essen in den Schatten.

Horst kocht das gigantischste Mahl, das er je am Feuer zustande gebracht hat. Bohnen mit dem Rest vom

Cornedbeef von gestern, einer Dose Tomaten und dem Steak, das im Auto schon vorgegart hat. Peter und sein Assistent sind eingeladen. Sie müssen nur ihre eigenen Teller mitbringen, wir sind, was Geschirr anbetrifft, nicht auf Besuch eingestellt. Als ich später ihre Teller mit abspülen will, ist dies den Beiden zunächst peinlich, aber ich vertrete lautstark die Ansicht, Jahrzehntelang hätten Schwarze für Weiße gearbeitet, jetzt könne das durchaus auch mal anders herum möglich sein. Dieses Statement findet uneingeschränkten Beifall, und als wir Peter für den Nachmittag von seinem Führerjob entbinden, ihm Bettruhe verordnen und ihn mit zehn Stück Aspirin versorgen, haben wir eindeutig Freunde gewonnen.

Allein fahren wir weiter zu den *Karuru Giant Falls*. Dort angekommen, lassen wir das Auto stehen und machen uns, unerlaubterweise ohne bewaffneten Beschützer, zu Fuß auf den Weg. Löwen gibt es hier angeblich kaum, ihr Revier soll sich eher im östlichen Teil des Park, im *Salient* befinden, und gegen Elefanten und Büffel hätte Peters Gewehr aus dem Jahre Schnee, wahrscheinlich auch nichts ausrichten können. Womöglich war es überhaupt nur Attrappe.

Fernab aller Zivilisation, baden wir splitternackt im eisigen Fluss, oberhalb des Wasserfalls. Es ist zu kalt, um es lange darin auszuhalten. Also lege ich mich auf dicke Steine, die, von der Sonne bestrahlt, aus dem frostigen Strom herausschauen, Horst hält mich an den Händen fest und mit weit durchgebogenem Rücken, lasse ich meinen Kopf ins Wasser hängen und den Fluss den Staub aus meinen Haaren spülen. Es ist, zugegeben, eine etwas ungewöhnliche Art des Haar-Waschens, aber eine durchaus wirkungsvolle.

Wir lieben uns im warmen Gras, unter skurril geformten Bäumen, deren Äste mit langem, herunterhängendem Moos bewachsen sind. Das dichte grüne Gespinst verleiht ihnen ein geheimnisvoll mystisches Aussehen. In diesem Märchenwald würde man eher das Erscheinen einer verwunschenen Fee, als das eines Löwen erwarten. In Gesellschaft eines Rangers, wäre der Nachmittag mit Sicherheit anders verlaufen.

Da wir viel zu viel Zeit am Wasserfall verbracht haben, können wir den Park nicht wie geplant, am Tree Tops Gate verlassen; es sei denn, wir wollten noch einmal die volle Gebühr für einen weiteren Tag zahlen. Wir wählen also das näher gelegene Kiandongoro Gate und können uns so selbst davon überzeugen, dass Peter die verordnete Bettruhe einhält.

Der Weg von den Höhenlagen der Abadares, hinunter nach Nyeri, ist wahrscheinlich die idyllischste Strecke, die ich je befahren habe. Sattgrüne, sanfte Hügel, Kaffeeplantagen so weit das Auge reicht, durchzogen von der roten Sandpiste, die sich pittoresk durch üppige Vegetation schlängelt, ergeben einen wunderbaren Kontrast. Vor uns auf dem Weg gehen gebückte alte Frauen mit riesigen Holzbündeln auf dem Rücken. Eselkarren, die die Maisernte nach Hause bringen und Hirten mit Schafen, Ziegen und Kühen scheinen, wie von Künstlerhand, malerisch angeordnet. Wir fahren etwa eine Stunde lang durch ein friedliches Gemälde. An der Wand fände ich es schon fast kitschig.

In Nyeri leisten wir uns eine Übernachtung im *Outspan Hotel*, mit Swimmingpool und warmen Duschen. Der Eintritt zum Pool kostet zwar extra, dafür wird er aber auch, nur für uns, extra noch mal aufgesperrt.

Wir nutzen die Badewanne, um unsere völlig verstaubten Klamotten zu waschen, packen die Rucksäcke neu - es stellt sich immer wieder heraus, dass das, was man am Häufigsten braucht, irgendwo in der Mitte steckt und man nicht drankommt, ohne absolutes Chaos in die Dinge zu bringen, die man obenauf gepackt hat -, und dann muss ich mich dringend meiner Kontaktlinsen entledigen. Ich habe sie inzwischen mehr als 36 Stunden in den Augen. Meine malträtierten Sehorgane tränen, und das rechte ist stark gerötet. Die Augentropfen, die sich in der Reiseapotheke finden, scheinen das Brennen nur zu verschlimmern. Ich verwende sie trotzdem und gehe mit Brille zum Dinner.

Das Essen ist ausgezeichnet, die Getränke sündteuer - wir zahlen für den Wein mehr als doppelt so viel wie für die zwei Grillteller, aber dafür ist er zur Abwechslung mal kalt -, ich gewinne beim Kartenspiel, und um halb zehn fallen wir todmüde in richtige Betten.

10. Februar 2002

7.30 Uhr, ich habe nicht sehr gut geschlafen, Horst dafür umso besser – und lauter!

Ein Schild, das ich gestern Abend auf dem Parkplatz gesehen habe, hat mir meine wohlverdiente Ruhe geraubt. »Parking at owners risk!«, stand beunruhigend deutlich auf der Tafel neben unserem Wagen und hat sich in mein Unterbewusstsein eingegraben. Die eine Hälfte der Nacht habe ich damit verbracht, mich hin und her zu wälzen und mir Sorgen zu machen, unser fahrbares Zuhause könnte geklaut werden, und die andere Hälfte hat mich mein brennendes Auge gequält. In den wenigen Stunden dazwischen, als ich schließlich doch noch in einen unruhigen Schlaf gefallen bin, habe ich geträumt, der Bürgermeister unsres Heimatortes hätte seine Tochter sexuell missbraucht. Aus irgendwelchen absonderlichen Gründen, hatte ich sogar vollstes Verständnis für ihn...

Manchmal würde ich mir wirklich gern erklären können, aus welchen verborgenen Quellen unser Gehirn die Nahrung für solch absurde Traumkreationen schöpft.

Weder hat unser Bürgermeister, soweit ich weiß, jemals irgendwelche Anzeichen pädophiler Neigungen gezeigt, noch kann ich überhaupt einen nachvollziehbaren Auslöser erkennen, der mein Unterbewusstsein dazu veranlasst haben könnte, hier in Afrika, ausgerechnet eine Reise ins ferne und zur Zeit wahrscheinlich schrecklich kalte, österreichische Waldviertel zu machen.

Ich erwache - mitten in einer Rechfertigungsrede für den Bürgermeister - durch knirschende Schritte auf dem Kies unter dem Fenster. Das Auto!! Jetzt ist es soweit. Garantiert werde ich gleich Motorgeräusche hören, und unser fahrbarer Untersatz ist dahin. Mit einem Satz bin ich aus dem Bett, und nur mit einem afrikanischen Tuch umwickelt, stürme ich aus dem Zimmer, um mich mutig den Schurken zu stellen, die gerade auf dem Wege sind, uns unseren Urlaub zu ruinieren.

Die Bösewichte stellen sich als einzelner Wachmann heraus, der mit Eimer und Lappen bewaffnet, gerade dabei ist, unseren Wagen vom roten Staub der Abadares zu befreien. Mir wird klar, dass ich ziemlich belämmert aussehen muss, wie ich da auf der Treppe stehe, barfuss, halbnackt, mit vom Schlaf zerrauften Haaren und meinem tränenden roten Auge.

So formvollendet wie möglich, wünsche ich dem fleißigen Mann einen guten Morgen und bitte ihn, auch das Innere des Wagens zu waschen, ich brächte ihm gleich den Schlüssel.

Als ich ins Zimmer zurückkomme, hat Horst seine nächtlichen Sägearbeiten bereits beendet und schaut eindeutig frischer aus als ich; also muss er nach draußen, um das Auto aufzuschließen und die darin verblieben Sachen auszuräumen, damit der Großreinemachaktion nichts mehr im Weg steht.

Meine Augen sehen schlimm aus. Inzwischen ist auch das linke leicht gerötet, während das rechte die Farbe einer überreifen Tomate angenommen hat. Ich tropfe erneut die mitgebrachte Medizin ein. Sie brennt wie Feuer. Als sich der Schleier etwas gelichtet hat, komme ich endlich auf den glorreichen Gedanken, den Beipackzettel zu lesen. Das Zeug soll spätestens einen Monat nach dem Öffnen verbraucht sein oder weggeschmissen werden. Na großartig, ich habe die Flasche schon vor einem halben Jahr angebrochen. Wenigstens ist jetzt geklärt, warum sich der Zustand meiner Augen seit gestern verschlechtert hat.

Um das Schlimmste zu kaschieren, setze ich kurzerhand die Sonnenbrille wieder auf, werfe zwei Aspirin gegen die Schmerzen ein, und während der Wachmann putzt, gehen wir frühstücken. Die strahlende Sonne tut trotzdem weh, in meinen gemarterten Augen.

Als wir zurückkommen, blitzt der Wagen. Unser gutes Heinzelmännchen denkt mit, er fordert uns auf, unseren gesammelten Müll in seinen Putzeimer zu leeren, damit er ihn entsorgen kann, und das, nachdem er sein Trinkgeld bereits bekommen hat.

Horst räumt wieder ein, während ich im abgedunkelten Zimmer sitze und mein Schicksal beweine.

Ein Vogel holt mich aus meiner Selbstmitleidsorgie. Mein Musiker-Ehemann macht mich auf das Gezwitscher des hochbegabten Federviehs aufmerksam. Kleine Sexte, Quinte, Grundton. Mit absoluter Präzision, ganz genau den Rhythmus einhaltend, wiederholt das Tier monoton immer die gleiche Melodie, ohne die geringsten Intonationsschwankungen. Horst ist begeistert, angesichts dieser Professionalität. Nur schade, dass andere, wesentlich unmusikalischere Zeitgenossen, mit lautem Gekreische immer wieder dieses künstlerisch wertvolle Konzert übertönen.

Wir fahren zu Peter Allmendingers Farm, eine Adresse, die Horst im Internet gefunden hat. Peter bietet außer Segelflügen auch Reitausflüge an. Bis morgen werde ich hoffentlich wieder geradeaus gucken und somit meinen Geburtstagsgutschein einlösen können.

Unser Ziel liegt nur etwa 12km nördlich von Nyeri. Horst hat per Email eine genaue Wegbeschreibung bekommen und wir finden problemlos die Abzweigung die zur Farm führt. Allerdings hat Peter vergessen zu schreiben, dass sich diese »6km lange Dreckstraße«, noch mehrere Male gabelt. Nach einigen Umwegen kommen wir dennoch an.

Ich gebe zu, ich bin zunächst einmal ganz einfach nur neidisch. Peter hat das schönste Haus, das ich je gesehen habe. Ganz aus Holz gebaut, mit viel Glas, einer Veranda nach Osten und einer zweiten nach Westen, steht es einsam in der erhebenden Weite des kenianischen Hochlandes. Beim Frühstück kann man die Sonne hinter dem schneebedeckten Mount Kenia aufgehen sehen und am Abend versinkt sie in den Hügeln der Abadares.

Geschmäcker sind ja bekanntlich verschieden, so passiert es mir häufig, wenn ich schöne Häuser betrete, dass sich in meine Begeisterung ein »ja aber...« mischt. Was ließe sich daraus nicht alles machen, was würde ich nicht alles verändern, wenn ich dieses oder jenes Haus besäße, vor allem an der Inneneinrichtung. In Peters Heim würde ich nichts verändern! Ich erhebe nicht den Anspruch objektiv zu berichten, aber meinen Geschmack hat noch kein Haus, das ich je betreten habe, so genau getroffen.

Rustikal-gemütlich und trotzdem hell und großzügig, bietet das Wohnzimmer mit dem riesigen offenen Kamin, eine wohlige Atmosphäre, in der man sich zu zweit nicht verliert, aber auch zwanzig Menschen nicht unter Platzangst leiden müssen. Holz dominiert. Afrikanisches findet mit Europäischem zu einer homogenen Mischung.

Auch die Gästebungalows sind phantastisch, jeder ein Unikat aus natürlichen Materialien. Es gibt Betten aus Naturstein, aus Holz oder aus Bambus und ich bin fast froh, dass unser Urlaubsbudget uns nicht in die Situation bringt, wählen zu müssen, welches der schönste Raum ist. Wir werden zelten, obwohl 50$ pro Person und Nacht, inklusive Vollpension, mehr als angemessen sind, für eine Übernachtung in diesem geschmackvollen Ambiente.

Peter ist nicht da, er ist mit zwei Gästen auf dem Flugplatz. Seine Köchin, die uns herumgeführt hat, erklärt uns den Weg. Es stellt sich heraus, dass wir auf der Fahrt hierher schon vorbeigefahren sind.

Also, die Dreckstraße zurück. Von der erst kürzlich stattgefundenen Autowaschaktion, ist schon längst nichts mehr zu sehen.

Im Hangar treffen wir auf Graig, einen etwa 50jährigen, sportlichen Amerikaner mit verwittertem Abenteurer-Gesicht, der selbst Segelflieger ist und bei Peter Urlaub macht. Der Hausherr ist in der Luft, mit Roland, einem Deutschen, ebenfalls Gast und ebenfalls Flieger, der aber, da er mit der Thermik in dieser Höhelage keine Erfahrung hat, den ersten Flug mit einem kundigen Copiloten hat absolvieren wollen.

Es stehen gekühlte Getränke und heiße Samozas bereit, und Graig fordert uns auf Platz zu nehmen und uns zu bedienen. So vergeht die Zeit, während wir warten, mit gemütlicher Plauderei im schattigen Eingang des Hangars. Einmal mehr erfasst mich die afrikanische ruhige Langsamkeit.

Wartenmüssen ist an sich etwas, das mich nervös oder gar aggressiv macht. Ich hasse es untätig herum zu sitzen, ohne meinen Tag planen zu können. Außerdem neige ich normalerweise dazu, ununterbrochen zu reden und alles doppelt und dreifach zu sagen; einerseits, weil ich Gesprächspausen nicht sehr gut aushalte und andererseits, weil ich dem Gegenüber sehr oft nicht zutraue, dass es, bei meinem Redetempo, meine ach so wichtigen geistigen Ergüsse auf Anhieb vollständig mitbekommt.

Hier nun kann ich warten, ohne Ungeduld, ohne das Gefühl etwas zu versäumen. Die Unterhaltung fließt träge dahin. Ich sprudele nicht wie sonst, sondern lasse mir Zeit. Mein Mitteilungsbedürfnis ist auf ein Minimum geschrumpft. Ein wohliges, schlichtes Sein breitet sich aus.

Irgendwann erscheint das kleine Flugzeug am Himmel, und kurz darauf holpern Peter und Rolf über die Landebahn.

Peters schwäbischer Akzent wirkt merkwürdig deplaziert in dieser Umgebung, aber während Graig eine letzte kurze Runde dreht - es ist schon später Nachmittag, und die Thermik lässt keinen längeren Flug mehr zu -, hängt er sich ans Telefon und organisiert auf Englisch, unseren Reittrip für morgen. Zwar kann er seine Herkunft auch in dieser Sprache nicht wirklich verleugnen, aber irgendwie kann ich mich im Augenblick mit schwäbischem Englisch besser anfreunden, als mit Schwäbisch pur.

Im Konvoi fahren wir zurück zu Farm. Unser linker hinterer Reifen ist bedenklich platt, hoffentlich hat er kein Loch. Horst borgt sich von unserem Gastgeber eine Pumpe und hofft, dass damit das Übel dauerhaft zu beheben ist.

Nachdem wir unser Zelt, mit Blick nach Osten, vor dem Haus aufgestellt und uns frisch gemacht haben, werden uns auf der Veranda Avocados mit Ei und gekühlte Sodas serviert. Das eigentliche Abendessen nehmen wir im Wohnzimmer, am gemeinsamen Tisch ein.

Bei einem leckeren afrikanischen Eintopf erzählt Peter von sich. Er sei Bautechniker gewesen und habe zunächst als Entwicklungshelfer in Kenia gearbeitet. Als sein Vertrag zuende war, sei er hier geblieben.

Seit kurzem ist er geschieden, hat vier Kinder, von denen die Älteste in Deutschland studiert, die beiden

Mittleren auf ein Internat in Kenia gehen und die Jüngste, die bei der Mutter lebt, morgen zu Besuch kommt. Peter wirkt wie ein glücklicher Mensch.

Er könne sich durchaus noch Veränderungen vorstellen, meint er, nur nach Deutschland, wo jeder am Ellenbogen des Nachbarn klebe, wolle er auf keinen Fall zurück. Da bekäme er Platzangst. Wie gut ich ihn verstehen kann.

Draußen funkelt ein überwältigender Sternenhimmel, und als wir schlafen gehen, bin ich froh, anstatt in den gemauerten Wänden eines Hotels, wieder im Zelt zu liegen, dichter an der Nacht, der Erde, der Natur.

11. *Februar* 2002

Die Sonne geht gerade hinter dem Mount Kenia auf, als wir verschlafen aus unserem tragbaren Zuhause kriechen. Die Luft ist klar und kühl, die Sicht atemberaubend. Mit einem Schlag bin ich wach. Meine Augen sind deutlich besser. Sicherheitshalber werde ich aber noch ein, zwei Tage auf Kontaktlinsen verzichten.

Wir frühstücken alleine, nur die Köchin ist schon auf. Um 8.00 Uhr sind wir mit einem gewissen Ray verabredet, auf dessen benachbarter Farm, wo es mehr Wasser gibt, jetzt in der Trockenzeit auch Peters Pferde untergebracht sind. Nachbarschaft ist relativ. Wir erfahren später, dass es einen gut halbstündigen, strengen Ritt bedeutet, die Pferde hierher zu bringen.

Inzwischen ist es 8.15, und es ist noch kein Reittier in Sicht. Afrika eben! Langsam trudeln die Anderen ein und versammeln sich hungrig am Frühstückstisch, der auf der Veranda gedeckt ist. Für heute haben sie einen Angelausflug in die Abadares geplant. Wenn sie erfolgreich sind, wird es heute Abend Fisch geben.

Kurz vor neun ist es endlich soweit, vier Pferde tauchen auf; drei sind beritten, und ein ungesatteltes läuft brav hinterher. Sie sind in unerwartet gutem Zustand. Nach früheren Erfahrungen mit dürren, hustenden Kleppern in anderen südlichen Ländern, bei deren bloßem Anblick sich schon mein schlechtes Gewissen gemeldet hat, wenn ich daran dachte, dass sie meinen 95 Kilo Ehemann würden tragen müssen, bin ich überrascht, so gutgenährte, offensichtlich kerngesunde Tiere präsentiert zu bekommen.

Ray, ihr Besitzer ist ein drahtiger, älterer Herr mit schneeweißen Haaren, einem weißem Bart und sympathischen, lachenden Augen. Er ist Amerikaner.

Seine beiden Angestellten die er mitgebracht hat, sind beide Maasai, wie wir erfahren. Einer von der Burschen, Jonas, wird uns auf dem Ritt begleiten. Ich habe schon einiges von ihm gehört, und bin in sehr neugierig auf Rays rechte Hand. Peter hat erzählt, er sei acht Jahre zur Schule gegangen, lebe seit längerem bei Weißen, aber obwohl er völlig europäisch in Jeans und T-Shirt gekleidet sei, denke und fühle er nach wie vor wie ein Maasai.

Den Angehörigen dieses Volksstammes wird im Kindesalter ein Vorderzahn ausgeschlagen, ein zwar brutal anmutendes, aber dennoch durchaus sinnvolles Unterfangen, das dazu dient, ihnen im Fall einer Tetanuserkrankung, durch die so entstandene Lücke Nahrung zuführen zu können. Diese Menschen leben hauptsächlich von und hautnah mit ihren Rindern, ein Umstand, der sicherlich zu dieser Vorsichtsmaßnahme berechtigt.

Peter hat gestern Abend eine amüsante Anekdote zu Jonas Zahnlücke zum Besten gegeben. Wir befänden uns hier im Kikuyu-Land, sagte er, und Rays Angestellter sei mit seinem ausgeschlagenen Vorderzahn für jedermann leicht als Maasai zu identifizieren. Die beiden Stämme jedoch, würden einander nicht besonders mögen, was zur Folge habe, dass der Arme sich immerzu abmühen müsse, sein Erkennungsmerkmal zu verstecken. Bei einer Touristin habe er nun vor einiger Zeit ein herausnehmbares Gebiss gesehen, eine Errungenschaft der Zivilisation, die ihn schwer begeistert habe. Seitdem träume er nun von einem auswechselbaren Zahn, der bei Bedarf die Lücke verstecken könnte.

Mit Ray und Jonas und gefolgt von Peters Hund, machen wir uns also auf in den Busch. Die Farm liegt in einem privaten Elefantenschutzgebiet, und wir haben vor, die Tiere aufzuspüren. Jonas dient dabei als Fährtensucher.

Zunächst müssen wir eine eingezäunte Koppel überqueren, auf der wir schon gierig von aggressiven Eseln erwartet werden. Die grauen Biester dürften gegen unsre Pferde eine langgehegte Feindschaft pflegen. Kaum hat Ray vom Sattel aus das Gatter geöffnet, kommen sie angeprescht und attackieren die braven Reittiere, die daraufhin verständlicherweise unruhig und nervös werden und versuchen, den Eseln auszuweichen. Nur mühsam gelingt es uns, die angriffslustigen Grautiere vom Tor abzulenken, damit Ray das Tor wieder schließen kann.

Schließlich wird es dem alten Mann zu bunt, das unverschämte Verhalten der bissigen Monster reizt ihn offensichtlich zur Gegenwehr. Er galoppiert an und geht zum Angriff über. Kreuz und quer scheucht er die Esel über die gesamte Weide. Begeistert schließen Jonas und ich uns an, und Horst, der den Ausflug lieber etwas ruhiger angegangen wäre, bleibt nichts anderes übrig, als es uns gleich zu tun. Am Ende haben wir gesiegt. Die langohrigen Feiglinge ziehen sich verschüchtert ins letzte Eck der Koppel zurück, und wir können dieselbe unbehelligt verlassen.

Vor uns liegt hügelige Weite ohne festgelegte Wege,

herrliche unberührte Natur. Keine Anzeichen deuten auf die Anwesenheit von Menschen hin. Es ist ein Genuss, querfeldein über ebene Grassavannen zu galoppieren, mitten durch Zebraherden, die panisch vor uns davonjagen.

Wir traben gemächlich an einigen Büffeln vorbei. Mit ihren imposanten Hörnern, die ihnen wie in der Mitte gescheitelte, nach vorne verrutschte Perücken, einen etwas dümmlichen Ausdruck verleihen, glotzen sie uns friedlich und gelangweilt kauend an. Mir ist trotzdem nicht ganz wohl in meiner Haut, schließlich gelten diese gehörnten Fleischberge, neben Nilpferden, als die gefährlichsten Tiere der Wildnis. Sie sollen unberechenbar und äußerst aggressiv sein. Höchstens Spitzmaul-Nashörner könnten ihnen an Gefährlichkeit noch den Rang ablaufen, wenn sie nicht in freier Wildbahn ausgestorben wären; aber als Jonas mutig sein Pferd ein paar Schritte in ihre Richtung lenkt, ergreift die Hälfte der Herde die Flucht. Ihre Feigheit beruhigt mich wieder.

Es ist ein phantastischer Ritt. Wir sehen verschiedene Antilopenarten die in großen Verbänden an uns vorüberziehen, und schließlich stoßen wir auf Giraffen.

Unsre Pferde scheuen vor den großen Tieren, die majestätisch auf uns herunter blicken. Während die Anderen in sicherer Entfernung warten, versuche ich mit kurzen Zügeln und beruhigendem Zureden, mein Pferd näher an die Herde heranzubringen. Schritt für Schritt, bewegt sich der Hengst widerwillig vorwärts, immer bereit, augenblicklich in wildem Galopp umzudrehen, sobald ich den Zügel auch nur ein winziges bisschen lockern würde. Ein wenige Tage altes Kalb liegt schlafend auf dem Boden und ist wohl der Grund, warum die Giraffen nicht längst das Weite gesucht haben. Drohend baut sich seine Mutter breitbeinig vor ihm auf, um es vor dem vermeintlichen Angreifer zu schützen. Ich bleibe stehen, nicht sicher, ob ich es wagen soll, näher zu gehen.

Aber nachdem ich weder von Jonas noch von Ray, die mein Manöver beobachten und auf deren Erfahrung ich mich verlasse, warnende Zurufe erhalte, pirsche ich mich weiter und weiter an, bis das gute Tier unter mir endgültig streikt und sich mit eselsgleicher Sturheit weigert, auch nur noch einen einzigen Schritt in Richtung der drohenden Gefahr zu tun. Ich bin höchstens noch 15 Meter entfernt, als ich endlich aufgebe und meinen erleichterten Hengst zur wartenden Gruppe zurücktraben lasse. Er bekommt viel Lob für seinen geduldigen Gehorsam.

Weiter geht es steil bergab, durch unwegsames, felsiges Gelände, das die Pferde mit bemerkenswerter Trittsicherheit meistern.

Jonas führt uns in ein Waldgebiet, wo er Elefanten vermutet, aber wir werden nicht fündig. Der Hund vertreibt sie mit seinem Gebell, lange bevor wir sie sehen können. Der Maasai scheint selbst enttäuscht zu sein, dass er uns diese Attraktion nicht auch noch hat bieten können. Unsere Begeisterung gefällt ihm, und er hätte sich wohl gerne noch ausgiebiger daran geweidet. Aber ich bin von diesem Ausflug auch ohne Elefanten mehr als befriedigt, und Horsts Hintern schreit nach einem gepolsterten Sessel; und so kehren wir nach einem vierstündigen Ritt, erschöpft aber glücklich, auf die Farm zurück, wo uns der Lunch erwartet.

Die Pferde sind trotz der Hitze und dem durchaus anstrengenden Ritt kein bisschen verschwitzt. Entweder gehören sie zu einer speziellen Rasse, die nicht über Schweißdrüsen verfügt, oder sie sind sensationell gut trainiert.

Es stellt sich heraus, dass ich mit zweiter Vermutung ziemlich nahe an die Wahrheit gekommen bin. Es sind ehemalige Rennpferde, von der Rennbahn in Nairobi.

Ich helfe Jonas und dem anderen Burschen, die Tiere zu versorgen, wobei wir unsere gesamte Konversation in

Suaheli führen. Mit Engelsgeduld lässt er mich mein langsames Gestammel formulieren, verbessert mich wo nötig und weigert sich strikt, mir zu antworten, wenn ich den Kampf mit den Vokabeln aufgeben will und der Bequemlichkeit halber zum Englischen übergehe. Er ist ein guter Lehrer.

Wir kommen überein, dass ich den Segelflug auf morgen Nachmittag verschieben werde, damit wir uns am Vormittag noch einmal, aber dann ohne Hund, auf Elefantenpirsch machen können.

Die Pferde können über Nacht hier, in einer eingezäunten Koppel bleiben.

Nun muss ich nur noch Horst von der Planänderung überzeugen. Der zarte Babypopo meines Göttergatten hält, ohne seine überlebenswichtige Hirschtalgsalbe, normalerweise keine halbe Stunde auf einem Pferderücken durch, ohne anschließend wenigstens eine offene Stelle von der Größe eines Zwei-Euro-Stücks aufweisen zu können. Besagte Salbe steht allerdings auf dem Nachtisch in Österreich, und wir waren deutlich länger unterwegs als eine halbe Stunde – mein Liebster wird begeistert sein.

Er hat es sich mit Ray bereits auf der Veranda gemütlich gemacht. Peters 4-jährige Tochter Tessa ist auch da. Dieses aufgeweckte Kind wechselt in ihrem Geplapper mühelos zwischen Englisch mit Ray, Deutsch mit Horst und fließendem Suaheli mit der Köchin hin und her. Der Hund wird mit allen drei Sprachen bedacht. Ich bin zutiefst beeindruckt von der Kleinen.

Wie erwartet zeigt Horst wenig Neigung, seinen Hintern am nächsten Tag noch einmal malträtieren zu lassen. Er hätte aber nicht das Geringsten dagegen, dass ich alleine reite und er sich anderweitig beschäftigen würde, meint er, solange man ihm und seinem Allerwertesten nur Schonung gewähre.

Gut denn, so wird es verabredet.

Der Tisch ist für vier Personen gedeckt, und ganz selbstverständlich nehme ich an, dass die Gedecke für Ray, Jonas, Horst und mich gedacht sind. Infolgedessen frage ich, als Tessa Platz nimmt und Jonas Anstalten macht ins Haus zu verschwinden, völlig unbefangen nach, ob er nicht mit uns äße. Jonas wechselt einen zögerlichen Blick mit Ray und stottert, nach dessen Nicken, scheinbar unsicher, äh - ja, er hole nur seinen Teller.

Ich bin nicht sicher, ob ich gerade in einen Fettnapf getreten bin. Natürlich, für mich ist Jonas ein Reitkollege, für Ray ein Angestellter. Leider habe ich herzlich wenig Erfahrung im Umgang mit Angestellten. Mein Gehalt in Österreich erlaubt mir keine Dienstboten, und die Tatsache, dass Jonas schwarz ist, gibt dem Ganzen eine unangenehm rassistische Note. Aber Ray beruhigt mich, sie würden die Tischgewohnheiten nicht nach fest umrissenen Regeln handhaben. Zuhause, auf seiner Farm, äßen sie in der Regel am gleichen Tisch. Jonas habe heute wahrscheinlich die Küche vorgezogen, weil er von europäischem Essen nicht besonders begeistert sei - es gibt Spaghetti für uns - und er dort mit Peters Angestellten afrikanisch verköstigt würde.

Tatsächlich bringt der Maasai einen Teller vom Eintopf von gestern mit, als er zurückkommt und unter unserem Spott, ob seiner mangelnden kulinarischen Experimentierfreudigkeit, verläuft das Mittagessen spannungsfrei und lustig.

Ray erzählt, dass er in Amerika ursprünglich Milchtier-Bauer gewesen sei, aber schon vor Jahren seine Farm in einen Reitbetrieb umgebaut habe. Nach Afrika habe ihn die Tierwelt gezogen. Jahrelang habe er seinen Urlaub in Kenia verbracht, bis er sich irgendwann mit einer schwarzen Farmbesitzerin und deren Lebensgefährten angefreundet und entschieden habe, ganz hierher zu ziehen um ihnen zu helfen das Tourismusgeschäft in

Form von Pferde-Safaris in Gang zu bringen. Seine Freunde seien inzwischen gestorben, aber das Abkommen sei auf den Sohn der Besitzerin übergegangen.

Horst fragt nach Rays Alter und mich trifft fast der Schlag, als ich die Antwort höre. »75?!«, ich glaube mich verhört zu haben. Bisher hatte ich mir keine Gedanken über sein Alter gemacht. Ich kann nicht einmal sagen für wie alt ich ihn gehalten hätte, wenn ich hätte schätzen müssen, aber ganz sicher hätte ich ihm niemals ein Alter von 75 Jahren zugetraut. Ray ist körperlich absolut fit, hat einen herrlich trockenen, schlagfertigen Humor und war gerade 4 Stunden mit uns reiten. Ich sehe ihn wieder vor mir, wie er mit dem Temperament eines 20-Jährigen die Attacke gegen die Esel angeführt hat, und kann nur hoffen, mir möge in 35 Jahren die gleiche Kondition beschert sein.

Für den Nachmittag lädt er uns in den *Abadare Country Club* ein, in dem er Mitglied ist.

Nachdem wir ihn und Jonas auf der Kamaruta Ranch abgesetzt haben, damit sie ihre Badehosen holen können, fahren wir in zwei Autos weiter, um diesen geschichtsträchtigen Treffpunkt der weißen Siedler kennen zu lernen. Das Haupthaus stammt noch aus der Kolonialzeit. In der gediegenen Atmosphäre des altehrwürdigen, noch immer sehr britischen Clubs, hat schon die Happy Valley Gesellschaft ihre Feste gefeiert. Wir bewegen uns mit Ehrfurcht auf den Spuren großer Autoren, wie Ernest Hemingway, Karen Blixen und Beryl Markham, und spüren der vergangenen Zeit des kolonialen Luxus nach.

Der alte Swimmingpool ist umgeben von einer herrlich blühenden Gartenanlage. Außer uns bevölkern nur wenige Besucher die weißen Sonnenliegen. Horst, Ray und ich springen so schnell wie möglich ins angenehm temperierte Wasser, das nach der Hitze des Tages eine willkommene, sehnsüchtig erwartete Abkühlung bedeutet.

Jonas ist, wie die meisten Schwarzen in Kenia, Nichtschwimmer. Zwar dürfte er schon Erfahrungen mit tiefem Wasser gesammelt haben - Peter erzählte uns gestern, dass bereits die Mutter seiner Freundin, bei einem Aufenthalt hier, den Versuch unternommen hat, den Unkundigen zu unterweisen -, diese scheinen aber nicht ausgereicht haben, um ihn erfolgreich über Wasser zu halten. Ich sehe eine Chance, mich für den Suaheliunterricht zu revanchieren und setze fort, was meine Vorgängerin so beherzt begonnen hat. Erst als ich schon mitten in dem Unterfangen stecke, wird mir bewusst, wie wenig ich zur Lehrerin tauge.

Jonas erweist sich als hoffnungslos unbegabt, was die Kunst des Schwimmens anbelangt. Was ich auch versuche, wie immer ich es erkläre, er geht unter wie ein Stein, sobald ich wage ihn loszulassen. Prustend und keuchend klammert er sich nach dem Auftauchen an mich, mit dem Erfolg, dass wir, unter Horsts und Rays Gelächter, beinahe beide ertrinken. Angesichts dieser Pleite gebe ich mich bald völlig erschöpft geschlagen und an Horst ab. Er ist stärker als ich, soll er den Unterricht fortsetzen. Aber auch mein Mann bleibt erfolglos. Jonas wird wohl den Rest seines Lebens Nichtschwimmer bleiben müssen.

Bei kühlen Getränken, verbringen wir den Rest des Nachmittags mit Gesprächen über Lord Delamere, Baron Bror Blixen und Denys Finch Hatton, als seien sie alte, gemeinsame Bekannte, die noch lebten und nur mal eben kurz nach England geflogen seien, um bald wieder in unsere Runde zurückzukehren. Wir schimpfen über Carberrys rohes Verhalten seiner Tochter gegenüber und tauschen Spekulationen über die mysteriösen Umstände, die zum nie aufgeklärten Mord an Lord Errol geführt haben, aus; aber auch moderne Schreiber werden zum Thema unsrer Konversation. Der Zufall will es, das Jonas die Autorin des Buches »*Enkop Ai*«, als Kind persönlich gekannt hat und aus derselben Gegend kommt, wie deren Maasai-Ehemann Robert.

Es ist faszinierend, wie aus Buch-Figuren plötzlich lebendige Menschen werden. Schon lange hat mich die Fortsetzung ihrer Geschichte interessiert. Jetzt erfahre ich, dass sich das Paar inzwischen getrennt hat und Catherine Oddie nach Australien zurückgekehrt ist. Überhaupt stellen sich die angebliche Liebesromanze und deren Folgen, aus Sicht der Maasai, offensichtlich ganz anders dar, als in der Schilderung der Australierin.

Als der Nachmittag sich seinem Ende zuneigt, brechen wir auf.

Ray vermittelt uns einen Mitfahrer. Der Kellner, der uns bedient hat, muss in unsere Richtung und ist dankbar für eine Mitfahrgelegenheit, die ihm erspart, die überfüllten und wenig verkehrssicheren Matatus zu benutzen, bzw. den größten Teil der Strecke sowieso zu Fuß zurücklegen zu müssen. Er hört auf den originellen Namen *John* und ist damit ungefähr der 27. getaufte Schwarze dieses Namens, den wir auf unserer Reise kennen gelernt haben. John ist Kikuyu und hat die irritierende Angewohnheit wirklich jeden unsrer Sätze überhöflich, fast devot und very british mit der Floskel »oh isn´t it« zu kommentieren, was ihm fortan, in unsren privaten Unterhaltungen, den Namen *Mr. Issentit* einträgt.

Auf dem Parkplatz stellen wir fest, dass unser Hinterreifen wieder Luft verloren hat. Ich fürchte, wir können uns der Erkenntnis nicht mehr verschließen, dass er wohl irgendwo ein Loch hat. Mr. Issentit meint, das sei gar kein Problem, auf dem Heimweg liege eine Werkstatt und dort könne man den Schaden schnell beheben.

Besagte Werkstatt ist nichts weiter, als ein leerer Platz vor einer Tankstelle, wo auf ein paar alten Autoreifen einige ärmlich gekleidete, mitleiderregende Gestalten herumlungern, die zwei nicht weniger mitleiderregenden

Gestalten beim Arbeiten zuschauen.

Mr. Issentit bittet uns, die Verhandlungen ihm zu überlassen. Wir hätten die falsche Hautfarbe, der weiße Preis läge mindestens um das Dreifache höher, als der schwarze. Angesichts der hundertmal geflickten und dennoch zerrissenen Hosen des Verhandlungspartners, bin ich zwar nicht ganz sicher, ob wir uns nicht freiwillig übers Ohr hauen lassen sollten, anstatt den Mann mit Dumping-Preisen um sein Abendbrot zu bringen, aber schließlich lassen wir Mr. Issentit seinen Willen und schauen zu, wie er im sauberen Anzug, kühl und von oben herab, den besten Preis bei dem Wurm vor ihm herausschlägt. Die Arbeit im Country Club muss abgefärbt haben, ich kann mir nicht vorstellen, dass irgendein Kolonialherr imstande gewesen wäre, eine größere Arroganz an den Tag zu legen, als unser Mr. Issentit. Nach oben buckeln und nach unten treten ist wohl die Devise, die auch hier in Afrika gilt. Nur wird sie hier noch unverhüllter befolgt.

Es stellt sich heraus, dass ein langer Nagel im Reifen steckt. Der Schlauch wird mit Fahrradflicken fachmännisch repariert, bald sind wir wieder fahrbereit und Mr. Issentit ist überglücklich, dass er uns hat dienen können. Aus irgendwelchen Gründen habe ich einen schalen Geschmack im Mund. Dieses menschenverachtende Verhalten eines Schwarzen, gegenüber einem Mann seiner eigenen Hautfarbe hat mich völlig unerwartet getroffen. Ich muss lernen, dass es in Kenia zwar kaum noch Klassen- oder Standesunterschiede zwischen Schwarz und Weiß gibt, dafür aber umso größere zwischen Arm und Reich. Wir Weißen waren nur die Lehrer dieses Verhaltens.

Wir kommen gerade recht zum Abendessen. Roland, Graig und Peter waren nur mäßig erfolgreich, und so hat der Hausherr die drei gefangenen Forellen mit Fisch aus dem eigenen Vorrat aufgestockt. Alle werden satt. Beim Nachtisch im Wohnzimmer erzählen wir uns gegenseitig von den Erlebnissen des Tages, und meine Begeisterung über den Ausritt ist offensichtlich so ansteckend, dass sich Graig spontan entschließt, uns morgen zu begleiten.

Als ich nach diesem ereignisreichen, wunderschönen Tag endlich im Zelt liege, wird mir klar, dass bereits ein Drittel unsres Urlaubs vorbei ist. Mein Gott, ich will hier nicht weg, nie mehr, ich möchte für immer hier leben können. Ich kuschele mich eng an Horst und gemeinsam träumen wir von einer Zukunft in Afrika und malen uns aus, wie sie aussehen könnte - bis wir beim Gezirpe der Zikaden einschlafen.

12. Februar 2002

Ich bin irgendwann in der Nacht aufgewacht und habe lange in die schwarze Stille gelauscht. Kein Laut war zu hören. Die ganze Welt, alles außer mir schien zu schlafen. Sogar die Grillen hatten aufgehört zu zirpen. Hätte es Horsts gleichmäßigen Atem neben mir nicht gegeben, hätte ich geglaubt taub zu sein. Es war, als gäbe es nur noch uns beide auf der Welt. Noch nie zuvor habe ich eine solche Stille erlebt.

Es ist schwer, die seltsamen Gefühle, die mich in diesem Moment bewegten, zu beschreiben. Es gab kein Rauschen, nicht das kleinste, noch so weit entfernte Knacken eines Astes oder Rascheln eines Blattes, einfach nichts, dunkles, schwarzes, weites Nichts. Und doch war es, als könnte ich die Stille selbst hören. Das Echo meines eigenen Atems, als einziges, verlorenes Geräusch in der Dunkelheit, hat mich für einen Moment die Größe des Universums spüren lassen und mir meine eigene Winzigkeit bewusst gemacht.

Mein Leben daheim kam mir so unglaublich weit weg vor. Die Sorgen und Nöte meiner Schauspielkollegen, die ich bis vor kurzem geteilt hatte und bald wahrscheinlich wieder würde teilen müssen, schienen mir banal und lächerlich.

In diesem Augenblick hatte ich keinerlei Bedürfnisse. Mir war, als gehörte ich genau hierher, als sei ich verschmolzen mit der Erde und der Stille um mich herum, und ich wünschte mir, die Zeit würde stehen bleiben und mich nie mehr aus dieser tröstenden Umarmung entlassen.

Nun - sie entließ mich doch.

Am Morgen wache ich völlig gestresst auf, im Glauben, ich müsse meinen Urlaub unterbrechen, um für eine Betriebsratssitzung nach Berlin zu reisen. Glücklicherweise war es nur ein Traum, aber die erschreckende Diskrepanz zwischen den Gefühlen der Nacht und denen am Morgen, hat in der Realität Bestand und lässt mich lange nicht los.

Während wir auf Ray und Jonas warten, lasse ich den gestrigen Tag Revue passieren, die großartige Landschaft, die Sonne, die Luft, Rays herzliche Art, die Vertrautheit, als würden wir uns schon jahrelang kennen und Jonas´ naive Offenheit, mit der er Touristen, von denen er erzählt, als »real good friends« bezeichnet. Sicher ist seine Denkweise simpler, als die der meisten meiner Bekannten zuhause, aber mir scheint, auch purer und gesünder.

Es kommt mir vor, als passiere Vertrauen und Freundschaft in Afrika leichter, als öffne man sich schneller. Natürlich sind auch mir blutige Stammesfehden und grausame Bürgerkriegsgemetzel aus dem Fernsehen bekannt, aber ist das nicht nur die andere Seite derselben Medaille? Man lebt hier ganz einfach direkter, unverblümter. Afrika ist sinnlicher, in vieler Hinsicht ehrlicher als unsere Welt. Hass und Wut kommen genauso unverschleiert und mit derselben Intensität zum Ausdruck, wie Lust und Freude. Wenn ich die eine Seite genießen will, muss ich mit der anderen leben können.

Ich frage mich, wie ich die Dinge sehen würde, wenn das hier kein Urlaub, sondern mein Alltag wäre. Ich weiß es nicht. Ich weiß auch nicht, was genau die Gründe sind, die dazu führen, dass mich Afrika verändert, aber ich weiß ganz sicher, das mir diese Veränderung gefällt.

Jonas kommt allein. Ray muss eine Kuh verladen, die er gekauft und schon dreimal nach Hause gebracht hat. Bisher ist sie jedes Mal wieder abgehauen und zu ihrem früheren Besitzer zurückgerannt. Jetzt hat er ihren Pferch so sicher gemacht, dass er einen Elefanten darin halten könnte und hat nun vor, sein Glück zum endgültig letzten Mal zu versuchen.

Graig eröffnet uns, er habe in seinem Leben erst ein einziges Mal auf einem Pferd gesessen, und das sei mit ihm durchgegangen. Angeblich habe er sich aber damals trotzdem oben halten können, was immerhin zu der Hoffnung berechtigt, dass wir ihn auch heute mehr oder weniger heil durch den Busch bringen werden.

Zunächst geht alles problemlos, die Esel haben ihre Lektion vom Vortag noch im Kopf und machen sich freiwillig aus dem Staub, als wir ihre Koppel betreten. In gemütlichem Schritt begegnen wir Herden von Zebras, Elenantilopen und den wunderhübschen, allgegenwärtigen Thomsongazellen. Jonas lässt Graig Zeit, sich satt zu sehen, und auch ich genieße erneut die Nähe der Wildtiere, die man von einem Pferderücken aus eindeutig viel intensiver wahrnimmt, als eingepfercht in der blechernen Hülle eines Safariwagens. Aber wir haben Größeres vor heute und müssen irgendwann das Reittempo etwas anziehen. Zuerst wird unser armer

Anfänger in der Kunst des Trabens unterwiesen. Tapfer erträgt sein Pferd die unangenehme Dopserei auf seinem Rücken, und Graig, der bei jedem Schritt zehn Zentimeter aus dem Sattel gehoben wird, um gleich anschließend wieder krachend darauf landen, beißt die Zähne zusammen und markiert den Coolen.

»It´s o.k.«, meint er lässig von hinten, »I got it, you can go on.«

Nach zehn Minuten bricht ihm der Schweiß aus allen Poren, aber er versucht sich weiterhin nichts anmerken zu lassen. Was für uns bequemes Mitteltempo ist, muss seinen ungeübten Hintern in spätestens einer Stunde in eine blutige, rohe Fleischmasse verwandelt haben. Ich bin sehr gespannt, wie lange er das durchhält.

Aber unser sportlicher Amerikaner ist ein echter Kerl, er zuckt mit keiner Wimper.

Nachdem wir mehr als eine halbe Stunde vergeblich auf ein Winseln um Gnade gehofft haben, steigern wir die Anforderungen. Graig soll galoppieren lernen. Es funktioniert großartig. Hintereinander legen wir mehrere kurze Galoppstrecken auf dem grasbedeckten Hügel, in Richtung Wald zurück. Graig ist begeistert und erleichtert. Was die meisten Nichtreiter sich schwer vorstellen können, verblüfft auch ihn, für Ungeübte ist Galopp in der Regel eine bequemere Gangart als Trab.

Plötzlich lenkt Jonas unsere Aufmerksamkeit auf die Kuppe der Anhöhe vor uns. Aus etwa einem halben Kilometer Entfernung werden wir Zeuge, wie eine Herde Elefanten einen Weidezaun niedertrampelt und sich ihren Weg, ohne Rücksicht auf das von Menschen errichtete Hindernis, durch den Busch bahnt. Wir können erkennen, wie das Leittier am Zaun nur kurz zögert und dann weitergeht. Der Rest der Gruppe folgt zügig, ohne weiteren Aufenthalt hinterher.

Was hier hart arbeitende Farmer oder ihre Angestellten im Schweiße ihres Angesichts mühsam aufgebaut haben, ist in wenigen Sekunden plattgewalzt.

Als die Elefanten im Wald verschwunden sind, folgen wir dem Zaun bergauf und sehen uns den Schaden aus der Nähe an. Der Draht ist nicht durchgerissen, nur niedergetreten. Obwohl er mit Strom geladen ist, konnte er die Tiere nicht davon abhalten, sich am Mais der umliegenden Felder gütlich zu tun. Jonas erzählt uns, dass die Elefanten manchmal bis zu Peters Haus kämen und den Garten kahl fräßen. Wie schön, dass sie unser Zelt bis jetzt noch nicht entdeckt haben.

Wir reiten weiter, hinein in das Waldstück. Von den grauen Riesen ist nichts mehr zu sehen, aber Jonas weiß ihre Spuren zu lesen und anhand dieser, den Weg zu erkennen, den sie eingeschlagen haben. Nachdem er geprüft hat, aus welcher Richtung der Wind kommt, führt er uns in einem großen Bogen derart, dass wir von der Seite ihre Wanderung abschneiden können, ohne von ihnen gewittert zu werden. Er erklärt uns, dass die Tiere normalerweise von den Landarbeitern mit Steinen vertrieben würden, wenn man sie dabei erwischte, wie sie, rücksichtslos ihrer Natur folgend, ein Feld oder einen mit Liebe angelegten, wochenlang gewässerten, blühenden Garten zerstörten. Aufgrund dieser Erfahrungen seien sie auf uns Zweibeiner nicht besonders gut zu sprechen. Da sie zur Zeit außerdem Babys dabei hätten, müssten wir besonders vorsichtig vorgehen.

Wir galoppieren noch ein Stück auf einem freien, bequem zu bewältigenden Pfad, den uns die Tiere netterweise zu einem früheren Zeitpunkt schon geschlagen haben, dann stoppt unser Führer plötzlich sein Pferd und lauscht in den Wald.

Jetzt können wir es auch hören. Ein entferntes Knacken im Dickicht verrät die Anwesenheit der Dickhäuter. Jonas legt den Finger auf die Lippen und bedeutet uns, jetzt nicht mehr zu sprechen. Himmel ist das aufregend. Mein Herz klopft bis zum Hals. Graig dürfte es nicht anders gehen, wie ich den begeisterten Blicken entnehme, die wir, in Ermangelung anderer Kommunikationsmöglichkeiten, austauschen.

Durch dichtes Dornengestrüpp führt Jonas uns, immer wieder anhaltend und neuerlich die Windrichtung prüfend, vorsichtig in den Wald. Und dann sehen wir sie. Eine Gruppe von fünf oder sechs Tieren entlaubt vor uns gemütlich die Bäume.

Das jetzt deutlich hörbare Knacken von brechendem Geäst verrät uns, dass sich noch ein weiterer Teil der Herde ein Stück rechts, für uns nicht sichtbar aufhält. Das Leittier, eine riesige Kuh mit imposanten Stoßzähnen, steht keine 20 Meter vor uns und schaut in unsere Richtung. Noch hat sie uns nicht gesehen, wir sind versteckt hinter dichtem Strauchwerk, und Elefanten sind nicht gerade mit dem ausgestattet, was man Adleraugen nennt; aber sie muss etwas gehört haben. Mit weit aufgestellten Ohren und hoch erhobenem Rüssel, schwenkt sie ihren riesigen Schädel und versucht Witterung aufzunehmen. Wir halten den Atem an. Als unser reiterloses, viertes Pferd, das uns bisher brav gefolgt ist, Anstalten macht, auf eigene Faust die Deckung aufzugeben und sich den Elefanten zu zeigen, deutet uns Jonas, wir sollten umkehren. Zwar würde unser Ausreißer wahrscheinlich von den grauen Fleischbergen nicht als Gefahr betrachtet werden, jedenfalls nicht, solange keiner von den zweibeinigen Steine-Schmeißern darauf sitzt und sich sein verhasster Geruch in den des Pferdes mischt, aber sicher ist sicher.

Immerhin haben wir einen ungeübten Reiter dabei, und Jonas kann sich nicht darauf verlassen, dass dieser eine möglicherweise nötig werdende, wilde Flucht durch den dornigen Busch überstehen würde; obwohl sich Graig, dem die zum Teil schwierigen, verwachsenen Wege bisher sicher einiges abverlangt haben, ausgesprochen gut hält. Als wir uns bereits ein Stück von der Herde entfernt haben, hören wir den warnende Trompetenstoß, den uns das Leittier hinterherschickt.

In sicherem Abstand machen wir unsrer Begeisterung Luft ,und Jonas hat reichlich Gelegenheit, sich in unserem Lob, bezüglich seiner Qualitäten als Fährtensucher und verantwortungsvoller Safariführer, zu aalen.

Wir reiten ein Stück parallel zur Herde, die sich inzwischen in Bewegung gesetzt hat, und versuchen uns erneut ihnen zu nähern. Aber die Tiere haben die Richtung geändert, und so hören wir nur noch die sich langsam entfernenden Geräusche der Zerstörung, die sie bei ihrer Wanderung durch das dichte Unterholz anrichten.

Jonas gibt nicht auf, großräumig umkreisen wir den undurchdringlichen Wald und versuchen es an anderer Stelle erneut.

Immer wieder spüren wir die Tiere auf, beobachten sie beim Fressen oder sehen sie an uns vorbeiziehen. So gemütlich sie aussehen, dank ihrer Größe bewegen sie sich erstaunlich schnell, und wir müssen immer wieder in freies Gelände, um ihnen nachkommen zu können.

Ein paar mal zieht sich die Herde bei ihrer Wanderung weit auseinander, und wir geraten ungewollt zwischen die einzelnen Gruppen. Während wir vor uns die Tiere beobachten, hören wir hinter uns das verräterische Krachen gefällter Bäume und müssen zusehen, dass wir aus der Gefahrenzone kommen. Aber unser zuverlässiger Führer weiß immer genau, in welche Richtung wir ausweichen müssen, um nicht von wütenden Fleischkolossen zertrampelt zu werden. Seine Orientierung in diesem dichten Dschungel ist wirklich phantastisch. Er hat jederzeit die Windrichtung im Kopf, erahnt den Weg, den die Elefanten einschlagen werden und kümmert sich nebenbei noch rührend um das Wohl der ihm anvertrauten Touristen. Immer wieder warnt er vor den langen Dornen an Büschen, die unseren Weg versperren, oder hält herunterhängende Äste beiseite, damit wir unbeschadet durchs Gestrüpp kommen – bis wir uns irgendwann doch noch zu nah an die Gefahr heranwagen.

Wir stehen im dichten Unterholz und unsere Aufmerksamkeit ist auf eine Gruppe gerichtet, die in einiger Entfernung vor uns frisst. Gespannt beobachten wir gerade, wie das größte Tier den schweren Rüssel hebt und schwankenden Hauptes Witterung aufnimmt. Mit höchster Konzentration, die Zügel fest in der Hand und jederzeit bereit blitzschnell umzudrehen, um uns aus dem Staub zu machen, falls wir entdeckt würden, schauen wir gebannt geradeaus, als plötzlich, ohne Vorwarnung, aus völlig unerwarteter Richtung, keine fünf Meter links von uns ein ohrenbetäubendes Trompetensignal ertönt. Im gleichen Augenblick ist hinter der Mauer aus dichtem Grün das laute Krachen des Angriffs zu hören, mit dem der Elefant durch das Dickicht auf uns zu stürmt.

Jonas schreit nur noch: »Run!«, wir reißen gleichzeitig die Pferde herum und jagen in wilder Flucht durch den Busch, ohne Rücksicht auf Äste oder Dornen, hinaus in die freie Savanne. Als wir endlich zu Stehen kommen, sind wir völlig zerkratzt. Mein Hemd ist zerrissen und ich blute am Fuß. Jonas ist krank vor Sorge, aber da wir das Abenteuer mit nur unbedeutenden Schrammen überstanden haben, sind wir höchst begeistert über den durchlebten Nervenkitzel und bereuen keine Sekunde, uns in diese Gefahr begeben zu haben. Es war phantastisch, aufregend, großartig. Ich bin unendlich dankbar für dieses Erlebnis und auch Graig, in seinen zerrissenen Hosen, ist schwer angetan von seinem einzigartigen Reitunterricht.

Man braucht wahrhaftig kein Gewehr um das Prickeln einer Elefantenjagd genießen zu können.

Auf dem Rückweg begegnen wir der Herde ein letztes Mal, als wir, nachdem wir den Fluss überquert haben, freien Blick auf die am anderen Ufer wandernden Tiere haben. Erst jetzt erkennen wir, wie groß sie wirklich ist. Über zwanzig der so friedlich aussehenden, faltigen Riesen trotten gemütlich in idyllischer Landschaft; ein schönes Bild zum Abschluss eines herrlichen Abenteuers.

Die Zeit wird knapp, um ein Uhr sind wir mit Horst auf Rays Farm verabredet. Wir fallen noch einmal in leichten Galopp. Ich reite auf der weiten Grasebene voran, als mich das ungesattelte Pferd überholt. Plötzlich zieht auch Graig an mir vorbei. Ahnungslos denke ich, dass er sich inzwischen sicher genug im Sattel fühlt, um übermütig ein Wettrennen veranstalten zu wollen und nehme die Verfolgung auf. Erst als Jonas weit zurückbleibt, macht sich in mir die Ahnung breit, die wilde Jagd könnte womöglich nicht ganz beabsichtigt, sondern Graigs Reittier gerade dabei sein, mit ihm durchzugehen, und ich versuche mein eigenes Pferd zum Stehen zu bringen. Aber im Kopf meines feurigen Hengstes sind offensichtlich Erinnerungen an seine glorreiche Renn-Vergangenheit wachgeworden, und es macht mir einige Mühe, ihn davon zu überzeugen, dass er heute nicht siegen muss. Am Ende gelingt es mir doch, mich durchzusetzen. Und als das reiterlose Beipferd, zögernd, ob es dem vorpreschenden Tier an der Spitze folgen oder sich vielleicht doch lieber dem zurückgebliebenen Rest seiner Herde zugesellen soll, seine Entscheidung zu Gunsten der Mehrheit fällt, beruhigt sich auch das Geschoss unter unserem hilflosen Amerikaner, kommt zum Stehen und wartet, bis wir trabend aufgeholt haben.

Graig hat in der Hitze des Gefechts seine Baseballkappe verloren, aber sonst ist er unversehrt, jedenfalls den Umständen entsprechend in Ordnung. In Wirklichkeit ist sein Sitzfleisch bis auf die Knochen durchgeschert, sein Rücken schreit nach einer weichen Matratze und zum ersten Mal gibt er zu, dass er, angesichts unsrer offensichtlich nicht die geringsten Anzeichen von Erschöpfung zeigenden Gesichter, einen tiefempfundenen Respekt für uns hegt - den ich aber nur zurückgeben kann. Keinem Anfänger hätte ich jemals zugetraut, einen Ritt wie den heutigen bewältigen zu können. Graig hat sich, weiß Gott, alle Achtung verdient.

Als wir Horst beim Mittagessen begeistert sprudelnd von unseren Erlebnissen erzählen, packt ihn der Neid. Fast bedauert er schon, dass er nicht trotz seines angegriffenen Hinterns mitgeritten ist. Aber Graigs schmerzverzerrter Gesichtsausdruck und sein wackeliger, o-beiniger Watschelgang, bestärken ihn dann doch in seiner Auffassung, letztendlich die richtige Entscheidung getroffen zu haben, auch wenn sein Vormittag weniger ereignisreich war, als unserer.

Er ist in der Gegend spazieren gefahren, hat sich auf dem Weg zu Ray mehrmals verirrt - klar, wenn sein Navigator Elefanten jagt, statt ihn sicher durch die Welt zu führen, ist er natürlich hoffnungslos verloren -, und er hat einen kleinen Jungen glücklich gemacht.

Der etwa 10-Jährige saß am Ufer einer natürlichen Viehtränke. Er hatte die Kopfhörer eines Walkmans auf den Ohren und wippte vergnügt zum Rhythmus der Musik. Irgendwann stand er auf, kam schüchtern auf Horst zu und stellte sich neben ihn, ohne ihn anzusprechen. Gemeinsam schauten sie nun schweigend auf das Wasser, der Kleine immer noch wippend. Es war schon einige Zeit vergangen, als Horst, auf den Walkman deutend, den Jungen fragte, was er denn höre. Schweigend nahm das Kind den Kopfhörer ab und reichte ihn Horst, der verblüfft feststellte, das er stumm war. Fragend schaute er den Jungen an und erklärte gestikulierend, er könne keine Musik hören. Sein Gegenüber zuckte nur bedauernd mit den Schultern und deutete auf das Batteriefach. Als Horst es öffnete, stellte er zu seiner Überraschung fest - es war leer. Das Kind hatte sich die ganze Zeit nur zu Phantasierhythmen bewegt. Beeindruckt von der Fähigkeit, trotz des Mangels an real hörbaren Tönen, offensichtlich Vergnügen an Musik empfinden zu können, schenkte Horst ihm einige unsrer Ersatzbatterien und freute sich an der Freude des Kindes, über das Geschenk.

Für den Nachmittag ist die Einlösung meines Geburtstagsgutscheins geplant. Als wir am Flughafen ankommen, sind Roland und Peter gerade in der Luft, und am Boden treffen wir auf einen jungen Deutschen, der mit uns auf die Rückkehr der Beiden wartet. Es stellt sich heraus, dass er hier in Kenia für ein großes deutsches Reisunternehmen arbeitet. Auch er ist passionierter Segelflieger und nutzt die freie Zeit zwischen zwei Terminen, um seiner Leidenschaft zu frönen. Er ist für den nächsten Start eingeplant. Es macht mir nichts aus zu warten, der heutige Tag war bisher aufregend genug, so dass ich nichts gegen eine Pause vor dem nächsten Abenteuer habe.

Wir plaudern über unseren Ritt, schwärmen von Peters Gästebungalows, und der junge Reisekaufmann erzählt von seiner bevorstehenden Versetzung auf die Malediven und von den Schattenseiten seines Jobs - dem Umgang mit nörgelnden, unverständigen Touristen, die erschüttert sind, wenn sie im afrikanischen Busch nicht, wie sie es von zu Hause gewohnt sind, Sauerkraut mit Würstchen serviert bekommen. Außerdem erzählt er von dem Fall eines Mannes, der auf einer Safarifahrt von einem Herzanfall überrascht worden und daran gestorben sei. Seine unangenehme Aufgabe sei es dann gewesen, der Ehefrau, die mit den beiden kleinen Kindern im Camp zurückgeblieben war, die tragische Nachricht zu überbringen. Überrascht fragt Horst bei der Erwähnung der kleinen Kinder, ob es wohl gar ein noch junger Mann gewesen wäre, der so unerwartet gestorben sei.

Nein, nein, winkt der forsche Jungmanager ab, der sei schon alt gewesen, mindestens schon vierzig. Horst verschluckt sich prustend an seiner Cola.

Endlich ist es soweit, Peter und Roland sind gelandet, und auch den jungen Bursche mit der zielsicheren Fähigkeit im Aufspüren von Fettnäpfen hat die Erde schon wieder. Nun bin ich an der Reihe. Der antike Zweisitzer, in dem man neben- anstatt hintereinander sitzen kann, wird aus dem Hangar geschoben, und Peter erklärt mir, wo ich meine Füße zu platzieren habe und welche Hebel, auf dem Boden vor mir, ich auf gar keinen Fall versehentlich berühren darf. Horst und Graig, der mit uns zum Flughafen gekommen ist, um mir bei meinem ersten Segelflug ebenfalls moralisch beizustehen, wünschen mir Glück und los geht's.

Eine Winde zieht uns über den holprigen Boden, wir heben ab, und mein Magen sackt nach unten. Er beruhigt sich aber zunächst wieder, nachdem Peter das dicke Drahtseil ausgeklinkt hat und wir lautlos über der Erde schweben. Es ist faszinierend, wie sich das plump aussehende Ding ohne Motor in der Luft halten kann. Peter sucht die aufsteigenden Luftschichten. In engen Kreisen winden wir uns höher und höher in den Himmel. Die Thermik sei nicht mehr sehr gut, meint der Fachmann neben mir, und wir müssen uns viele Male drehen, bis wir die gewünschte Höhe erreicht haben, die uns wenigstens einen halbstündigen Flug erlaubt. Mittlerweile ist mir endgültig schlecht. »Nur nicht kotzen«, denke ich und versuche mir nichts anmerken zu lassen, während Peter mir zeigt, wo die Farm liegt und erklärt, auf welchem Feld was angebaut wird. Endlich hat die Dreherei ein Ende, und ich beginne die Aussicht zu genießen. Wir fliegen entlang der Ausläufer der Abadares und über die Gegend, durch die wir heute geritten sind. Vergeblich halte ich nach den Elefanten Ausschau, aber ihr Anblick bleibt mir ebenso versagt, wie der über die

Savanne jagender Wildtierherden, die angesichts des bedrohlich großen Schattens über ihnen, panisch die Flucht ergreifen würden. Es ist trotzdem ein schöner Flug. Wir schweigen beide und ich genieße die erhabene, friedliche Ruhe, die sich einstellt, wenn man ohne das Geräusch eines Motors über die klein gewordene Welt gleitet.

Die Landung ist sehr viel weicher, als es vom Standpunkt des Betrachters aus den Anschein hat, und mein Mann ist froh, als er mich nach meinem Jungfernflug wieder in die Arme schließen kann und damit den Rest Urlaubs nicht ohne seinen des Kartenlesens mächtigen Beifahrer verbringen muss.

Im Konvoi geht's zurück zur Farm. Auch der vorlaute Reisekaufmann hat sich angeschlossen, um sich die vielgerühmten Gästebungalows anzuschauen. Er ist von der Atmosphäre in Peters Heim ebenso angetan wie wir und beschließt kurzerhand, telefonisch seinen auf ihn wartenden Arbeitskollegen abzusagen und das Abendessen in unsrer gemütlich familiären Runde einzunehmen. Immerhin macht er seinen Fauxpas vom Nachmittag wieder gut, als er uns erklärt wir seien ja wohl ungewöhnlich jugendliche 40-Jährige. Ach ja, wie schmeichelt das doch der Eitelkeit.

Wir beschließen den Tag mit einer anregenden Diskussion über die Folgen der weltweiten Globalisierung und ich gehe schlafen mit dem traurigen Gefühl, dass vielleicht schon meine Kinder, wenn sie unser Alter erreicht haben, Afrika nicht mehr so erleben können, wie wir in diesem Urlaub.

13. Februar 2002

Der letzte Sonnenaufgang und das letzte Frühstück auf Peters Farm. Wir müssen aufbrechen, da wir heute noch Archers Post erreichen wollen. Der Ort - ein kleines Kaff, das nach einem Verwaltungsbeamten, der dort 1911 sein Camp errichtet hat, benannt ist - liegt am nordöstlichen Zipfel des Samburu Nationalreservats, und somit auf dem Weg nach Wamba, das unser eigentliches Ziel ist.

Während meines Suaheli-Kurses in Berlin habe ich eine etwa 50-Jährige Veterinärmedizinerin kennengelernt, die den ungewöhnlichen Schritt gewagt hat, letzten Sommer einen Samburu aus dem Norden Kenias zu heiraten. Einen Tag vor unsrer Ankunft haben sie nun ihre traditionelle Heirat in seiner Heimat, dort oben im unwirtlichen Norden Kenias gefeiert. Das eigentliche Fest ist zwar leider vorbei, aber wir haben versprochen, die Beiden während ihres Aufenthalts im Land der Nomaden zu besuchen. Ich gebe zu, dass ich mir für mich eine Beziehung mit einem Mann, der aus einer derart fremden Kultur stammt, nicht vorstellen könnte. Ich fürchte, ich bin zu anspruchsvoll, wenn es um die Kommunikation innerhalb einer Partnerschaft geht. Wenn ich an die ersten Jahre meiner Ehe und an die Arbeit denke, die allein nötig war, um mit meinem österreichischen Ehemann zu einer gemeinsamen Sprache zu finden, erscheint mir eine Verbindung mit einem Samburu völlig unlebbar. Aber ich bewundere Menschen, die den Mut haben, ungewöhnliche Schritte zu gehen und einengende gesellschaftliche Rahmen zu sprengen, um ihr Glück zu finden, und so bin ich ausgesprochen neugierig auf das Leben, das Ute erwartet, wenn sie in ein paar Jahren in Rente gehen und sich ganz in Kenia niederlassen kann.

Der Abschied von der Farm stimmt mich wehmütig,

obwohl wir beschlossen haben, auf unserem Rückweg noch einmal hier vorbei zu kommen und, wenn es die Zeit erlaubt, einen weiteren Ritt durch den Busch zu machen. Um Graig tut es mir leid. Er wird dann schon abgereist sein, und wir werden ihn wohl nie wiedersehen. Die erfüllten Tage, die wir gemeinsam verbracht haben und besonders das geteilte Abenteuer mit den Elefanten, haben uns Freunde werden lassen, und es tut fast ein bisschen weh, das Band jetzt und hier zu zerschneiden. Aber es hilft nichts, ich glaube nicht an das Überdauern von Urlaubsfreundschaften. Sie haben in der Regel die Eigenschaft, den Alltag zu Hause nicht lange zu überleben.

Wir fahren bei Ray vorbei, um ein Halfter zurückzubringen und unseren zweiten Besuch anzukündigen, dann geht es wieder auf die Straße.

Die Fahrt führt uns vorbei an saftiggrünen Kaffeeplantagen und idyllischen sanften Hügeln, die von Kleinbauern bewirtschaftet werden. Bald weichen sie einer trocknen, staubigen Hochebene. Endlose Weizenfelder kennzeichnen diese offene, weite Landschaft am Rande des Laikipia-Plateaus. Die halbwegs brauchbare Teerstrasse führt uns vorbei an Naro Moru, bis uns kurz vor Nanyuki ein Schild darauf aufmerksam macht, dass wir nun den Äquator kreuzen. Roh gezimmerte Stände und wahre Massen an Souvenirverkäufern, bereit sich blutsaugend auf uns zu stürzen, falls wir es wagen sollten auszusteigen, um uns von ihnen davon überzeugen zu lassen, dass das Wasser auf der südlichen Hälfte der Welt tatsächlich andersherum in die Schüssel fließt als auf der Nordhalbkugel, schrecken uns ab. Wir passieren den größten Breitengrad der Erde, ohne mit der gebührenden Andacht an diesem besonderen Ort zu verweilen. Umsonst, wir können den lästigen Straßenhändlern nicht lange entfliehen. Als wir in Nanyuki anhalten, um im

Settler´s store - einem Laden der schon 1938 eröffnet und bereits die ersten englischen Siedler mit nötigen Waren versorgt hat - unsere Lebensmittelvorräte für die weitere Fahrt in den wilden Norden aufzustocken, werden wir augenblicklich umringt, angegrabscht und von allen Seiten mit Angeboten überschüttet. Vom Kupferarmband bis hin zu billigen Masken, können wir alles kaufen und sollen es möglichst auch auf der Stelle tun. Unser hilfloses „Nein danke" wird geflissentlich überhört, und jeder weitere Protest geht unter im Gekreische der unzähligen, mageren und ärmlich gekleideten Burschen, die versuchen, sich gegenseitig zu übertönen und an unseren Kleidern zerrend, ihre Plätze an der Quelle vermeintlichen weißen Reichtums, heftig gegen von hinten stoßende Angreifer zu verteidigen. Mit beiden Händen schützen wir unsere Taschen. Fast panisch, flüchten wir in das rettende Geschäft und werden augenblicklich von der ruhigen, geordneten Welt der weißen Farmer umfangen.

Die letzten Tage haben uns eindeutig verdorben. Wir müssen uns erst wieder an das andere Afrika, jenseits des weißen Luxus, gewöhnen.

Nachdem wir uns mit Konserven, Reis, Nudeln und Instant-Suppen - in einer Menge, die jeden der Burschen draußen vor der Tür, mitsamt seiner Familie, einen Monat lang würde ernähren können - eingedeckt haben, wappnen wir uns für den Rückweg zum Auto.

Zweimal tief durchatmen, dann sind wir bereit für die Schlacht. Mit aggressivem Gesichtsausdruck, stur geradeaus schauend, bahnen wir uns den Weg durchs feindliche Getümmel, zurück zum Auto. Ich bin zutiefst erleichtert, als wir endlich alles verpackt haben und uns erschöpft in die gepolsterten Sitze fallen lassen. Hochgekurbelte Fensterscheiben schützen uns im klimatisierten Inneren des Wagens, vor Hitze, Staub und Armut draußen. Nur vor den neugierigen, stummen

Blicken, die uns folgen, als wir langsam vom Parkplatz schieben, können sie uns nicht schützen. Ich bin hin und her gerissen zwischen angewiderter Genervtheit und schlechtem Gewissen. Ich könnte heulen über die Ungerechtigkeit in der Welt und bin doch gleichzeitig froh, auf der Seite der Privilegierten zu sitzen. Afrika der Kontinent der Gegensätze. Im Augenblick fällt es mir schwer damit umzugehen.

Wir müssen noch zur Bank, um Geld umzuwechseln. Der menschenleere Parkplatz vor dem Gebäude ist bewacht, was uns vor neuerlicher Anspannung schützt. Eine alte Somalifrau vor mir hebt umständlich 1000 Ksh, etwa 15 $ ab und unterzeichnet das Formular mit einem Kreuz; und als ich mich, das dicke Päckchen amerikanischer Geldscheine in meiner eigenen Hand betrachtend, frage, wie lange sie wohl mit dieser Summe auskommen muss, will ich nur noch weg von hier, um nicht länger mit der Schuld des Reichsseins konfrontiert zu werden.

Ich sehe im Augenblick nur zwei Möglichkeiten, entweder ich verschenke mein Geld und breche den Urlaub ab, oder ich lege mir endlich ein dickeres Fell zu. Zu Ersterem bin ich eindeutig nicht bereit.

Nachdem wir Nanyuki hinter uns gelassen haben, begegnen wir einem zweiten Schild mit dem Hinweis, dass sich genau hier der Äquator befände. Höchst interessant, Nanyuki ist vermutlich weltweit der einzige Ort, der mit der Sensation, zwei Äquatoren aufweisen zu können, glänzen kann.

Von nun an klettert die Straße, über die nördlichen Ausläufer des Mount Kenia, bis auf über 2000 m. Atemberaubende Ausblicke in den weiten, dünnbesiedelten Norden des Landes bieten sich uns. In der Gegend von Timeau stoßen wir immer wieder auf Schilder, die zum Forellenfischen in dieser, von

Gebirgsbächen durchzogenen Umgebung des höchsten Berges Kenias einladen. Aber bis zum Mittagessen wollen wir es bis Isiolo schaffen. und so widerstehen wir allen Verlockungen und fahren weiter, beeindruckt von dem schnellen und extremen Landschaftswechsel, von dem die Strecke gekennzeichnet ist. Es wird trockner und trockner, je weiter wir nach Norden kommen, und die Straße führt wieder bergab, in eine wüstenartige Welt, wo das geteerte Netz Kenias endet und die wilde Welt des gefährlichen Nordens beginnt, nach Isiolo.

Die kleine Stadt, mit ihren 22 000 Einwohnern, gilt als Umschlagplatz für Waren aller Art, unter anderem auch für somalische Waffen und Mira, einem Rauschmittel, das so ziemlich jeder Erwachsene in der Stadt zu kauen scheint. Ich selbst habe das Kraut letztes Jahr in Ukunda getestet, aber außer einem bitteren, scheußlichen Geschmack, keine Wirkung festgestellt. Allerdings verliert das Zeug angeblich sehr schnell seine Wirkung, und da es aus Meru kommt, lag es vielleicht tatsächlich am Zustand der kenianischen Straßen, die den Transport in den Süden erheblich verlangsamen, dass das Ergebnis meines Versuchs so enttäuschend ausgefallen ist.

Wir kommen an einer protzigen katholischen Kathedrale vorbei. In dieser öden, immer wieder von Dürrekatastrophen und Hungersnöten heimgesuchten Gegend, erscheint sie maßlos überdimensioniert, und ich ärgere mich über die pervertierte Form christlicher Nächstenliebe, die es für wichtiger hält, den Menschen in Entwicklungsländern reich verzierte Gotteshäuser, anstatt dringend benötigter Brunnen zu bauen. Kurz darauf sehen wir eine ebenso imposante Moschee; es scheint, als wollte sie mit der Kirche konkurrieren. Angesichts der vielen verschleierten Somali-Frauen, die das Stadtbild prägen, sieht es aus, als habe der Islam den Wettkampf eindeutig für sich entscheiden können.

Problemlos finden wir zum Bomen-Hotel, das uns von

Peter empfohlen worden ist. Als wir aus dem Auto steigen, trifft uns fast der Schlag. Dank Klimaanlage, ist uns bisher der Temperaturanstieg, den der Abstieg in die nordkenianische Ebene mit sich gebracht hat, verborgen geblieben. Es hat mindestens 40°, kein Lüftchen bewegt sich und unsere Hemden kleben binnen Sekunden am Körper. Das ist Afrika, wie ich es mir vorgestellt habe.

Auch hier werden wir von Souvenirverkäufern angesprochen, aber entweder ist ihre Mentalität eine andere, oder es lag an meinem eigenen Verhalten, dass sich die Situation in Nanyuki so dramatisch dargestellt hat, und ich habe aufgrund dieser Erfahrung dazugelernt. Es gelingt mir jedenfalls problemlos, klarzumachen, dass ich nichts kaufen möchte. Statt hysterisch, panisch das Weite zu suchen, lasse ich mich diesmal auf ein Gespräch ein und erkläre freundlich, dass die angebotenen Waren zwar wunderschön seien, ich sie mir aber leider nicht leisten könne. Wir hätten den größten Teil unseres Geldes für die Miete des Autos verbraucht und noch einen Teil des Urlaubs vor uns, daher müsse ich die verfügbaren Mittel einteilen und könne erst auf dem Rückweg entscheiden, wie viel mir für den Kauf von Souvenirs übrig bliebe. Diese Erklärung wird allgemein verstanden und, zu meiner Verblüffung, widerspruchslos akzeptiert. Ja mehr noch, die derart mit meinen Ausführungen Bedachten, tragen die Nachricht weiter, und andere, herannahende Händler drehen nach erhaltener Information ab, ohne überhaupt den Versuch gemacht zu haben, uns in lästige Verkaufsverhandlungen zu verstricken.

Mein Gott es hätte so einfach sein können in Nanyuki.

Auf der gemütlichen, schattigen Veranda des Lokals, bestellen wir bei einem sehr gepflegten Kellner mit auffällig guten Umgangsformen. Der zerschlissene Kragen seines wahrscheinlich einzigen Hemdes, deutet auf zahlreiche, wenig gewebeschonende Handwäschen hin; aber es ist blitzsauber und so akkurat gebügelt, als habe er es erst vor zwei Minuten angezogen. Der gute Mann hebt sich deutlich von seinen verschwitzten, staubigen Gästen ab. Uns kleben die Klamotten am Leib, und ich war unfähig, in der Badewanne von Nyeri die Spuren des roten Sandes vollständig zu entfernen. Es ist mir ein Rätsel, wie man in dieser Hitze derart frisch und adrett aussehen kann. Die Zeit der Kolonialisten hat dem Land dauerhaft seinen Stempel aufgedrückt; englische Kleidervorschriften werden nach wie vor sehr ernst genommen, und die vielgerühmte britische Höflichkeit ist bis in die hintersten Winkel des Landes zum Standard erklärt. Die freundlich zurückhaltende Vornehmheit der Kellner, kann es selbst im letzten Kaff mit der eines deutschen 5-Sternehotels aufnehmen.

Das Essen wird frisch gemacht, und es dauert ziemlich lange, bis wir uns daran laben können; aber die Getränke sind wirklich eiskalt, was uns das Warten leicht erträglich macht.

An den übrigen Tischen sitzen auffällig viele Uniformierte. Polizei- und Militärposten sind in Isiolo stark vertreten und mit der wichtigen Aufgabe betreut, den Norden Kenias - wenigstens bis zum Samburu-Nationalreservat - zu sichern. Bewaffneten Somalibanden, die in dieser Gegend ihr Unwesen treiben, haben in den vergangenen Jahren immer mal wieder auch Touristenbusse überfallen. Ein einziger verletzter oder gar toter Urlauber würde das Tourismusgeschäft, nicht nur hier, sondern in ganz Kenia, immerhin auf Jahre zum Erliegen bringen oder zumindest sehr erheblich einschränken. Die Erfahrung hat gezeigt, dass für die meisten Menschen in Europa Kenia gleich Kenia ist, und eine Gewalttat gegen Touristen, auch wenn sie sich nur hier, im bekanntermaßen unsicheren Norden abgespielt hätte, würde, in der Presse publiziert, die Menschen zu Hause derart in Angst und Schrecken versetzen, dass schlagartig auch die Buchungen in den luxuriösen, stark bewachten Hotels an der 800km entfernten Küste zurückgingen. Wir werden also gehätschelt und gepflegt, und es wird alles Erdenkliche zu unserem Schutz unternommen, um diese Katastrophe zu vermeiden.

Endlich kommt das Essen.

Mein Curry-Stew mit Ugali, einem afrikanischen Maisbrei, ist fantastisch, und Horst, dessen sogenanntes T-bone Steak mit Pommes Frites entschieden diesen Namen nicht verdient - es ist ziemlich mickrig und ausgesprochen zäh ausgefallen -, lugt neidisch auf meinen Teller.

Nach dem, zumindest für mich, befriedigenden Mahl und einem Besuch des Sitzklos mit Wasserspülung, einem sensationellen Luxus, den ich hier, so kurz vor dem Nichts niemals erwartet hätte, machen wir uns wieder auf ins Abenteuer.

Herr Fiebig, der Verfasser unsres wunderbaren Reiseführers, warnt: »Leute, die mit eigenem Fahrzeug unterwegs sind, verlassen nun das Gebiet der Werkstätten, Reifenflicker und Tankstellen und dringen in die Welt der härtesten Pisten ein, die Kenia zu bieten hat.....«, außerdem sollte »...man den Gedanken an das Risiko eines Banditenüberfalls nicht verdrängen.«

Er hat nicht übertrieben. Wir holpern über ein riesiges, schnurgerades, staubiges Waschbrett. Die Fahrt wird zu einer Tortur für uns, wie für das Auto. Ich befürchte jederzeit, es könnte sich aufgrund des Gerüttels völlig in seine Bestandteile auflösen. Eine schnelle Flucht, vor uns auflauernden, bösen Räubern, wäre absolut unmöglich, und so hält Horst immer wieder an, damit ich die Strecke vor uns mit dem Fernglas absuchen und eventuelle Gefahren rechtzeitig erkennen kann. Natürlich stellt sich jeder undefinierbare, dunkle Gegenstand als Busch oder Stein heraus, und irgendwann entspannen wir beiden Feiglinge uns, und das Fernglas wird nur noch benutzt, um Wildtiere aufzuspüren, die hier sehr zahlreich vorhanden sind. Am meisten begeistern mich die anmutigen Gerenuks, auch Giraffengazellen genannt, die auf den Hinterbeinen stehend, ihren merkwürdig langen Hals recken, um die Büsche abzugrasen.

Das Panorama, das sich uns bietet, ist unbeschreiblich. In der flachen Gegend können wir kilometerweit geradeaus blicken. Endlos breitet sich die trockne, raue, wüstenartige Landschaft, die nur von vereinzelten Dornakazien unterbrochen wird, vor uns aus. Bizarre Felsformationen geben der Einsamkeit um uns herum etwas Unwirkliches, Einzigartiges. Es ist unvorstellbar, dass in dieser Gegend Menschen überleben können und doch begegnen uns immer wieder vereinzelte Samburu-Hirten, die, in rote Tücher gehüllt, reglos auf einem Stein sitzen und geduldig warten, während ihre Ziegen oder Kamele weitverstreut in der kärglich bewachsenen Gegend nach Futter suchen.

Vor uns in dem verlassenen Landstrich erhebt sich ein eindrucksvoller, felsiger Berg einsam aus dem Nichts. Stolz und mächtig steht er in der ansonsten flachen Landschaft und bietet ein wunderbares Bild. Steile, wild zerklüftete Granitwände begrenzen seine Flanken und lassen ihn stolz und imposant erscheinen. Es handelt sich, wie ein Blick in das schlaue Buch verrät, um den 1900 Meter hohen Ol-Lolokwe Berg.

Der Name leite sich aus der Sprache der Laikipiak-Maasai ab, die ihn *Ol Donyo Lomanlokwe* nennen, was so viel heiße wie: »Der Berg mit dem runden Kopf«.

Ich kann mich gar nicht satt sehen, und mein armer, genervter Mann muss immer wieder anhalten, damit ich ein Foto von dem Prachtfelsen machen kann.

Dank der abenteuerlichen Straße und der vielen Fotomotive, die die 35 km von Isiolo nach Archer´s Post bieten, benötigen wir für die Strecke drei Stunden, genauso lang, wie wir, trotz des Einkaufstopps in

Nanyuki, von Nyeri nach Isiolo gefahren sind; allerdings betrug dieser erste Abschnitt des heutigen Tages 142 km.

In Archer´s Post biegen wir, kurz nachdem wir den Ewaso-Ngiro-Fluss überquert haben, der sich jetzt in der Trockenzeit nur in mehreren, dünnen Rinnsalen durch sein mächtiges, breites Flussbett schlängelt, von der Hauptpiste ab.

Auf halber Strecke zum Reservat soll sich ein Kulturzentrum der Samburu befinden, auf dessen Gelände wir uns für die Nacht einrichten wollen.

Als wir ankommen, stellt sich heraus, dass es sich um ein bewohntes Nomadendorf handelt, das von Touristen besucht und besichtigt werden kann. Da sich die ersehnten weißen Besucher viel zu selten hierher verirren, werden wir augenblicklich umringt von einer Schar geschäftstüchtiger Kinder, die allerlei zu verkaufen und anzubieten haben. Die Aussicht, eine ganze Nacht im Zelt, in diesem lästigen Belagerungszustand verbringen zu müssen, hat wenig Erfreuliches und so entschließen wir uns, ein paar Kilometer weiter zu fahren und unser Lager direkt am Gate des Parks aufzuschlagen, wo es hoffentlich ruhiger ist.

Nun haben wir also, mit Erlaubnis der Ranger, unser winziges Zuhause in einiger Entfernung vom Tor aufgebaut. Das kleine Igluzelt wirkt etwas verloren in der weiten Landschaft, und genauso fühle auch ich mich. Mein weniger empfindlicher Mann hat sich in Aktivität gestürzt und sammelt Feuerholz, während ich auf der Decke vor dem Zelt sitze und versuche, in der unbarmherzig glühenden Hitze meine Tagebuchaufzeichnungen zu vervollständigen . Weit und breit gibt es keinen Baum, der Schatten spenden würde. Ich fühle mich unbehaglich unter den neugierigen Blicken stummer Schwarzer, die sich vor den Behausungen der Ranger versammelt haben und ungeniert die sonderbaren

Wazungu anstarren, die an so unwirtlichem Ort ihr Nachtlager aufgeschlagen.

Es ist sechs Uhr, noch eine Stunde bis zum Sonnenuntergang. Ich sehne die Nacht herbei, die mit ihrer Dunkelheit uns einhüllen und die Unterschiede unsichtbar machen wird. In ihrer Schwärze werden wir scheinbar alle die gleiche Hautfarbe haben, und die einsame Leere um uns herum wird zusammenschrumpfen, auf einen kleinen Kreis, den das Licht des Feuers erhellt.

Horst dürfte bei seinen eifrigen Versuchen, dicke Äste mittels Machete in überschaubar große, tragbare Stücke zu verwandeln, eine einigermaßen hilflose Figur abgeben. Ein Junge, der ihn beobachtet hat und seinem Unterfangen offensichtlich wenig Erfolgsaussichten einräumt, bietet ihm an, ihn ins Dorf zu begleiten und bei dem Kauf von Holzkohle zu assistieren. Mein Liebster ist zwar zunächst etwas beleidigt, dass man ihm so wenig Fähigkeit in der Kunst der überlebenswichtigen Feuerholzbeschaffung zutraut - schließlich hält er selbst sich mindestens für den abenteuererprobten Robinson Crusoe -, lässt sich aber am Ende dennoch davon überzeugen, dass Kohle zum Kochen geeigneter ist.

Als der Junge Anstalten macht, loszumarschieren, stellt sich mein Robinson allerdings als zu faul heraus, die zwei Kilometer zu Fuß zu gehen. Die Beiden verschwinden mit dem Auto und ich bleibe allein zurück, um das Zelt zu bewachen.

Da sitze ich nun, mutterseelenallein auf einer verstaubten Decke in Afrika, stinke vor mich hin und bin sicher, dass ich mich heute nicht mehr gründlich waschen kann. Dazu müsste ich mich ausziehen, und das dürfte kaum angebracht sein, angesichts der vielen männlichen Augenpaare um mich herum. Immerhin gibt es ein Klo beim Gate. Es hat zwar keine funktionierende Wasserspülung, und auch der Hahn am Waschbecken bleibt trocken, wenn man ihn aufdreht, aber beim Pinkeln eine Tür hinter mir schließen zu können, die mich vor neugierigen Blicken schützt, erfüllt mich schon mit tiefer Dankbarkeit.

Die Zeit vergeht und Horst ist immer noch nicht zurück. Die Sonne verliert langsam etwas an Kraft. Ein paar Paviane lauern in der Nähe, und ich bewaffne mich mit Steinen, um sie abwehren zu können, falls sie sich allzu neugierig unserm Zelt nähern sollten. Aber die Abfälle bei den Häusern fesseln ihre Aufmerksamkeit mehr, als die einsame Weiße, vor der unscheinbaren Plastikhütte, und so bleibe ich unbehelligt; eine einzelne weiße Frau vor einem Zwei-Mann-Igluzelt, in der einsamsten Gegend der Welt, die sich ausmalt, was sie tun würde, wenn das scheinbar freundliche Angebot des geschäftstüchtigen Holzkohleverkäufers nur eine Finte gewesen wäre, die meinen gutgläubigen Mann in eine Falle locken sollte, wo man ihn hinterrücks ermorden und ausrauben würde. Phantasie kann ein Fluch sein.

Ich fühle mich einsam und sehr fremd. Während ich versuche meine Ängste zu verdrängen und mich wieder meinem Tagebuch zuzuwenden, nähert sich einer der Ranger und bittet, sich mein Fernglas ausleihen zu dürfen. Er möchte schauen, ob die Löwen schon zu sehen seien. Normalerweise kämen sie nachts, auf ihrem Weg zum Fluss am Gate vorbei. Letzte Woche seien sie aber schon Nachmittags um drei da gewesen und hätten ein paar Paviane gefressen. Ich bin in nicht sicher, ob die Geschichte wahr ist, oder der Mann mich ganz einfach zu Tode erschrecken will, um sich an meiner Angst zu weiden; jedenfalls lasse ich mir zur Sicherheit nichts anmerken, sondern heuchle nur höfliches Interesse.

Endlich kommt mein Mann zurück. Ich in unendlich erleichtert. Er ist allein, mit einem großen Sack Holzkohle, den er für 150 KSH erstanden hat. Seinen Begleiter hat er unterwegs, nach Zahlung eines angemessenen

Trinkgeldes für die Vermittlung, loswerden können. Gutgelaunt versucht er seinen Schatz zum Brennen zu bringen, aber mein ach so erfahrener Robinson stellt sich leider als totaler Versager im Umgang mit Holzkohle heraus. Trotz Spiritus hat er Schwierigkeiten das schwarze Zeug, das den gesamten Kofferraum verdreckt hat, in ein gemütliches Lagerfeuer zu verwandeln.

Ich lasse ihn allein und fülle unsere Plastikschüssel mit Wasser und Spülmittel, um mir wenigstens Gesicht und Hände zu waschen. Als die Kohle Stunden später endlich glüht, ist mir der Hunger vergangen.

Es ist schon dunkel, als ein Uniformierter mit antik anmutendem Gewehr erscheint und sich zu unserem kleinen Flämmchen gesellt. Er habe gehört, wir wollten die Nacht hier verbringen, meint er. Wir seien willkommen, und er würde uns vor Löwen und anderen Angreifern beschützen, erklärt er stolz, in Erwartung eines Trinkgeldes am Ende der Nacht. Die starke Alkoholfahne, die den Mann umgibt, macht mich etwas unsicher, wie glücklich ich über das Angebot sein soll. Bleibt zu hoffen, dass er, falls seine Knarre überhaupt funktionstüchtig ist, nicht unser Zelt mit dem Löwen verwechselt. Immerhin ist es, als stillstehendes Ziel, weniger leicht zu verfehlen, als ein heranschleichendes Raubtier.

Das Feuer brennt inzwischen kräftiger, nur raucht es leider direkt ins Zelt Na, wenigstens vertreibt es die Mücken.

Nachdem wir unser Nachtquartier zweimal umgestellt haben, kommt mir der Rauch nicht mehr in die Augen, und der gemütliche Teil des Abends kann beginnen.

Meine Stirnlampe kann ich nicht wirklich gebrauchen, sie bewirkt nur, dass Mücken, Heuschrecken und anderes Kleingetier, vom Licht angezogen, mir direkt ins Gesicht fliegen; aber der Schein des Lagerfeuers reicht aus, um auf der Decke, vor dem Zelt Karten zu spielen. Es gibt Tee und Kekse, und es ist dunkel genug, den Staub, der in den Tassen war und jetzt im Tee schwimmt, nicht zu sehen.

Nachdem ganze Wagenladungen Schwarzer aus dem Park heraus und weitere hineingekarrt worden sind - wahrscheinlich ist Schichtwechsel im Luxuscamp -, und die Webervögel sich ausgiebig ihre Gute-Nacht-Wünsche zugeschrieen haben, ist Ruhe eingekehrt. Unser Bewacher nimmt seine Aufgabe sehr ernst und steht, zusammen mit einem ebenfalls bewaffneten Kollegen, keine zwei Meter von uns entfernt und schirmt uns vor dem Getier des nicht eingezäunten Parks ab. Das Englisch der Beiden ist nicht gerade brillant und meine Suaheli-Kenntnisse schnell erschöpft, so schläft die mühselige Konversation bald ein, und wir können uns ungestört dem Spiel hingeben. Nur ab und zu löst sich einer der beiden Schwarzen aus der dunklen Nacht und tritt in den Schein des Lagerfeuers, um sich an der Glut eine Zigarette anzuzünden und einen angebotenen Keks zu nehmen.

Ich muss zugeben, dass ich sie nun doch, durchaus als Beruhigung empfinde. Leider können sie uns nur vor Löwen schützen, nicht aber vor dem Skorpion, der mir plötzlich über den Oberschenkel läuft. Heldenhaft rettet mein Mann mir das Leben. Todesmutig wischt er ihn mit der bloßen Hand von meinem Bein, und erschlägt das winzige Tier anschließend mit seiner Machete. Mit Elefanten auf Spatzen schießen, nennt man das wohl. Trotzdem setzen wir das Spiel lieber im sicheren Zelt fort.

Ging draußen noch ein kleines Lüftchen, hat es hier drin ungefähr das Klima einer Biosauna. Immerhin habe ich so vielleicht die Chance, den konsumierten Tee herauszuschwitzen und komme damit um einen nächtlichen Klo-Gang herum.

Endlich gehen wir schlafen. Die Hitze ist nicht auszuhalten. Horst steht wieder auf und nimmt das Verdeck unsres Iglus ab. Die Idee des Tages! Durchs

Gitternetz am Dach kommt etwas kühlere Luft, und ich kann die Sterne sehen, die unzählig, am afrikanischen Himmel über mir leuchten. Horst steht in der Unterhose vor dem Zelt und raucht eine Zigarette, während er sich mit Michael, unsrem Bodyguard, über seinen mutigen Einsatz, im Kampf mit einem Skorpion, um das Leben seiner Frau unterhält. Leider schmälert der Einheimische Horsts Ruhm etwas. Zu seinem unendlichen Bedauern, erfährt mein Held, dass ich nie wirklich in Lebensgefahr war. Wir müssten uns keine Sorgen machen, höre ich Michael sagen, die Skorpione seien hier selten und außerdem nicht tödlich. Bei einem Stich habe man nur etwa 24 Stunden höllische Schmerzen. Na das beruhigt mich aber ungemein.

Sorgfältig schließen wir den Reißverschluss, bevor wir uns endgültig zur Ruhe begeben. Im Laufe der Nacht wird es sogar kühl genug, um in den Schlafsack kriechen zu können. Wir beherrschen die Technik des komplizierten Synchronschlafens inzwischen perfekt, wenn sich einer umdreht, folgt der andere ohne aufzuwachen, automatisch seiner Bewegung; Schlafen im Doppelschlafsack, durchaus erlernbar.

14. Februar 2002

Lange vor Sonnenaufgang wecken mich die Vögel. Es muss mindestens hundert verschiedene Arten hier geben, so vielstimmig ist ihr Konzert. Durch die dünnen Zeltwände scheint schon die fahle, beginnende Dämmerung, und ich gebe mich, wohlig in den Schlafsack gekuschelt, der friedlichen Morgenstimmung hin. Unter dem Zelt gräbt etwas, eine Ratte vielleicht? Wenn ich mich bewege hört es auf, nur um kurze Zeit später von neuem zu beginnen. Irgendwo draußen grunzt ein Warzenschwein - dann grunzt es neben mir. Mein Mann beginnt ein morgendliches Schnarchkonzert. Zwar kann ich ihn mit einem sanften Rempler schnell wieder zum Schweigen bringen, aber im gleichen Augenblick beginnt ein Transistorradio, laut dröhnend, die unschuldige Reinheit des beginnenden Tages zu zerstören. »Muss i denn, muss i denn zum Städtele hinaus«, tönt es, mit Marschtrommeln unterlegt, aus krächzenden Lautsprechern, vom Gate. Ich traue meinen Ohren nicht.

Die Idylle ist endgültig dahin. Westliche Einflüsse haben grauenhafte Spuren beim afrikanischen Musikgeschmack hinterlassen. Zeit zum Aufstehen.

Da sich, außer den hörbaren Perversionen, noch keine Aktivität am Gate zeigt, kann die morgendliche Waschung in der Plastikschüssel halbwegs gründlich ausfallen, und ich fühle mich wie neu geboren, als wir beim Frühstück, das - wie könnte es anders sein - aus Tee und Keksen besteht, auch schon wieder Gesellschaft bekommen.

Michael vergewissert sich, dass wir die Nacht unter seinem Schutz wohlbehalten überlebt haben, bekommt sein erwartetes Trinkgeld, und wir handeln uns einen Mitfahrer nach Wamba ein.

Die Fahrt gestaltet sich eher schweigsam. Gabriel ist nicht sehr redselig. Er hat irgendetwas am Rangerposten in Maralal zu erledigen und freut sich, dass wir ihn ein Stück mitnehmen; aber ansonsten ist aus dem angenehm schüchternen, jungen Mann nicht viel herauszubringen, und wir können uns, ohne unhöflich zu sein, auf die beindruckende, kahle Mondlandschaft konzentrieren, durch die unsre Reise uns führt. Die öde Kargheit übt einen unwiderstehlichen Reiz aus, dem sich der Betrachter nicht entziehen kann

Noch immer fahren wir auf den Fels mit dem runden

Kopf zu, passieren ausgetrocknete Flussbette, wo die Straße für ein paar Meter asphaltiert ist, um in der Regenzeit nicht vollständig weggerissen zu werden, und bestaunen die kunstvollen Termitenhügel, die sich zuhauf in der dürren Natur finden. Verschwenderische Weite gelbgrauer, dorniger Trockenheit bietet sich unseren Augen, unterbrochen nur hier und da, von ein paar seltenen sukkulenten Pflanzen, die mit ihren wasserspeichernden, fast unverschämt grünen Blättern, als magischer Fixpunkt in dieser ansonsten so lebensfeindlich scheinenden Welt, unsere Blicke auf sich lenken.

Verstärkt durch das Schweigen im Wagen, bekommt unsre Fahrt in der Monotonie der Landschaft etwas Meditatives und einmal mehr spüre ich Afrika. Diese großartige, übermächtige, sprachlosmachende Natur ist es, die mich immer wieder überwältigt und mir die Tränen in die Augen treibt. Diese unveränderliche große Stille entlässt die Seele in eine ruhige Gelassenheit und unbegrenzte Freiheit.

Wir erreichen das Dörfchen Wamba, das uns, umgeben von scheinbar völligem Nichts, in kopfschüttelndes Staunen versetzt. Wer auf den Gedanken kommen sollte, den immerhin auf einer Karte im Maßstab von 1:1 300 000 eingezeichneten Ort mit europäischen Augen zu betrachten, wird schmählich enttäuscht. Die kleine Ansiedlung besteht aus nichts weiter, als aus zwei Reihen niedriger Häuser, entlang einer staubigen Straße, und ich frage mich, welcher absurde Umstand dazu geführt hat, dass sich dieses winzige Kaff auf eine Landkarte verirren konnte.

Aber der erste Eindruck täuscht, von den Samburu-Nomaden aus der umliegenden Gegend bevölkert, wird diese unscheinbare Ansammlung gemauerter Häuser zur Großstadt - für hiesige Verhältnisse. Autostunden von jeder asphaltierten Straße entfernt, finden sich hier, hinter den schäbigen Fassaden, Bars und Geschäfte, die Stoffe, Haushaltwaren aller Art und Lebensmittel für den, der es sich leisten kann, anbieten. Sogar eine Schule hat das Dorf.

Was für Menschen sind das, die hier leben? Was geht in ihnen vor, was denken und fühlen sie, wie sehen ihre Träume aus? Und vor allem, wovon leben sie??

Die meisten sind in der traditionellen Tracht der Samburu gekleidet. Sie haben rote Tücher um den Körper gewickelt und tragen Sandalen, die sie aus alten Autoreifen hergestellt haben. Es sind schöne Menschen, die hier leben. Mit einem beeindruckenden Ornat aus bunten Perlen geschmückt, wirken sie stolz und unnahbar. Sie sprechen Maa, die gleiche Sprache, mit der sich auch die Maasai, die im Süden des Landes leben und mit denen sie eng verwandt sind, verständigen. Nur wer zur Schule gegangen ist, spricht Englisch und ist leicht an der westlichen Kleidung auszumachen, die für viele »Gebildete« das neue Statussymbol bedeutet.

Einer von ihnen ist John Nr. 28. Mit Jeans und T-Shirt bekleidet, spricht er uns an, kaum dass wir das Auto angehalten und uns von Gabriel dem Schüchternen verabschiedet haben. Geflissentlich bietet er uns seine Dienste an. Wir fragen nach Ute und John - dem anderen John, dem Mann meiner Mitschülerin, der ebenfalls auf diesen vielstrapazierten Vornamen hört. Ich wünschte, die Missionare und bekehrten Lehrer würden, bei der christlichen Namenswahl für ihre Täuflinge, etwas mehr Phantasie walten lassen.

Nach kurzer Rücksprache mit zwei Männern, die vor der Bar stehen, bei der wir angehalten haben, weiß er wen wir meinen und bietet uns eifrig an, uns den Weg zu zeigen.

Sie wohnen außerhalb. John führt uns direkt in den Busch. Über ausgetretene Trampelpfade, die sicher noch nicht viele Autoreifen befahren haben, geht es durch staubiges, holpriges Gelände, und wir sind sehr froh über den Vierradantrieb unsres Wagens. Immer wieder gabelt sich der Weg, der von niedrigen Dornenbüschen gesäumt ist, und wir sind bald überzeugt, dass wir ohne unsren Führer den Rückweg nicht mehr finden würden. John erzählt uns stolz, dass er ein paar Jahre zur Schule gegangen sei. Aber seine Familie könne das Schulgeld nicht mehr zahlen, und daher suche er jetzt selbst nach Jobs, um seine weitere Ausbildung zu bezahlen. Der Gute ist sicher schon 25 Jahre alt, und ich kann mir nicht vorstellen, dass er ernstlich vor hat, weiter zur Schule zu gehen. Aber ich habe den Wink verstanden und kalkuliere das Trinkgeld am Ende seiner Dienste ein.

Dann ist die Fahrt zuende. John deutet auf eine Hütte in einiger Entfernung, links vom Weg. Den Rest müssen wir zu Fuß gehen, zwischen den niedrigen Dornakazienbüschen ist kein Durchkommen für das Auto. Die langen, starken Stachel würden die Reifen ruinieren, und eine Werkstatt ist weit.

Als wir näher kommen, sehen wir die runde Einzäunung aus Dornengestrüpp, *Boma* genannt, in die in der Nacht die Ziegen gesperrt werden. Die spitzen Stachel sollen die einzige Nahrungsquelle der Familie vor Leoparden und anderen Raubtieren schützen. Unser eifriger Führer erklärt uns, die Menschen hier lebten ausschließlich von ihren Tieren. Fleisch gäbe es nur selten, Blut und Milch stellten die Hauptnahrungsmittel da. Die Tiere würden zur Ader gelassen und das so gewonnene Blut gestockt und mit der zu Butter geschlagenen Milch vermischt. Nur wenn die Herde groß genug sei, um einzelne Tiere verkaufen zu können, oder wenn irgendwie anderweitig Geld aufgetrieben würde, könnten die Leute Weizenmehl kaufen und den Speiseplan um einen Brei erweiterten, der in der Konsistenz zwischen Ugali und Porridge läge.

Auch Ute und Johns Lehmhaus steht mit zerbrochenen Fenstern, in einem Kreis aus schützendem Dornengestrüpp. Die Mutter und die Schwester leben in der wenige Meter vom Haus entfernten, kaum mannshohen Hütte, deren Dach mit Häuten und Säcken gedeckt ist.

Es stellt sich heraus, dass Ute und ihr Mann schon wieder abgereist sind. Sie hätten auf uns gewartet, übersetzt John, aber da wir nicht gekommen seien, hätten sie, gemeinsam mit einer Freundin aus Deutschland, noch ein paar Tage im Samburu-Nationalreservat verbringen wollen. Inzwischen säßen sie aber wohl schon wieder im Flugzeug nach Europa, erklärt die Mutter unserem Bergleiter, und ich male mir den Kulturschock aus, dem der Samburu bei seiner ersten Ankunft in Berlin ausgesetzt gewesen sein muss.

Schade, ich hätte meine mutige, unkonventionelle Mitschülerin gerne in dieser Umgebung erlebt, aber auch so hat sich unser Besuch gelohnt. Ich kann meine Blicke nicht von ihre Schwiegermutter abwenden, die in einem ehemals weißen, ärmellosen Top, offensichtlich einem Mitbringsel aus Deutschland, ein Tablett mit Kartoffeln in den Händen, vor uns steht. Bunte Perlenreifen schmücken ihren faltigen Hals und unterstreichen die Schmalheit ihrer Schultern. Ich rechne aus, wie alt sie ungefähr sein muss. Ich weiß nicht genau, in welchem Alter junge Frauen hier ihre ersten Kinder bekommen, aber selbst wenn ich großzügig von zwanzig Jahren ausgehe, kann die kleine ausgemergelte Frau mit den dünnen Armen vor mir nicht viel älter als 47 sein.

Der kahlgeschorene Schädel vergrößert noch das ausdruckstarke Gesicht mit den hervorstehenden Wangenknochen, auf dem das kärgliche Leben seine Spuren gezeichnet hat. Es sieht aus wie das Gesicht einer Hundertjährigen und erzählt von Hunger und Entbehrung; aber es strahlt auch Weisheit, Kraft und

Würde aus. Ich kann kein Wort mit dieser Frau sprechen, aber ich verliebe mich in ihr wunderbares Gesicht. Sie erlaubt mir, sie zu fotografieren und ich mache das wahrscheinlich wichtigste Bild der ganzen Reise.

Ich habe Geschenke mitgebracht und nachdem ich ihr den silbernen Armreif überreicht habe, der ihr zugedacht ist, frage ich nach Rebecka, Johns Schwester, für die ich einen Jadestein an einem Lederband mitgebracht habe. Sie ist mit den Ziegen im Busch. Die Mutter deutet uns die Richtung, und zu Fuß machen wir uns auf den Weg, sie zu suchen. Sie ist nicht weit entfernt, und wir finden sie schnell.

John Nr. 28 erklärt ihr wer wir sind, ich überreiche mein Geschenk und darf auch von ihr ein Foto machen, obwohl unser Übersetzer mir erklärt, es sei ihr peinlich, einem Besuch ungeschmückt gegenüberzutreten, das gehöre sich nicht. Sie trägt nur ein gelbes, löchriges Stück Stoff um den Körper, aber um ihre Schultern liegen unzählige rote Ketten. Von ihren Ohren stehen kurze Schnüre mit aufgereihten Plastikperlen weg, was ihrem ebenfalls kahlen Kopf ein witziges, keckes Aussehen verleiht; und an beiden Armen hat sie jeweils mindestens fünf bunte Reifen, die sich wunderschön von der tiefschwarzen Haut abheben. Auch die Fußfesseln sind geschmückt, wovon also redet sie? Wir werden es später erfahren.

Rebecka begleitet uns zurück zu dem Platz, wo sie wohnt, und wir werden in die Hütte gebeten. Im Inneren ist es zu niedrig, um aufrecht zu stehen, stockfinster, und es riecht stark rußig. John zieht uns auf ein flaches Podest, links vom Eingang, und es dauert einige Zeit, bis wir uns an das spärliche Licht in der primitiven Behausung gewöhnt haben, das nur durch die schmale Öffnung, durch die wir eingetreten sind, fällt. Nach und nach können wir wenigstens andeutungsweise unsre Umgebung erkennen. Die Hütte ist zweigeteilt und geräumiger, als es von außen den Anschein hat. Der

Bereich rechts neben dem Eingang birgt die Schlafstelle der Mutter, auf der jetzt Rebecka und sie selbst sitzen. Wir haben auf der Seite der Tochter Platz genommen, deren harte Schlafstatt, ebenso wie die der alten Frau, mit Kuhfellen ausgelegt ist. Dazwischen, nahe am Eingang, liegt die Kochstelle. Der wenige Besitz ist aufgehängt an den rauchgeschwärzten Wänden oder an den dünnen runden Ästen, die der Lehm-Konstruktion der Hütte Stabilität verleihen.

Aus einer Kalebasse wird uns frische Ziegenmilch angeboten, und wir sind nicht sicher, wie wir reagieren sollen. Einerseits wollen wir auf keinen Fall die Gastfreundschaft dieser Menschen verletzen, aber angesichts der hygienischen Verhältnisse haben wir andererseits Bedenken, ob unser verwöhnter Organismus den Genuss der Milch unbeschadet überstehen würde. Ich frage John um Rat, und nachdem er übersetzt hat, befreit uns die alte Frau selbst aus unsrer verzwickten Lage. Sie wisse schon, dass manche Weißen keine ungekochte Milch trinken könnten, sie würden krank davon, meint sie verstehend. Im Geiste danke ich Ute für die gute Vorarbeit, die sie geleistet hat und die uns nun vor dem Erklärungsnotstand bewahrt.

Nachdem ich auf gut Glück mit Blitzlicht noch zwei Fotos in die dunklen, hinteren Winkel der Wohnstätte gemacht habe, beenden wir den Besuch und kriechen wieder ans Tageslicht.

Bevor wir uns endgültig verabschieden, wollen wir den größten Teil unsrer Lebensmittelvorräte aus dem Auto holen, um sie hier zu lassen. John begleitet uns und hilft bei der Auswahl. Die Bohnenkonserven und der Reis finden seine Zustimmung, aber Nudeln bräuchten wir gar nicht erst herzuschenken, meint er, die Menschen hier wüssten sowieso nicht, wie man sie kocht. Beladen mit unsren Schätzen kommen wir zurück zu dem Dornenwall, in dem Rebecka bereits vor der Hütte posiert um fotografiert zu werden. Sie hat unsre Abwesenheit genutzt, um ihr volles Ornat anzulegen. Weitere Hals-Schulter-Ketten und ein farbenprächtiger Kopfschmuck sind dazu gekommen, gekrönt von einer Plastikrose, einem Mitbringsel aus Deutschland, das von der Hochzeitsfeier ihres Bruders übriggeblieben ist.

Schließlich verabschieden wir uns und machen uns mit den Eindrücken dieser so fremdartigen, uns unbekannten Welt auf den Weg zurück nach Archers´s Post.

John möchte mit uns fahren, da er hofft am Gate oder im Reservat, in der näheren Umgebung von Touristen einen weiteren Gelegenheitsjob zu finden. Er stellt sich als ausgesprochen anstrengender Begleiter heraus. In der Hoffnung sein Trinkgeld damit erhöhen zu können, redet er ununterbrochen und weist uns auf jeden Busch oder Termitenhügel hin, der sich am Wegesrand findet und den wir ebenso gut ohne sein permanentes Gequatsche hätten wahrnehmen können.

Seine sicher gutgemeinten Ausführungen sind leider völlig uninteressant und reichen in keiner Weise an die sehr viel umfassenderen Informationen heran, die ein guter Reiseführer des Lesens mächtigen Urlauber geben kann. Außerdem lässt er ein bisschen zu häufig Bemerkungen in die Unterhaltung einfließen, die nur allzu offensichtlich auf seine mitleiderregende Situation des finanzschwachen Schulabbrechers anspielen sollen.

Mittlerweile habe ich diese berechnende Freundlichkeit etwas über, vor allem da ausschließlich ich diejenige bin, die sich in unserm Zwei-Mann-Team um die fremdsprachlichen Konversationen kümmern muss. Horst hüllt sich in sein standardmäßiges »I dont´t speak very good Englisch«, schweigt und überlässt mir sämtliche Mitfahrer, Bettler, Auskunftspersonen und andere.

Ich bin froh, als wir endlich in Archer´s Post ankommen, wo wir John absetzen. Er bekommt 300 KSH und scheint enttäuscht. Er hatte wohl mehr erwartet.

Am Gate treffen wir auf unsren Holzkohlenverkäufer von gestern, der inzwischen seine traditionelle Samburu-Kluft angelegt und sich in die Reihe der Arbeitssuchenden eingereiht hat.

»You remember me?«, tönt er winkend und freut sich, seine Chance witternd, uns wiederzusehen, um sich uns als kundiger Safari-Führer anzubieten.

Bitte nicht schon wieder, für heute habe ich genug Gesellschaft gehabt. Die Schönheiten der Natur lassen sich ohne die ununterbrochenen Kommentare trinkgeldheischender Mitfahrer weitaus intensiver genießen. Während ich so freundlich wie möglich versuche, dem etwas anhänglichen Samburu klarzumachen, dass wir wirklich keinen Guide bräuchten - alles was wir wissen müssten, stünde in unserem Reiseführer -, will Horst den Eintritt bezahlen. Die Summe, die ihm genannt wird, erscheint uns zu hoch. Immer noch den Kopf des arbeitswilligen Holzkohlehändlers im Seitenfenster, rechnen wir nach, und dank der ausgehängten Preisliste kommen wir zu dem Ergebnis, dass tatsächlich 1000 KSH zu viel veranschlagt worden sind. Ob nun Absicht im Spiel war oder nicht, langsam verliere ich die Geduld. Die Diskussion wird etwas heftiger, aber schließlich hat unsre Weigerung, die Phantasiesumme zu zahlen, Erfolg, und wir dürfen fahren. Ich will nur noch in den Park, wo es keine Menschen mehr gibt, die glauben uns melken zu können.

Endlich sind wir wieder allein mit der Natur, und ich kann meine Gedanken ordnen.

Ich verstehe die Menschen hier ja irgendwie. Welche Chancen haben sie denn Geld zu verdienen?

Im Geist vergleiche ich John mit seiner Halbbildung, die ihm die abgebrochene Missionsschule vermittelt hat, mit den Samburus, die noch ihre traditionelle Lebensweise praktizieren, und es macht mich traurig zu sehen, was falsch verstandene Entwicklungshilfe anrichten kann.

Rebecka und ihre Mutter sind nie zur Schule gegangen, sprechen weder Englisch noch Suaheli und könnten sich schon wenige Kilometer weiter, außerhalb ihrer Welt, nicht mehr verständigen. Sicher, sie führen ein kärgliches, entbehrungsreiches Leben, ohne Aussicht auf jegliche Veränderung, aber sie kennen es nicht anders. Und kann ich wirklich beurteilen wie sie ihr Dasein empfinden? Was gibt mir überhaupt das Recht, ihr Leben als entbehrungsreich zu bezeichnen? Entbehrungsreich aus wessen Sicht? Wie viel von dem, was in unserem industrialisierten Alltag als Notwendigkeit betrachtet wird, ist denn tatsächlich nötig, um glücklich zu sein?

Diese Menschen leben, aufgehoben in einer Tradition, die ihnen Sicherheit bietet, frei von den Zwängen der modernen Gesellschaft. Sie können ihre Tage frei einteilen, sind keinen Arbeitgebern, sondern nur sich selbst Rechenschaft schuldig und teilen die Gemeinschaft ihres Clans, die Hilfe und Geborgenheit bedeutet. Natürlich weiß ich, dass sie abhängig sind von den unberechenbaren Launen der Natur, die wir so verzweifelt versuchen, uns untertan zu machen. Ein einziger ausbleibender Regen kann ihr Leben zerstören. Aber seit Jahrhunderten haben sie gelernt damit umzugehen.

Dem gegenüber steht John, der das zweifelhafte Glück hatte, zur Schule gehen zu dürfen. Dank der unermüdlichen Tätigkeit christlicher Missionare kann er lesen und schreiben, hat die Bequemlichkeiten der Zivilisation kennen gelernt und seine Denkweise der weißen angepasst. Aber was hat ihm das gebracht, außer dem Zustand, nun weder der einen noch der anderen Welt anzugehören?! Der eigenen Kultur entwurzelt, schafft seine Halbbildung ihm noch lange keinen Zugang zu der neuen. In der modernen Welt sind Lesen und

Schreiben allein noch keine Fähigkeiten, die ihn für einen gutbezahlten Job qualifizieren. Was bleibt ihm - jetzt wo seine Bildung ihm nicht mehr erlaubt Ziegen zu hüten und sich auf die Stufe der primitiven Analphabeten herab zu lassen, die sich von Blut und Milch ernähren und abends in der Gemeinschaft der Gleichaltrigen am Feuer tanzen - als vor den Bars in Wamba herumzulungern oder seine Familie zu verlassen, allein in die Touristengebiete zu reisen und fremd und ohne Heimat, auf die Gelegenheit zu warten, sich irgendwo als Guide zu verdingen oder mit anderen Hilfsarbeiten seinen Lebensunterhalt zu verdienen? Was immer er anstellt, niemals wird der arme Junge mehr als die paar Schillinge zusammenbringen, die er zum Essen braucht. Sicher, er wird vielleicht freundlichen Touristen ein ausrangiertes Marken T-Shirt und ein paar Turnschuhe abschnorren können, aber er wird wahrscheinlich nie mehr, als ein würdeloses Leben, an der untersten Stufe unsrer modernen, hochgelobten Zivilisation, erreichen. Die ignorante Arroganz, die dazu führt, dass wir uns allen Ernstes einbilden, selbst mangelhafte oder unvollständige westliche Erziehung sei immer noch besser als primitiver Analphabetismus, macht mich unglaublich wütend – und beschämt. Als wir im letzten Jahr an der Küste waren, hat uns einer der Kellner unseres Luxushotels in eine Schule in Ukunda geführt und an unsere Hilfsbereitschaft appelliert. Den wunderbaren Swimmingpool und die sich biegenden Tische am abendlichen Büffet im Hinterkopf, war es leicht, unser Schuldgefühl angesichts der Armut außerhalb des Hotels, in tatkräftiges Mitleid beim Anblick der ärmlichen, unmöblierten Klassenzimmer umzuwandeln.

Wieder zurück in Österreich, haben wir eine Sammelaktion gestartet, die die fehlenden Schulbänke finanzieren sollte. Viele hilfsbereite Menschen zu Hause haben sich beteiligt und nur dem, in diesem Fall glücklichen Umstand, dass wir höchstwahrscheinlich reingelegt worden sind, ist es zu verdanken, dass das uns anvertraute Geld nicht den gleichen verantwortungslosen Blödsinn unterstützt, den ich jetzt, nach gründlicherem Nachdenken, anprangere.

Wir waren mit dem vermeintlichen Direktor der besichtigten Schule fast ein Jahr in brieflichem Kontakt und bekamen immer wieder neue Kontonummern geschickt, auf die wir das Geld überweisen sollten. Da wir aber keineswegs das Risiko eingehen wollten, das Geld in seiner privaten Tasche oder sonst welchen anderen dubiosen Kanälen verschwinden zu sehen, ließen wir uns auf keinerlei der von ihm gewünschten Bankgeschäfte ein. Stattdessen teilten wir ihm, als wir die Summe beisammen hatten, die unser Direktor angeblich nach Rücksprache mit dem Unterrichtsminister errechnet hatte, schriftlich mit, er könne dem Tischler den Auftrag zur Herstellung der benötigten Schulbänke geben, wir bezahlten sie bei unserem nächsten Aufenthalt in Kenia, oder er möge uns die Adresse des Handwerksunternehmens schicken und wir würden alles Weitere selbst in die Hand nehmen. Von da an brach der Kontakt ab. Weder auf einen zweiten Brief, noch auf ein Email an eine Internetadresse, die er uns im Laufe unsrer Korrespondenz geschickt hatte, erhielten wir Antwort.

Ich versuchte, Informationen bezüglich unsrer Kontaktperson über die kenianische Botschaft herauszubekommen, aber obwohl man sich dort sehr freundlich meines Anliegens annahm und versprach, Erkundigungen beim Unterrichtsministerium einzuholen, blieben alle Bemühungen erfolglos. Nach einigen Tagen bekam ich einen Anruf, man bedauere mir nicht helfen zu können, aber sowohl der Name der Schule, als auch der des angeblichen Direktors seien gänzlich unbekannt. Ratlos saßen wir nun da mit unseren Spenden und wussten nicht, wie wir sie sinnvoll an den Mann bringen konnten, als Horst im Internet die Manuel Alexander School fand. Diese Schule, die sich in derselben Gegend befindet, wie unser ursprüngliches Spendenobjekt wurde schon vor ein paar Jahren von einer Gruppe Deutscher gegründet. Nachdem ich mit Frank Müther, einem der Initiatoren des Projekts telefonisch gesprochen hatte und er bereitwillig, aber leider ebenso erfolglos, versucht hatte, seine Kontakte vor Ort zu nutzen, um unseren Direktor zu finden, entschlossen wir uns, die Spenden seiner Organisation zur Verfügung zu stellen und vereinbarten einen Besuch während dieses Urlaubs. Die Manuel Alexander School wirkt allerdings lange nicht so hilfsbedürftig, wie unser ursprünglicher Adressat und so war ich bis heute enttäuscht, über die Tatsache, dass wir nun nur einer unter vielen Spendern sein würden, anstatt, quasi aus dem Nichts, einen neuen Ort des Lernens schaffen zu können.

Jetzt, wo ich die unzähligen, kleinen Missionsschulen sehe, die im ganzen Land verstreut sind, und mit ihren zweifelhaften Folgen konfrontiert bin, bin ich froh über die Umstände, die unsere hilfsbereite Naivität gehindert haben, uns der Reihe dieser fragwürdigen Unternehmungen anzuschließen.

Wie gut wir es auch immer meinen, wir haben nicht das Recht, Menschen aus ihrer Kultur herauszureißen, wenn wir ihnen nicht gleichzeitig auch den Eintritt in eine andere ermöglichen können. Wenn wir Schulen bauen, müssen wir auch die Verantwortung übernehmen, dass die dort Unterrichteten ihre Schulzeit nicht aus finanziellen Gründen vorzeitig abbrechen müssen, und dass der Lehrstoff einen Abschluss ermöglicht, der zu einer fortführenden Berufsausbildung oder einem Hochschulstudium führen kann. Alles Andere ist reine Kosmetik, und dient höchstens dazu, das eigene Gewissen zu beruhigen, oder die eigene Eitelkeit zu befriedigen.

Wir scheinen das Reservat für uns zu haben. Weit und breit ist kein Safari-Bus auszumachen. Durch flache, staubige Sandsavannen fahren wir zum Ewaso-Ngiro-Fluss. Grüne, dichte Galeriewälder säumen das Ufer, eine lebensspendende Oase inmitten der verdorrten Landschaft.

Jetzt in der Trockenzeit, versammeln sich sämtliche Tiere der Umgebung zur Futter- und Wassersuche in dem schmalen, grünen Streifen lebendiger Vegetation, der seinen Flüssigkeitsbedarf noch aus der fruchtbaren Erde in Flussnähe decken kann. Zwischen verschiedenen Akazienarten und Hainen von Doumpalmen tummeln sich Paviane, Meerkatzen, Buschböcke, Dikdiks, Grand-Gazellen, unzählige Vogelarten und Elefanten, Elefanten, Elefanten. An Safari-Busse gewöhnt, lassen sie uns dicht an sich herankommen, ohne die geringsten Anzeichen von Nervosität zu zeigen. Auch wenn sich der Nervenkitzel einer Elefanten-Pirsch zu Pferd in der sicheren Geborgenheit unsrer Blechkiste natürlich nicht einstellt, hat die Fahrt ihren Reiz. Gefahrlos, können wir die archaischen Riesen aus nächster Nähe beobachten und in der wunderschönen Flusslandschaft einzigartige Bilder von friedlicher, unregulierter Schönheit genießen.

Unwillkürlich fragt man sich, warum wir kleinen Menschen immer wieder glauben, bei der Gestaltung der Natur eingreifen und dem lieben Gott helfend zur Seite stehen zu müssen. Kein noch so schön angelegter Park kann es mit der unberührten Idylle dieses Galeriewaldes am Ufer des Ewaso-Ngiro-Rivers aufnehmen.

Über drei Stunden verbringen wir in diesem Dickicht, uns im Zick-Zack-Kurs gen Westen bewegend, wo sich eine, auf der Karte eingezeichnete, *Public Campside* befinden soll.

Es ist fast fünf Uhr, als wir die *Samburu Lodge* erreichen. Von hier bis zum Campingplatz ist es nur noch ein kurzes Stück, und bis zum Sonnenuntergang haben wir noch zwei Stunden Zeit; so können wir uns eine kurze Rast erlauben und unsere Mägen befriedigen, die ziemlich lautstark darauf aufmerksam machen, dass Tee und Kekse zum Frühstück nicht dazu angetan sind, sie einen vollen Tag lang zu beschäftigen.

Die Lodge ist ausgestorben, als wir ankommen. Die aus den Küstengebieten hergekarrten Touristen haben gerade geschlossen ihren abendlichen Game-Drive begonnen, in der Hoffnung, in der untergehenden Sonne Löwen, Leoparden oder Geparden auszumachen, die während des Tages irgendwo im Schatten dösen und die sich nun aufmachen, um ihr nächtliches Jagdrevier aufzusuchen.

Afrika zeigt sich wieder einmal in seinen Gegensätzen. Wir werden erwartet von einem luxuriösen Swimmingpool, das in strahlendem Blau, Erfrischung versprechend, vor uns liegt. Es ist nicht zu fassen, die außerhalb des Parks lebenden Samburu-Nomaden müssen täglich viele Kilometer zu Fuß zurücklegen, um an fast oder gar vollständig ausgetrockneten Flussläufen, ohne Werkzeug, zum Teil mit bloßen Händen nach Wasser zu graben, das sie dann in Eimern auf dem Kopf balancierend ebenso viele Kilometer zurück nach Hause tragen; hier dagegen finden sich viele Liter des kostbaren Nasses, gefiltert und gereinigt, nur dem einzigen Zweck dienend, staubigen Touristen in der heißen Sonne Afrikas Abkühlung zu verschaffen. Aber langsam lerne ich Ungerechtigkeiten hinzunehmen, wobei mir meine Position, auf der Seite der Privilegierten, eindeutig behilflich ist, wie ich zugeben muss. Gegen geringes Entgeld dürfen wir den Pool benutzen und während mein gefräßiger Mann - seine Prioritäten sind eindeutig anders gelagert, als meine - an der Bar Sandwichs und kühle Cocktails bestellt, gehe ich schnurstracks in die Umkleidekabine, um meinen allzeit im Rucksack bereitliegenden Bikini anzulegen.

Es ist einfach himmlisch, nach fast 48 Stunden Hitze

und Staub, ohne die Möglichkeit einer Ganzkörperwäsche, nun vollständig im Becken unterzutauchen und verschwenderisch genießend im kühlen Wasser herumzuplanschen. Endlich ist auch Horst umgezogen und gemeinsam benehmen wir uns im Pool, den wir ganz für uns alleine haben, wie pubertierende Jugendliche, die nichts Besseres zu tun haben, als sich gegenseitig unterzutauchen, nass zu spritzen oder um die Wette zu schwimmen. Nachdem wir unser Bad beendet haben, lassen wir uns auf den bereitstehenden Liegestühlen von der Sonne trocknen. Die frischen, sauberen Handtücher, die im Preis inbegriffen sind, benutzen wir dabei lediglich als Unterlage. Livrierte Kellner bemühen sich unglaublich herzlich um unser Wohl.

Die Tatsache, dass wir nicht mit einer Reisegruppe reisen und zudem ein wenig Suaheli sprechen, scheint uns Sonderstatus zu verleihen. Ihre Freundlichkeit wirkt nicht nach angelernter Höflichkeit, sondern scheint echt und warm. Obwohl die Angestellten der Lodge nach der mittäglichen Schlacht bei der Verköstigung der Pauschaltouristen-Horden sich sicher darauf gefreut haben, nun einen weitaus gemächlicheren Nachmittag ohne Gäste genießen zu können - und sich die Pause wohl auch redlich verdient hätten -, lassen sie es sich nicht nehmen, die Getränke am Liegestuhl zu servieren. Wir plaudern über die Gründe, die uns in diese Gegend verschlagen haben, und es stellt sich heraus, dass Ute und John, wenige Tage vor uns hier gewesen sind. Meine Berliner Mitschülerin und ihr einheimischer Ehemann geben offensichtlich ein ungewöhnliches Paar ab, das in Erinnerung bleibt und viel Anlass zu Spekulationen und, in weiterer Folge, Gesprächsstoff über die Unterschiede der Kulturen im Allgemeinen und die Situation in Kenia im Speziellen liefert. Die Konversation, die mit der Entdeckung quasi gemeinsamer Bekannter angefangen hat, schafft eine vertraut familiäre Atmosphäre, und wir fühlen uns bald, als seien wir bei lieben Freunden zu Gast.

Wir verabschieden uns nach zweistündiger Rast und planen später, nach dem Zeltaufbau, zurück zur Lodge zu kommen und uns in dieser angenehmen Atmosphäre ein luxuriöses Abendessen zu leisten.

Der Campingplatz liegt direkt am Fluss und ist nahezu ausgestorben. Nur ein einzelnes Zelt steht unter den großen, schattenspendenden Bäumen, und ein paar Einheimische lungern vor einem riesigen Haufen Feuerholz. Einer der Schwarzen kommt auch gleich auf uns zu, um etwas davon zu verkaufen. Aber es liegen noch genug lose Äste herum, und so ist es nicht wirklich einsehbar, warum wir für etwas bezahlen sollten, was in Hülle und Fülle kostenlos vorhanden ist. Nachdem er auch mit seinem Angebot, unser Zelt aufzubauen und Wasser zu holen, keinen Erfolg hat, gibt er auf und zieht sich wieder zu seinen Freunden zurück, um weiter in der endlich etwas an Kraft verlierenden Sonne vor sich hin zu dösen.

Das einzelne Zelt gibt mir Rätsel auf, es sieht nicht aus, als ob es diesen Burschen gehörte, aber sonst ist weit und breit niemand zu sehen.

Während ich unser Zuhause aufbaue, geht Horst erst mal auf Inspektionstour. Es ist erstaunlich, wie hier im Busch längst vergessene, archaische Verhaltensmuster wieder Gültigkeit bekommen. Das Weibchen ist für den Nestbau zuständig, während das Männchen das Terrain abgeht und auf mögliche Gefahren hin durchsucht. Als es zurückkommt hat es am Hang, etwas weiter oben eine Dusche und direkt daneben ein Plumpsklo entdeckt. Aber da dieses mangels Wasserspülung ziemlich stinkt und ferner von unzähligen Schmeißfliegen umschwärmt wird, zieht mein Männchen es vor, seinen tierischen Instinkten zu folgen und markiert sein Revier, indem es am linken hinteren Reifen unsres Fortbewegungswerkzeugs seine Duftnote hinterlässt.

Sein kluges Weibchen hat inzwischen das Nest in einiger Entfernung vom Flussufer vollständig aufgebaut. Dichtes Buschwerk schützt das Zelt an seiner rechten, dem Fluss zugewandten Seite vor Krokodilen, falls sie sich überhaupt so weit heraufwagen sollten. Auch im Rücken sind wir durch undurchlässiges Dickicht und den mächtigen Stamm einer riesigen Akazie, in deren Krone sich die Affen tummeln, vor größeren Raubtieren abgeschirmt. Mit dem Auto, links von uns, bilden die Sträucher einen halbrunden Wall, in dessen Mitte nun unser kleines Zuhause geborgen ist. Die Decke liegt schon vor dem Eingang, nur das Holz fürs nächtliche Feuer müssen wir noch zusammenklauben.

Ich beschließe, solange noch Tageslicht vorhanden ist, die Dusche auszuprobieren, meine Haare nun auch noch einer Behandlung mit Shampoo zu unterziehen und mich fürs abendliche Luxusdinner, so weit es die eingeschränkten Möglichkeiten der Wildnis es zulassen, in Schale zu schmeißen, während Horst sich der Beschaffung des nötigen Brennmaterials widmet.

Das Wasser ist von der Sonne aufgewärmt und ich fühle mich nach der ausgiebigen Nutzung von Seife und Haarwaschmittel, so sauber wie schon lange nicht mehr. Irgendwo im Inneren des Rucksacks finde ich, seit Ewigkeiten nicht mehr genutzt, sogar Kajal und Wimperntusche, und nachdem ich mein in Nairobi erstandenes Kleid angelegt habe, finde ich, dass ich, trotz Knitterfalten, eine, in Anbetracht der Umstände erstaunlich gute Figur abgebe. Ich bin bereit für ein nobles Abendessen.

Die Sonne ist schon untergegangen und die Bäume nehmen das bisschen fahle Licht, das der abendliche Himmel noch hergibt. Um nicht im Dunkeln sitzen zu müssen, mache ich Feuer, während Horst sich nun ebenfalls dem Vergnügen hingibt, die im Swimmingpool der Lodge vorgeweichten Staubpartikel, im Hauptwaschgang der Dusche, mit Seife vollends zu entfernen.

Als er glänzend und duftend zurückkommt, ist es schon finster. Nur noch ein schmaler, glutroter Streifen trennt die dunklen Silhouetten der Bäume am anderen Flussufer von der Schwärze des afrikanischen Nachthimmels. Durch eine Lücke in der Vegetation, kann ich von meinem Platz aus, einen Blick auf das ruhig fließende Wasser erhaschen, das sich gerade noch schemenhaft, tiefschwarz vom Dunkelgrau der übrigen Landschaft abhebt. Über uns im Baum kreischen die Affen und ein Papageienvogel, der noch nicht mitbekommen hat, dass der Tag zuende ist und die Schlafenszeit begonnen hat, pickt sich sein Futter aus dem Stamm. Vor dem Zelt brennt ein gemütliches Feuer und macht die Idylle perfekt. Ich fürchte, wir haben uns umsonst gestylt. Nichts in der Welt kann mich jetzt mehr dazu bewegen, die Romantik eines Essens am Lagerfeuer im afrikanischen Busch, gegen ein Dinner an nobel gedeckten Tischen, im Restaurant einer Luxuslodge einzutauschen.

Horst ist glücklicherweise sofort mit der Planänderung einverstanden und ausgesprochen erfreut von der Tatsache, dass sich unsre Geschmäcker decken. Ich tausche mein Kleid wieder gegen ein T-Shirt und lange Hosen, um dem Krabbelzeug auf der Decke den Eingang in meinen Slip zu erschweren und meine Beine vor Skorpionen und ähnlich unsympathischem Kleingetier zu schützen, und mache es mir auf der Decke mit dem Tagebuch gemütlich. Horst beginnt die Kochutensilien aus dem Auto zu räumen. Es ist zu schön mit einem Hobbykoch verheiratet zu sein, der die Gegebenheiten einer derart primitiven Küche als Herausforderung betrachtet, die seinen Ehrgeiz anstachelt und die anzunehmen, er sich mit Feuereifer ans Werk macht. Dankbar registriere ich die Tatsache, dass Reste menschlichen Kulturverhaltens die Rückentwicklung meines Mannes überlebt haben. Angesichts seiner Weigerung, ein halbwegs zivilisiertes Klo zu benutzen, hatte ich schon befürchtet, er würde das Verhalten eines Halbwilden auch bei der Nahrungsbeschaffung beibehalten und mich womöglich in die Situation bringen, einen mit der Machete erlegten Pavian roh vom Knochen nagen zu müssen.

Unsre Lebensmittelvorräte sind seit dem Besuch bei den Samburu erheblich eingeschränkt. Immerhin haben wir noch die verschmähten Nudeln, Horst findet eine letzte Dose Cornedbeef, und ein paar Tomaten kullern auch noch im Kofferraum herum. Mit Hilfe der Kräuter und Gewürze, die selbst im kleinsten Überlebenskoffer eines Hobbykochs nicht fehlen dürfen, wird aus den dürftigen Zutaten ein nahezu italienisch schmeckendes Pastagericht, dass es auf jeden Fall mit der Küche der meisten Lodges aufnehmen kann.

Mittlerweile hat sich der Campingplatz bevölkert. Das einsame Zelt, das schon vor unsrer Ankunft am Flussufer stand, stellt sich als Besitz eines Franzosen, wie sein Akzent vermuten lässt, heraus. Die Einheimischen, die davor gewartet haben, sind bezahlte Bewacher, die nun, da er zurück ist, ihren Dienst beenden und verschwinden. Wohin ist mir allerdings nicht ganz klar, es ist dunkel und die Raubkatzen beginnen ihre Jagd; trotzdem gehen die Drei, nur mit einer Taschenlampe bewaffnet, zu Fuß den Hang hinauf, in die Wildnis. Bleibt zu hoffen, dass sie unterwegs von einem der Lastwagen aufgelesen werden, die gestern Abend, voll beladen mit ähnlich aussehenden Gestalten, das Archer´s Post Gate passiert haben.

Der Franzose ist offensichtlich erfahren, was das Campieren in freier Wildnis anbetrifft, und weitaus besser ausgerüstet als wir. Neidisch registriere ich die zwei

Petroleum-Laternen, die den Platz vor seinem Zelt erleuchten. Bei nächster Gelegenheit müssen wir uns unbedingt auch eins dieser praktischen Dinger besorgen. Während der Überlebensprofi, anstatt auf einer Decke am Boden zu sitzen, gemütlich auf einem Klappstuhl, ein Glas Wein in der Hand haltend, seine Pfeife raucht, hat sein Helfer zwei Feuer angezündet. Eins brennt direkt vorm Zelt und das zweite etwas entfernt, an der Uferböschung, um unliebsame Besucher aus dieser Richtung fernzuhalten.

Wie zum Teufel, hat der Mann diese Ausrüstung im Fluggepäck untergebracht? Ich komme zu dem Schluss, dass er entweder, um der französischen Lebensart auch im Busch huldigen zu können, eine Menge fürs Übergewicht gezahlt haben muss - oder er lebt ganz einfach in Kenia, und es hat sich somit für ihn das Problem, nur eine begrenzte Auswahl an Camping-Gegenständen in einem Trecking-Rucksack verpacken zu können, nie gestellt.

Gerade kommt ein großer Reisebus an und parkt weiter oberhalb von uns, in der Nähe des Plumpsklos. Augenblicklich entspringt ihm eine Horde lärmender Amerikaner, die offensichtlich nicht den geringsten Sinn für die friedliche Ruhe haben. Fasziniert beobachten wir, wie das eingespielte, nur aus drei Schwarzen bestehende Team des Safariveranstalters in Rekordtempo ein Lager aufbaut. Die Seitenwände des Busses werden waagerecht heruntergeklappt und in eine einfache Küche umfunktioniert. In Windeseile sind zwölf Klappstühle im Halbkreis um ein bereits in Gang gesetztes Lagerfeuer aufgestellt, und die Feldküche wird in Betrieb genommen. Während die Herrn der lautstarken Reisegesellschaft die Zelte aufbauen, stehen die Damen vor der Dusche Schlange und tauschen schrill quietschend Informationen bezüglich der Wassertemperatur und der Fliegenplage, aus, die nicht nur das angrenzende Klo betrifft. Irgendwer braucht Tampons, ein anderer Seife, und mit der Diskretion von türkischen Marktschreiern, rufen die hysterischen Damen ihre Bitten um die benötigten Utensilien in die jäh zur Gänze ihrer Romantik beraubte Nacht.

Na wenigstens jagt der Lärm auch alle eventuell im Gebüsch lauernden Löwen in die Flucht.

Endlich ist die allgemeine Körperpflege beendet, das Essen ist fertig, und langsam ebbt das Geschnatter ab. Ein gefräßiges Schweigen macht sich in der Gruppe breit.

So schnell wie der Spuk gekommen ist, ist er auch wieder verschwunden. Kaum ist das Mahl beendet, ziehen sich die Touristen zum Schlafen in ihre Zelte zurück, während ihre einheimischen Begleiter sich in aller Ruhe den Aufräumungsarbeiten widmen.

Ich bin plötzlich sehr froh über die schweigsame Gesellschaft meines als eher wortkarg bekannten Mannes. Die Ruhe ist zurückgekehrt, und nachdem auch wir unser Geschirr abgespült haben, sitzen wir am lauschigen Feuer und spielen Karten. Die Temperatur ist angenehm, nur hier und da krabbeln ein paar aufdringliche Käfer oder Ameisen über unsre Decke, können uns aber dank der imprägnierten Kleidung nichts anhaben, und vor Skorpionen bleiben wir verschont.

Irgendwann gesellt sich der Begleiter des Franzosen zu einem Plausch an unser Lagerfeuer. Er bestätigt unsre Annahme, sein Freund lebe in Kenia; er arbeite für eine französische Firma in Nairobi und habe ein paar Tage in der Natur verbringen wollen, aber hier sei es ihm zu belebt. Morgen würden sie, auf der Suche nach mehr Einsamkeit, weiterfahren ins Shaba Nationalreservat.

Ich bin nicht überzeugt, dass der Begriff »Freund« das Verhältnis unseres Besucher zu dem Franzosen richtig beschreibt. »Angestellter«, scheint mir eher der treffende Ausdruck für seine Stellung; aber ich sehe ein, dass es prestigeträchtiger ist, sich als Freund eines Weißen auszugeben, als nur mit der Position eines Gehaltsempfängers in dessen Diensten aufwarten zu können, also frage ich nicht weiter nach, als er stolz von weiteren sogenannten Freunden berichtet, die er in der ganzen Welt angeblich habe. In der Tat scheinen die Grenzen hier in Kenia fließend. Ob es sich nun um Karen Blixens treuen Diener Farah oder um den von Stefanie Zweig, in ihrem autobiografischen Roman »Nirgendwo in Afrika«, so liebevoll beschriebenen Owuor oder um Ray und seinen Jonas handelt, bis in die heutige Zeit scheint es ein besonderes Verhältnis zu sein, das manche Arbeitgeber hier mit zumindest einem ihrer Angestellten verbindet. Es findet sich nur schwer eine passende Bezeichnung für diese Position.

In seiner Treue und Loyalität scheint mancher Schwarze, der in Diensten eines Weißen steht, eindeutig mehr als ein Angestellter zu sein; aber er ist weniger als ein Freund, durch das Ungleichgewicht der materiellen Güter, das verhindert, dass man sich auf wirklich gleicher Ebene begegnet. Auch übernimmt ein Arbeitgeber häufig ein größeres Maß an Verantwortung für seinen Bediensteten, als es bei uns zuhause üblich wäre. Er unterstützt ihn bei Behördengängen, sorgt im Idealfall für die Schulbildung seiner Kinder und holt ihn, wie uns schon berichtet wurde, wenn es sein muss, auch aus dem Gefängnis. Trotzdem kann man nicht von eindeutiger Überlegenheit der weißen Rasse sprechen. Die Positionen wechseln häufig. Zwar verfügt der Arbeitgeber in der Regel über eine höhere Bildung, doch der schwarze Angestellte ist, aufgrund seines noch traditionell erlernten Wissens, häufig mit einer verblüffenden Weisheit und mystischen Gelassenheit ausgestattet, die uns vernunftgläubigen Menschen längst abhanden gekommen ist. Das macht ihn zum verlässlichen Ratgeber und Helfer in Extremsituationen und zur Stütze bei emotionalen Belastungen.

Der Begriff des Dienens ist bei uns etwas aus der Mode gekommen, er hat den unangenehmen Beigeschmack von Sklaverei und Ausbeutung. Und doch erscheint es mir, als sei genau dieses Wort das treffendste, um zu beschreiben, was ich bei den Zeitzeugen unterschiedlicher Geschichtsabschnitte gelesen, aber auch auf dieser Reise immer wieder erzählt bekommen und zum Teil selbst erlebt habe.

Viele Afrikaner beherrschen die Kunst zu dienen, ohne dabei devot, klein oder kriecherisch zu wirken. Ob es sich um die Kellner in der Samburu Lodge handelt, um Jonas auf der Elefantenpirsch oder um Peters Köchin, sie alle haben uns mit einer Aufmerksamkeit bedacht, die weit über die gewohnte Freundlichkeit im deutschen Dienstleistungsgewerbe hinausgeht. Sie haben uns behandelt, als seien wir ganz besondere Freunde, die zu bedienen ihnen selbst Freude bereite, und uns vergessen lassen, dass wir in Wirklichkeit schlicht zahlende Kunden sind.

So betrachtet bin ich wahrscheinlich im Unrecht, wenn ich die vielen angeblichen Freunde unsres Gastes innerlich mit einem Schmunzeln kommentiere. Für ihn sind es Freunde, er betrachtet sie als solche und wäre jederzeit bereit ihnen die entsprechende Behandlung zukommen zu lassen.

Der Franzose ist inzwischen schlafen gegangen und nachdem unser Gast uns dessen übriges Feuerholz gebracht hat, da sie es morgen nicht mehr brauchen würden und wir ihm erzählt haben, wir wollten noch eine weitere Nacht hier verbringen, verabschiedet auch er sich. Wir tauschen unsre Anschriften aus und erfahren, dass der freundliche junge Mann - ich fasse es nicht - auf den Namen John hört. Wir werden die Adressen wohl niemals zum brieflichen Kontakt nutzen, aber immerhin verlängern wir seine Liste ausländischer Freunde, auf die er so stolz ist, um zwei weitere Namen.

Endlich kriechen auch wir ins Zelt und träumen vor dem Einschlafen von einem Leben in Afrika, mit unsrem ganz persönlichen Freund-Angestellten, der uns hilft die fremde Kultur zu verstehen, die Anfangsschwierigkeiten zu überwinden und der uns mit afrikanischer Weisheit berät und tröstet, wenn wir an unsre Grenzen stoßen – einem zweiten Owour eben.

15. Februar 2002

Es ist 5.45, die Sonne ist noch nicht aufgegangen, und alle anderen Besucher des Campingplatzes schlafen noch, als wir bereits, im Licht der Taschenlampe, Tee kochen. Wir wollen so früh wie möglich aufbrechen. Im fahlen Licht der Morgendämmerung bestehen die besten Chancen, die von ihrer Jagd zurückkehrenden Raubkatzen aufzuspüren, oder sie womöglich noch beim Zerfleischen ihrer nächtlichen Beute beobachten zu können.

Das Zelt bleibt stehen, nur die Kochutensilien, und vor allem der Abfallsack, kommen ins Auto, um nicht die Paviane anzulocken, die sich die halbe Nacht über unseren Köpfen lautstark gestritten haben. Im Augenblick sind sie zwar verschwunden, aber ich fürchte, in ihren wilden Kämpfen, rund um unsere Schlafstätte, haben sie ausgefochten, wer, nach unserem Verschwinden, sich was unter den Nagel reißen darf. Pech gehabt! Außer dem Zelt, bleibt nichts zum Verteilen übrig. Bleibt zu hoffen, dass sie es nicht aus lauter Frust zerreißen und wir die nächste Nacht unter freiem Himmel, in Gesellschaft von Schlagen, die durch unsre Körperwärme angezogen in den Schlafsack kriechen, verbringen müssen.

Um halb sieben ist Abfahrt. Mit dem Fernglas

bewaffnet, geht's in die weite, offene Grassavanne, dem Jagdgebiet der Löwen. Hinter jedem noch so kleinen Hügel schauen wir nach, ob nicht eines der Raubtiere seine Beute dorthin gezerrt hat, um sie im winzigen Schatten der Erderhebung zu verzehren. Aber wir bleiben erfolglos. Die begehrte Jagdtrophäe, in Form eines Fotos vom blutverschmierten Löwenmaul, bleibt mir versagt. Der rote Staub, den das Auto aufwirbelt, dringt durch die offenen Fenster und bedeckt bald Armaturenbrett, uns selbst und unser gesamtes Gepäck. Mein zivilisationsverwöhnter Mann meint, wir sollten die Scheiben hochkurbeln, aber ich bin der Ansicht, wenn ich mir die Natur hinter Glas anschauen wollte, hätte ich auch zuhause bleiben und im Fernsehen einen Tierfilm anschauen können. Wir finden einen Kompromiss. Er verlangsamt das Tempo - wir müssen ja auf der weiten Ebene nicht unbedingt eine Rallye veranstalten - und schließt das Fenster auf seiner Seite, aber meins bleibt offen. Von da an fährt er die Linkskurven mit soviel Schwung, dass mich jedes Mal die volle Salve des aufgewirbelten Staubs erwischt und mir die Sicht raubt. Wenn er meint, er hätte mit seiner Zermürbungstaktik Erfolg, hat er sich natürlich getäuscht. Ich halte eisern durch, obwohl meine gestern erst frischgewaschenen Haare längst aussehen, als hätte ich sie in der Mode der Maasai, mit Lehm gefärbt. Irgendwann geben wir unseren Machtkampf auf und fahren zurück zum Fluss, wo es nicht ganz so staubig ist. Die Löwen liegen wahrscheinlich mittlerweile sowieso schon im Schatten der Akazien und verdauen ihren Riss.

In einer ausgetrockneten Pfanne, die sich in der Regenzeit mit Wasser füllt und eine natürliche Tränke für die Tiere darstellt, treffen wir auf eine Herde Impalas. Die Anwesenheit dieser Tiere beweist uns, dass sich tatsächlich keine Löwen mehr in der Nähe befinden. Friedlich grasen die grazilen Antilopen, uns ihre hübsch gezeichneten   Hinterteile entgegenstreckend, vor dem Hintergrund des Waldes; eines Waldes, der sich deutlich von unseren heimischen Forsten unterscheidet und für unsre Augen ungewöhnlich und geheimnisvoll wirkt.

Tote Baumskelette ragen zwischen grünen Akazien und verzweigten Palmen und locken in die unberührte Welt in seinem Inneren, wo wilde Tiere leben und die Natur, ohne von Menschenhand eingeschränkt zu werden, walten kann.

Umgestürzte Bäume, von Elefanten gefällt und abgefressen, liegen von der Sonne gebleicht, wie skurrile Skulpturen auf dem weichen Gras. Sie scheinen uralt, als hätten sie schon lange vor uns existiert. Sie erwecken ein Gefühl von Ewigkeit. So muss die Welt schon ausgesehen haben, lange bevor es uns Menschen gab, und so wird sie vielleicht eines Tages wieder aussehen, wenn wir uns gegenseitig ausgerottet haben, oder der Planet Erde entgültig für Menschen unbewohnbar geworden ist.

Wir halten Ausschau nach Leoparden und verrenken uns die Köpfe, um sie in den Ästen, hoch über uns, ausmachen zu können, aber alles was wir sehen, sind ein paar kreisende Geier. In der Hoffnung, sie könnten uns den Weg zu einer fressenden Raubkatze weisen, versuchen wir uns dem Punkt zu nähern, über dem sie so erwartungsvoll lauern. Bald ist uns der Weg von dichtem Gestrüpp versperrt. Verbotenerweise steigt Horst aus, um auf eine der verdorrten Baumformationen zu steigen und zu sehen, ob er etwas erspähen kann. Mir ist nicht wohl. Das Dickicht ist unüberschaubar. Überall hier könnten Leoparden lauern, die zwar an Autos, nicht aber an Menschen gewöhnt sind, die auf zwei Beinen seelenruhig im Busch spazieren gehen. Horst kann nichts entdecken, aber er gibt nicht auf. Zurück im Auto, versucht er sich von einer anderen Seite der geierumkreisten Stelle zu nähern. Aber wieder wird uns der Weg versperrt. Wieder steigt Horst aus, aber diesmal folge ich seinem Beispiel.

Die Autotüren lassen wir offen, um, im Falle der Gefahr, blitzschnell in Sicherheit springen zu können. Mit klopfenden Herzen, immer das dichte Gebüsch mit den Augen absuchend, entfernen wir uns ein Stück von der ausgefahrenen Piste, hinein in die Wildnis, zu einem Baum, den mein Mann meint erklettern zu können. Wir sind höchstens drei Meter vom Auto entfernt. Horst ist schon auf halbem Weg zu seinem Aussichtspunkt, als mein Blick auf eine Lücke im Gestrüpp fällt. Ich schaue direkt in die Augen eines, seelenruhig vor sich hin kauenden, Büffels. Er scheint mindestens so verblüfft zu sein wie ich, macht aber keine Anstalten zum Angriff überzugehen. Horst hat ihn noch nicht entdeckt und ich wage nur flüsternd, ihn auf die drohende Gefahr aufmerksam zu machen. Langsam rückwärts gehend, ziehen wir uns vorsichtig zum Auto zurück, und schlagen, erleichtert und heilfroh, dass unsre Abenteuerlust keine dramatischen Folgen nach sich gezogen hat, die Türen hinter uns, als wir das rettende Fahrzeug erreicht haben. Vom Wagen aus erkennen wir, dass der Büffel nicht allein ist. Eine ganze Gruppe der Tiere versteckt sich hinter dem grünen Blattwerk. Die weiteren Tierbetrachtungen, werden wir wohl doch lieber vom schützenden Blech umgeben fortführen.

Wir verlassen das undurchdringliche Dickicht, um in lichteren Gegenden, einen besseren Blick auf den Fluss zu haben. Auf dem Weg vor uns, spritzen immer wieder Sandfontänen auf, die sich zu kleinen Hügeln auftürmen und die Piste aussehen lassen, als sei sie an den Pocken erkrankt. Schon seit längerem fragen wir uns, welche Tiere dort wohl ihre Gänge schaufeln. Das Geheimnis wird gelüftet, als eine Art Erdhörnchen aus einem der Sandhaufen hervorschießt und sich auf einem Baumstamm niederlässt, um sich einer ausgiebigen Putzaktion zu unterziehen. Nachdem das niedliche Tierchen seinen buschige Schwanz gründlich gereinigt hat, wird er aufgestellt und zum Sonnenschirm umfunktioniert. Nun kommt der Rest des Körpers an die Reihe. Mindestens eine Viertelstunde schauen wir gebannt dem possierlichen Nager zu, wie er eifrig mit den Pfoten sein Fell durchkämmt und glättet, und sind fasziniert von seinen, fast menschlich anmutenden Händchen.

Der Wald öffnet sich wieder und gibt den Blick frei auf den spärlichen Rest des Flusses, den die Trockenzeit übriggelassen hat. Sein riesiges Bett, das sich jetzt so scheinbar sanft, in weiten Schleifen durch die herbe Landschaft windet, lässt erahnen, zu welch reißendem Strom sich das dünne Rinnsal schon in ein paar Monaten, wenn der Regen kommt, wieder entwickeln wird. Der ewige Kreislauf Natur. Wie gerne würde ich ein ganzes Jahr hier am Flussufer bleiben und die Veränderung der Landschaft beobachten, sehen, wie die öden Steppengebiete und vertrockneten Grasflächen wieder in sattes Grün verwandelt, und selbst die weit vom Fluss entfernten Gebiete in wilder, wuchernder, blühender Schönheit neu erstahlen werden.

Wir begegnen der größten Büffelherde, die ich je gesehen habe. Mindestens fünfzig Tiere sind am Wasser gesammelt, um zu trinken. Vor der malerischen Kulisse einer Hügelkette stehen sie mitten im Flussbett, und löschen ihren Durst.

Mittlerweile ist es halb zwei geworden, und wir entschließen uns umzukehren und in der Samburu Lodge das Mittagessen einzunehmen.

Am Parkplatz begegnen wir dem Holzkohlenhändler aus Archer´s Post. Langsam komme ich mir vor, wie der Hase beim Wettlauf mit dem Igel. Jedes Mal wenn wir glauben, wir seien ihn los, taucht er an völlig unerwarteter Stelle von neuem auf. Vorwurfsvoll empfängt er uns diesmal. Warum wir ihn gestern nicht als Führer durch den Park genommen hätten, will er wissen, und wir sollten morgen doch bitte den gleichen Weg zurückfahren, damit er uns sein Dorf zeigen könne. »...and you must give money to the people in the village, they are very poor!«, meint er fordernd. Bedauerlicherweise haben wir andere Pläne, und sein Dorf liegt leider gar nicht auf unserem weiteren Weg.

Die Meerkatzen, die den Parkplatz bevölkern, scheinen Lehrstunden bei dem lästigen Holzkohlenjüngling genommen zu haben. Statt, wie für die kleinen Affen normalerweise üblich, vor Menschen zurückzuweichen, machen auch sie äußerst aggressiv deutlich, dass sie erwarten gefüttert zu werden. Sie kommen gefährlich nahe an unsere Beine, blecken die Zähne und fauchen uns fordernd an. Ihr Gebiss sieht zwar nicht wirklich bedrohlich aus, aber ohne Tollwutimpfung, möchte ich mit ihren Zähnen trotzdem nicht unbedingt Bekanntschaft machen. Einigermaßen verschreckt weiche ich zur Seite und wir ergreifen vor der aufdringlichen Affenhorde die Flucht ins Restaurant.

Die Mittagessenszeit ist eigentlich schon vorbei, aber heute sind wir immerhin noch früh genug, um in den Genuss *warmer* Snacks zu kommen. Wir sitzen auf der schattigen Veranda, schauen den Angestellten zu, wie sie mit der Machete den Rasen mähen und bestellen Toasts mit Pommes Frites. Nur zwei weitere Tische sind besetzt. Ein bärtiger Mann um die 50, mit Safarihut und verwegenem Gesicht, skizziert am Nebentisch die Landschaft, die sich vor uns zeigt, und ein paar Tische weiter, schreibt eine etwas jüngere, intellektuell aussehende Frau scheinbar ebenfalls ein Tagebuch. Wen wundert's? Afrikas vielfältige Eindrücke lassen einem das Herz überlaufen und nach einem Stück Papier schreien, um festhalten zu können, was sonst, viel zu bald schon, wieder im Alltag unsrer zivilisierten Welt in Vergessenheit gerät oder ganz verloren geht. Ist es nicht nur allzu menschlich, dass wir - wenn uns angesichts der wilden, unbeschreiblichen Schönheit der Natur um uns herum die Gefühle zu übermannen drohen, wenn es einem die Brust zu sprengen droht, weil es fast zu viel ist an Glücksgefühl und Dankbarkeit die einen erfüllt -, dass wir dann nach Worten suchen, um das Unbeschreibliche in begreifbare, nachvollziehbare Sätze zu bringen - eine fassbare Form, die man einstecken und mit nach Hause nehmen kann? Und doch kann das geschriebene Wort nur ein müder Abklatsch dessen sein, was Afrika wirklich zu bieten hat, dem, der es mit offenen Sinnen zu erleben bereit ist.

Nach dem Essen müssen wir natürlich unbedingt noch in den Pool. Der dicke Barchef von gestern hat auch wieder Dienst und begrüßt uns wie alte Bekannte. Heute sind weit mehr Liegen besetzt, aber unsere beiden sind noch frei, und als wir aus der Umkleidekabine kommen, hat unser Freund schon frische Handtücher darauf ausgebreitet und steht daneben, um nach unseren Getränkewünschen zu fragen.

Nach einem erfrischenden Bad, trinken wir Kaffee und beobachten die Affen, die den in der Sonne schlafenden Gästen frech alles klauen, was irgendwie nach Nahrung aussieht. Plötzlich bricht ein lauter Tumult los. Einer der kleinen Plagegeister hat ein Milchkännchen erwischt und wird nun von den Kellnern rund um den Pool gejagt. Er flüchtet auf einen Baum und das Kännchen scheint verloren. Aber noch hat er den Kampf nicht ganz gewonnen. Schreiend und mit Steinen nach dem verschrecken Affen werfend, versuchen die Angestellten, mit Hilfe tatkräftiger Unterstützung einiger der inzwischen erwachten Gäste, das Tier zur Herausgabe des Porzellans zu bewegen. Sie haben tatsächlich Erfolg. Nachdem der kleine Kerl die Milch ausgetrunken hat, lässt er das Geschirr fallen und flüchtet noch höher in die

Krone des Baumes. Der Sieg der Zweibeiner ist jedoch kein vollständiger - keiner fängt das umkämpfte Objekt auf, und es zerbricht auf den Steinen, die den Pool umgeben.

Wir haben die ganze Aktion lachend beobachtet, nur um kurz darauf selbst Opfer der kriminellen äffischen Energie zu werden, das heißt, ich werde Opfer. Nur einen Moment kehre ich meiner Tasse den Rücken, schon ist mein Zucker geklaut.

Für den Nachmittag ist ein Ausflug ins Buffalo-Springs-Nationalreservat geplant, das sich auf er südlichen Seite des Flusses befindet. Die beiden Gebiete, das Samburu- und das Buffalo-Springs-Reservat, bilden eine ökologische Einheit, auch wenn sie von unterschiedlichen Behörden verwaltet werden. Idealerweise wird auch der Eintritt für beide Naturschutzgebiete zusammen eingenommen, so dass wir nur an einer hochgezogenen Schranke, mitten auf der Brücke über den Ewaso-Ngiro-Fluss, erkennen, dass wir nun von einem Gebiet ins andere wechseln. Ganz im Osten befinden sich die heißen Süßwasserquellen, nach denen das Reservat benannt ist. Eine davon sei in ein Betonbecken gefasst worden, sagt unser schlaues Buch, in dem man baden könne.

Wir fahren durch ausgedehnte Sumpfgebiete und treffen auf Zebraherden und Warzenschweine. Die Gegend ist sehr flach und übersichtlich. So können wir es wagen auszusteigen, aber es macht kaum Sinn. So wenig sich die Tiere auch an dem Auto zu stören scheinen, so panisch reagieren sie, sobald wir auch nur die Tür unseres Fahrzeugs öffnen. In wildem Getrappel flieht die Warzenschweinherde auf ulkigen kurzen Beinen übers dichte Grasland, das hier am Rand des Sumpfs eine satte, hellgrüne Farbe hat. Auch die Zebras zeigen sich gehenden Zweibeinern gegenüber scheuer als fahrenden. Ich würde mich ihnen gerne etwas mehr nähern, als wir es mit dem Auto wagen können - im morastigen Boden fürchten wir, mit den Reifen stecken zu bleiben, zu Fuß wäre das Risiko kleiner, solange die weiche Erde Zebras trägt, würde wohl auch ich nicht versinken, - aber die schönen Tiere machen mir unmissverständlich klar, dass sie nicht bereit sind, meinem Distanzempfinden nachzugeben. Jeden Schritt, den ich auf sie zu gehe, beantworten sie mit zwei Schritten von mir weg, und am Ende beuge ich mich ihren Wünschen und fotografiere sie aus dem Fenster unsrer Blechkiste.

Die Quelle, nach der das gesamte Reservat benannt ist, entpuppt sich als wenig touristisch vermarktet. Es fließt tatsächlich Wasser in ein betoniertes Becken, aber auf der Oberfläche schwimmt eine derart dicke Schicht, glitschiger, grüner Algen, dass ich mich nicht einmal dazu überwinden kann, die Füße ins Wasser zu stecken, um zu testen wie heiß es wirklich ist. Aber auch ohne Algen, würde ich mich wohl kaum zu Schwimmübungen in den Thermen Afrikas hinreißen lassen. Weit und breit gibt es keine einzige Pflanze, die höher wäre als einen Meter, und somit auch keinen nennenswerten Schatten. Die Sonne glüht unbarmherzig auf uns herab und ein Bad in einer heißen Quelle, ist so ziemlich das Letzte wonach mir hier der Sinn steht.

Die Zunge klebt uns am Gaumen, und unser Trinkwasser hat wahrscheinlich etwa die Temperatur der Quelle. Es wird Zeit zum Campingplatz zurückzukehren, den Tag im Schatten ausklingen zu lassen und einen Teebeutel in die Wasserflasche zu hängen, damit die warme Brühe Geschmack bekommt.

Wir müssen wieder ganz nach Westen. Viele Male halten wir an Stellen, an denen die Vegetation den Blick auf den Fluss freigibt, um die Elefanten beim Trinken zu beobachten. Bei einem dieser Stopps, kommen wir in den ungewöhnlichen Genuss, Zeuge des Liebesspiels zweier, ganz offensichtlich homosexueller Elefantenbullen zu werden.

Hintereinander trotten sie am gegenüberliegenden Ufer den Hang hinauf. Das vorangehende Tier hat seinen männlichen Prachtbolzen bereits zur vollen Größe ausgefahren und lässt ihn demonstrativ zwischen den Hinterbeinen baumeln. Sein ihm folgender Liebhaber nimmt Witterung auf. Er streckt seinen Riechrüssel nach vorn und beschnuppert gierig das mächtige Teil, das zuckend unter dem Bauch des ersten Bullen hängt. Das Ergebnis der Prüfung zeigt sich sogleich. Der Duft des ausgefahrenen Elefantenpenis scheint durch die verlängerte Nase direkt ins Gehirn des zweiten grauen Riesen gegangen zu sein und aktiviert nun auch dort die erogenen Zentren. Ein zweiter Rüssel wird ausgefahren. Zu weiterer Aktivität ist es den Beiden wohl zu heiß, und so werden wir um den Geschlechtsakt zweier schwuler Dickhäuter betrogen. Sie trotten nur gemächlich, sich gegenseitig betatschend, weiter den Hang hinauf, bis sie in der dichten Vegetation des anderen Flussufers verschwunden sind.

Horst ist ziemlich still geworden, ich fürchte, unter dieser schamlos angeberischen Demonstration von so viel imposanter Männlichkeit hat sein Ego gelitten. Der Arme, es muss wirklich schwierig sein für einen Mann, nach dem Anblick, eines zur vollen Größe ausgefahrenen Elefantenpenis, das eigene Teil noch irgendwie ernst zu nehmen.

Endlich kehren wir zu unserem Zelt zurück. Es steht noch. Wir sind allein, sowohl der Franzose, als auch die Amerikaner sind abgereist, und unser Holzvorrat liegt unangetastet neben der Decke. Wunderbar! Kurzerhand beschließen wir, den leergewordenen Platz des Franzosen zu übernehmen. Das praktische Igluzelt ist schnell umgestellt, und nun haben wir eine bessere Sicht auf den Fluss und außerdem vor dem Eingang einen dicken

Stamm, der beim Kartenspielen und Essen als Rückenlehne dient.

Apropos Essen, unsre Lebensmittelvorräte sind zuende. Ich fürchte schon, heute wohl hungrig schlafen gehen zu müssen, da zaubert mein vorausschauender Mann noch zwei Dosen Bohnen hervor, die er vor meiner selbstlosen Verschenkaktion im Samburu-Land in Sicherheit gebracht hat. Manchmal bin ich sehr froh, dass Horst einen so ausgeprägten Sinn fürs Essen hat.

Es ist noch hell, und so wollen wir vor dem Kochen noch den Fluss inspizieren, den wir gestern Abend nur als Silhouette haben erkennen können. Am anderen Ufer liegt ein großes, knorriges Stück Holz bewegungslos im roten Sand. Bei näherem Hinsehen stellt sich heraus, das Holz lebt, es ist ein Krokodil. Na hoffentlich hat es seine Mahlzeit in dieser Saison schon gehabt.

Die Anwesenheit des Reptils, macht mir wieder die nächtlichen Gefahren, die auf einem nicht eingezäunten, ungeschützten Campingplatz, mitten in der Wildnis, lauern können, bewusst. Wenn wir nicht den gesamten Staub Nordkenias in den Schlafsack tragen wollen, sollten wir duschen, bevor es dunkel wird. Mein Abenteuergeist verlangt nicht unbedingt danach, in undurchdringlicher Finsternis, auf dem Weg zur Wasserstelle, über einen lauernden Leoparden zu stolpern.

Frischpoliert lümmeln wir uns später auf der Decke, und genießen den Sonnenuntergang, während auf dem Feuer schon die Bohnen schmoren. Ach kann das Leben herrlich sein! Schwarz heben sich die Bäume von dem purpurnen Abendhimmel ab, und ich sauge genießerisch die Stimmung der beginnenden Nacht ein. Morgen früh verlassen wir diesen Platz und wer weiß, wann wir zurückkehren werden. Wieder ein Abschied und wieder will ich eigentlich nicht weg.

Bevor wir ins Zelt kriechen, leuchtet Horst mit der Taschenlampe noch einmal das gegenüberliegende

Flussufer ab, um nachzuschauen, ob unser Krokodil noch da ist, oder ob es sich gar schon auf dem Weg zu uns gemacht hat. Die Augen des Reptils reflektierten noch immer von der gleichen Stelle das Licht. Es hat sich nicht bewegt. Trotzdem ist es ein sonderbares Gefühl, sich in unmittelbarer Nachbarschaft dieses unheimlich funkelnden Augenpaares, das uns aus der Dunkelheit heraus anblitzt, schlafen zu legen.

16. Feb. 2002

Der letzte Morgen im Samburu-Nationalreservat. Die Affen haben uns netterweise in dieser Nacht wunderbar schlafen lassen, und auch das Krokodil hat keine Anstalten gemacht, seinen Platz auf der anderen Seite des Flusses zu verlassen, es liegt noch immer an exakt derselben Stelle wie gestern Abend, und unsre Körper weisen noch alle Gliedmaßen vollständig auf.

Gerade hat sich ein vorlautes Meerkatzenbaby eine gegarte Süßkartoffel geklaut, aber seinem Verhalten nach zu urteilen, hat sie ihm nicht besonders geschmeckt. Mir auch nicht, ich kann verstehen, warum das Gemüse, kaum dass der kleine Kerl den ersten Bissen gekostet hat, in hohem Bogen im Gras landet. Horst hat die dicken Knollen gestern, vor dem Schlafengehen, an den Feuerrand gelegt und mit heißer Asche zugedeckt, mit dem Erfolg, dass sie nun auf einer Seite verbrannt und auf der anderen noch roh sind. Nur ein teelöffelgroßes Stück in der Mitte ist genießbar. Na ja, jeder Meisterkoch hat mal einen schlechten Tag. Es gibt also wieder Tee und Kekse – gerade mal drei für jeden, um genau zu sein - dann ist unser Nahrungsmittelvorrat entgültig erschöpft.

Und auch diesen spärlichen Rest müssen wir mit Klauen und Zähnen verteidigen. Plötzlich überfällt eine Pavianhorde den Platz und jagt die kleinen Meerkatzen in die Flucht.

Eines der Männchen krallt sich unseren Abfallsack und bringt ihn vor dem Rest der Horde und vor Horst, der leider viel zu langsam hinter ihm her rennt, auf einem Baum in Sicherheit. Dort zerreißt er ihn nun, und unser gesammelter Müll ergießt sich auf die Stelle, auf der gestern noch unser Zelt stand. Mit lautem Gejohle stürzt sich der Rest der Truppe auf die verstreuten Schätze und verteilt sie großflächig auf dem gesamten Campingplatz. Fantastisch, nachher können wir den gesamten Dreck wieder zusammensuchen.

Die schwächsten Tiere, die bei der Jagd auf die Überreste menschlicher Zivilisation leer ausgegangen sind, wenden sich nun frustriert uns zu, um uns das ohnehin schon kärgliche Frühstück zu entreißen. Mit einem dicken Stock in der einen und der Teetasse in der anderen Hand, verteidige ich mühsam die Keksdose, während Horst schon wieder anderweitig beschäftigt ist. Die Autotür steht leichtsinnigerweise offen, als ein weiteres Pavianmännchen aufs Dach des Fahrzeugs springt. Es kann sich nur um Sekunden handeln, dann wird das Tier die geöffnete Tür entdeckt haben und sich ans Ausräumen unsres Autos machen. Horst, der sich nach dem verlorenen Wettrennen um den Müll, keine zweite Schlappe leisten will, stürzt sich laut brüllend, mit Knüppel und Machete bewaffnet, fest entschlossen, diesmal den Sieg davon zu tragen, auf den noch immer ahnungslos auf dem Autodach hockenden Affen, der neugierig versucht, die Quelle der sonderbaren Geräusche zu eruieren. Das Tier erschrickt zu Tode, als es den merkwürdig haarlosen Zweibeiner schreiend und wild mit den Armen fuchtelnd, auf sich zu stolpern sieht und räumt augenblicklich kampflos das Feld. Der

Zweibeiner hat gesiegt.

Mit stolzgeschwellter Brust kommt Horst zu mir zurück, nachdem er die Autotür geschlossen hat. Der Einfluss der Primaten scheint Spuren hinterlassen zu haben, sein Gesichtsausdruck lässt erwarten, dass er sich nun gleich gegen den Oberkörper trommeln und imponierende Grunzlaute von sich geben wird. Der Erfolg sei ihm gegönnt, sein männliches Ego, das gestern, beim Anblick der Elefantenpenisse so arge Beulen davongetragen hat, kann sicher gut ein paar Streicheleinheiten vertragen.

Als der Überfall der Primaten endlich sein Ende findet und die Tiere sich auf die umliegenden Bäume zurückziehen, machen wir uns daran das Schlachtfeld wieder aufzuräumen. Endlich sind auch unsre Brauchwasserkanister wieder gefüllt - das heißt alle bis auf einen, der hat nur noch ein paar Tropfen abgekriegt, dann war das Wasser alle -, das Zelt ist im Auto verpackt, und der Platz liegt wieder da, als habe ihn nie ein Mensch betreten. Wir sind abfahrbereit. Adieu du idyllisches Plätzchen, mögen andere, die nach uns kommen, unter dem Schatten deiner Bäume ausruhen, am Ufer des friedlich dahinfließenden Flusses Ruhe finden und deine aufdringlichen Affenhorden mit Abfall versorgen.

Wir überqueren die kleine Brücke, die die Reservate voneinander trennt und werfen einen letzten Blick auf den Fluss. Noch einmal geht es durch ausgedehnte Sumpfgebiete mit Zebra- und Gazellenherden und mit den knorrigen Warzenschweinen, die wieder eilig vor uns die Flucht ergreifen. Wir stören sie nicht länger. Wir verlassen das Reservat durch das Ngare Mara Gate.

Wehmut macht sich breit, als wir durch die nun wieder trockne Landschaft fahren, zurück nach Isiolo. Bisher haben wir uns auf unsrer Reise immer vorwärts, oder wenigsten im Kreis bewegt. Zum ersten Mal legen wir nun einen Weg ein zweites Mal zurück, nur in umgekehrter Richtung. Dieses Zurückfahren, dieses Gefühl, etwas entgültig hinter sich zu lassen, macht mir schmerzlich klar, dass dieser Urlaub nicht ewig dauern wird. Wenn ich die vergangenen Tage Revue passieren lasse, kann ich kaum glauben, dass es nicht einmal ganz zwölf waren. So viel haben wir erlebt, so weit scheint mir Berlin, als sei es ein anderes, früheres Leben, das ich dort gelebt und das ich fast vergessen habe. Erschreckend wird mir klar, dass es nur noch knapp neun Tage sind, die vor uns liegen, und ich könnte heulen. Ich messe die neun Tage mit meinem gewohnten Zeitgefühl, dabei völlig vergessend, dass ein Tag in Afrika viel länger zu sein scheint, als zuhause.

Deprimiert sitze ich neben Horst und ergebe mich meinem Abschiedsschmerz, als seien wir schon auf dem Weg zum Flugplatz, wo der Vogel, der uns nach Deutschland bringen soll, gerade aufgetankt würde. Schließlich wird es meinem Mann zu dumm. Vier Siebtel des Urlaubs seien vorbei, aber drei Siebtel hätten wir noch vor uns, rechnet er mir vor und meint, ich solle mich nicht so anstellen. So kenne ich ihn gar nicht, Zahlen sind sonst nicht gerade seine Stärke. Woher auf einmal dieses rechnerische Talent? Aber mir wird klar, dass er Recht hat. Also gut, ich reiße mich zusammen, und als wir in Isiolo ankommen, habe ich mein Tief überwunden und freue mich auf einen weiteren Ritt, morgen mit Ray und Jonas.

Kurz vor der Stadt, halten wir bei einer Art Souvenirmarkt. Irgendetwas muss ich mitnehmen von hier, etwas das ich anfassen und an die Wand hängen kann, ein kleines Stück Afrika, das mich im heimischen Wohnzimmer an die Nächte im Busch erinnert.

In einem riesigen Zelt werden Masken, Schilde, Speere, Tücher, und andere Gebrauchsgegenstände der Maasai, der Turkana und der Samburu angeboten. Davor sind ein paar Plastiktische aufgebaut, und der freundliche

Besitzer eilt auch schon geschäftstüchtig auf uns zu und fragt, ob wir etwas zu trinken wünschten. Wir bestellen zwei Cola und begutachten die ausgestellte Ware.

Mein Blick fällt auf einen Gegenstand, den ich für eine Trommel halte. Der Verkäufer klärt mich über meinen Irrtum auf. Die »Trommel« lässt sich öffnen und stellt sich als Behälter heraus, in den die Samburu-Nomaden das Gemisch aus Blut und Butter einfüllen, das ihre Verpflegung bedeutet, wenn sie den ganzen Tag mit ihren Viehherden im Busch unterwegs sind, um Nahrung für die Tiere zu suchen. Der Behälter sieht eindeutig gebraucht aus. Er erzählt von dem kärglichen aber freien Leben der Nomaden, und ich kann mir gut vorstellen, dass er, über dem Kamin hängend, helfen wird, Erinnerungen zurückzuholen und die Bilder von Dornenbüschen auf verdorrter Erde wieder vor mir lebendig werden zu lassen, wenn ich ihn im österreichischen Winter betrachten werde.

Horst liebäugelt mit einem Musikinstrument, das eine Mischung aus Laute und Lyra darstellt. Auf deutsch beraten wir uns und beschließen beide Dinge mitzunehmen. Nun beginnen die Verhandlungen, das Spiel der Argumente, des geschickten Bluffens und des Jammerns, das die ganze Palette echter und vorgetäuschter, menschlicher Gefühle mit einbeziehen kann. Horst und ich haben nach langer Übung mittlerweile eine Taktik entwickelt, die sich als sehr brauchbar erwiesen hat.

In einer Art Abwandlung des »Guter-Bulle-Böser-Bulle-Spiels«, übernimmt Horst die Rolle des kühlen Rechners - eine Rolle, von der in Wirklichkeit kaum ein Mensch auf dieser Erde weiter entfernt sein könnte, als er - der die Urlaubskasse verwaltet. Ich stelle die unterwürfige Ehefrau dar, die bei dem großen Macho Bitte-Bitte machen muss, wenn sie irgendwelche Ausgaben tätigen will.

Diese Methode hat den Vorteil, dass ich mich nicht andauernd verstellen muss, sondern mein Interesse und meine Begeisterung offen zeigen kann, ohne dass der Verkäufer daraus irgendwelchen Nutzen ziehen kann. Ich bin schließlich nicht der eigentliche Verhandlungspartner, ich habe kein eigenes Geld. Horst scheidet als Ansprechpartner aber ebenso aus, da er angeblich leider überhaupt kein Englisch spricht. All die gut ausgedachten Argumente des geübten Verkäufers, verpuffen aufgrund der Tatsache, dass ich ja bereits absolut kaufwillig, nur leider nicht imstande bin, meinen Mann, der die wohlformulierten Ausführungen des armen Kerls nicht versteht, erweichen zu können.

Solch eine Verhandlung kann sich einige Zeit hinziehen. Man wechselt immer wieder das Thema und tauscht Belanglosigkeiten aus, oder stellt Fragen über die jeweilige Herkunft und den Familienstand des Anderen. Unser Verhandlungspartner ist positiv überrascht, als er hört, woher wir kommen. Österreich kennt er nicht, aber seine Erfahrungen mit Deutschen beschränken sich auf die Busladungen eines bekannten deutschen Reiseunternehmes, die auf dem Weg zum Samburu-Nationalreservat hier abgesetzt werden, um als Horde dem gemeinschaftlichen Souvenir-Kauf nachzugehen.

„... we are not very happy with them, you know?" meint er vorsichtig höflich. Man könne sich mit ihnen einfach nicht unterhalten, ob wir denn kein Englisch in der Schule lernten, will er wissen. Doch, denke ich, das Angebot ist da, aber unsere Kinder haben verlernt den Wert der freien Bildung zu schätzen und nutzen es oft nicht. Und dann, wozu braucht ein Pauschaltourist schließlich Englisch? Sein Reiseleiter spricht deutsch und selbständig organisieren muss er nichts. Kein Wunder, dass unser Gegenüber nicht gerade verwöhnt ist, was die Verständigungsfähigkeiten seiner Kunden angeht.

Erfreut, endlich die Gelegenheit zu haben, seine eigenen

Wissenslücken über Deutschland schließen zu können, will er wissen, wie hoch der Preis sei, den man in meinem Land für eine Ehefrau zahlen müsse. Er kann es kaum fassen, als er hört dass die in Deutschland kostenlos zu haben sind. Sehr weit dürften seine bisherigen Konversationen mit meinen Landsleuten tatsächlich nicht gediehen sein.

Ich dämpfe seine Begeisterung angesichts der aus seiner Sicht paradiesischen Zustände in Europa etwas, indem ich ihn darauf aufmerksam mache, dass deutsche Ehefrauen ihn in der Erhaltung aber eindeutig teurer kämen als afrikanische. Er versteht den Wink und hat Mitleid mit meinem von mir geschröpften Ehemann und akzeptiert schließlich unser letztes Preisangebot. Außerdem schenkt er mir zum Abschluss noch eine afrikanische Rassel für meine Kinder. Zwar habe ich ihm vorher erzählt, dass diese schon seit einiger Zeit aus dem Krabbelalter heraus seien, aber er ist offensichtlich der Ansicht, meine Gebärtätigkeit könne unmöglich schon zuende sein.

Im Gegenzug bekommt er einen Kugelschreiber, und Seife und Haarshampoo für seine Frau. Am Ende sind alle zufrieden. Es war ein für beide Seiten fairer Handel. Wir haben einiges voneinander erfahren, einander kennen gelernt und gemeinsam gelacht.

Sicher, in einem modernen Souvenir-Geschäft in Nairobi, hätte ich weniger Zeit gebraucht, um die Erinnerungen zu erstehen, aber abgesehen davon, dass ich mit Sicherheit mehr bezahlt hätte, hinge nicht diese Geschichte daran. Die lange, interessante Verhandlung erhöht letztlich den Wert, den die Souvenirs für mich haben.

Peter Scholl-Latour hat einmal, im Rahmen eines Interviews, einen seiner arabischen Freunde zitiert, der den Standpunkt vertrat, die Industrieländer machten aus dem Handel das, was eine Prostituierte aus der Liebe machte. Ich denke, ich verstehe jetzt, was dieser Araber gemeint hat.

Unser zweiter Besuch in Isiolo, unterscheidet sich deutlich von dem ersten. *Wir* unterscheiden uns. Wir bewegen uns freier, selbstsicherer. Afrika scheint uns vertraut geworden. Wir sind nicht mehr ganz so neugierig-staunend, wie noch vor wenigen Tagen, aber auch weniger nervös. Wir kennen die Straßen und haben unsre hysterische, völlig übertriebene Angst vor Taschendieben, auf ein vernünftiges Maß an Vorsicht reduziert. »Wie immer« essen wir im Bomen, diesmal beide Currystew mit Ugali, und fühlen uns als gehörten wir hierher, als lebten wir in diesem Land und würden regelmäßig, auf unsrem Weg nach Norden, in der Stadt halt machen, um zu Mittag zu essen. Ich koste diese Illusion gründlich aus und fühle mich der dummen, unerfahrenen Esther von vor drei Tagen hemmungslos überlegen. Sogar die Straßenhändler scheinen die Veränderung, die mit uns vorgegangen ist, wahrzunehmen. Wir werden nicht belästigt. Niemand versucht uns Schmuck oder Speere anzudrehen.

Ich bin nicht weiter überrascht von diesem Verhalten. Wahrscheinlich haben die geübten Verkäufer die Erfahrung gemacht, dass höchstens bei ahnungslosen Touristen das aufdringliche Anbiedern unter Umständen Erfolg versprechen kann - uns jedoch, habe ich gerade zu weißen Siedlern befördert.

Nach dem Mittagessen geht es weiter durch die abwechslungsreiche Landschaft, die sich uns diesmal in umgekehrter Reihenfolge zeigt. Aus den trocknen, herben wüstenähnlichen Gegenden, führt der Weg hinauf in die grünen Ausläufer der Nordhänge des Mount Kenia, bis zu den gelben Weizenfeldern in der Gegend um Nanyuki, wo wir, wieder im Settler´s Store, unsre Lebensmittelvorräte auffüllen. Bohnenkonserven, einige Dosen Cornedbeef, Reis, Trinkwasser, Teebeutel, Obst und Gemüse, und natürlich darf auch eine Großpackung Kekse nicht fehlen.

Auch hier lassen uns die Jungs mit den Kupferarmbändern und Masken völlig unbeachtet. Es ist erstaunlich., wie sehr sich das Verhalten unseres Umfeldes ändert, nur weil wir selbst uns verändert haben. Vielleicht liegt es an den harten Lebensbedingungen dieser Menschen hier, daran, dass es ihnen nur mit offenen Augen und wachen Sinnen gelingt, sich durch den Alltag zu schlagen, dass sie die kleinsten Zeichen zu deuten verstehen und allein an unserem entschlosseneren Schritt ablesen können, dass wir als Käufer ihrer Souvenirs nicht mehr in Frage kommen. In einem Land, in dem nur wenig Reglementierung den Bewohnern die Eigenverantwortung abnimmt, in dem sie kein soziales Netz schützt und der Existenzkampf täglich andere Anforderungen stellt, müssen die Menschen wohl aufmerksamer durchs Leben gehen, als wenn ihr Alltag lediglich darin besteht, morgens über zwei Fußgängerampeln zur U-Bahn zu gehen, nach einem 8-Stunden-Tag im Büro, zuhause den Fernseher einzuschalten und am Monatsende auf der Bank ihr Gehalt vorzufinden. So viele Vorteile die gutorganisierte Wohlstandsgesellschaft auch bieten mag, sie macht träge, unflexibel und stumpf. In Afrika sind die Menschen wacher, sensibler. Sie nehmen einander noch wahr - nicht immer aus edlen Motive heraus, wie ich zugeben muss, auch ein Taschendieb nutzt seine aufmerksame Beobachtungsgabe, um ein lose steckendes Portemonnaie zu erspähen; aber die gleiche Aufmerksamkeit, die dem Dieb nützlich ist, lässt auch immer wieder, wenn wir mit offenen Wagentüren am Straßenrand stehen, um ein Foto zu machen, wildfremde Menschen anhalten und sich erkundigen, ob wir Hilfe bräuchten. Da habe ich sie wieder, die zwei Seiten derselben Medaille, die ich nur zusammen akzeptieren kann. Afrika ist, vielleicht mehr als jeder andere, ein Kontinent, der unseren dualistischen Denkansatz in Frage stellt.

Es regnet über den Abadares. Große, bedrohliche Wolkenmassen türmen sich, als eine dunkle Wand, über der Bergkette auf, reißen auseinander und ergießen sich auf die, das Wasser gierig aufsaugende, trockne Erde. Obwohl wir sicher noch fünfzig Kilometer von der Wolkenwand entfernt sind, können wir den Regen förmlich sehen. Es müssen wahre Sturzbäche sein, die dort auf die Felder niedergehen. Es ist ein beeindruckendes Schauspiel. Ich habe schon viele Gewitter gesehen, aber das hier ist mir neu. Während wir noch immer in strahlendem Sonnenschein fahren, hat sich weit vor uns ein Stück schwarzer Himmel über die Erde geschoben und öffnet sich nun in der Mitte zu einem schmalen Spalt, aus dem das Wasser wie ein breiter, schwerer Vorhang auf die Welt herunterfällt. Fasziniert betrachten wir, wie die Öffnung größer und größer wird, während sie den Regenvorhang speist, und den Blick auf den weißen Himmel freigibt, der hinter der düsteren Schicht aus kondensierter Feuchtigkeit liegt.

Wir fahren dem Regen entgegen, und Horst hofft, dass wir ihn erreichen, bevor die Wolken sich ihrer gesamten Ladung entledigt haben. Das Auto bräuchte dringend wieder mal eine Wäsche, meint er. Die ursprüngliche Farbe ist tatsächlich nicht mehr zu erkennen. Unser Gefährt zeigt die Fähigkeiten eines Chamäleons. In ein undefinierbares Gemisch aus gelbem, braunem und rotem Staub gehüllt, hat es sich perfekt an seine Umgebung angepasst.

Horsts Wunsch geht in Erfüllung. Als wir bei Ray und Jonas ankommen, haben auch die Ausläufer der Regenfront gerade die Farm erreicht. »You´re bringing the rain«, begrüßt uns Jonas strahlend und ich bin irritiert über die Freude, die in seiner Stimme liegt. Ich bin es gewohnt, nur bei mitgebrachtem Sonnenschein Begeisterung zu ernten. Aber wir sind in Afrika, hier bedeutet Regen Leben. Die Felder, die Weiden, Mensch und Tier, alles lechzt nach dem kostbaren Wasser, das die Brunnen wieder anfüllt und der Natur Nahrung gibt, damit sie wachsen und dann ihrerseits ernähren kann.

So kommen wir unverdienterweise in den Genuss eines besonders herzlichen Empfanges.

Während Jonas Tee kocht, sitzen wir mit Ray auf der Terrasse, erzählen von unseren Erlebnissen und schauen zu, wie unser Auto langsam wieder in seinen Urzustand zurückverwandelt wird. Trotz des zugezogenen Himmels, ist es angenehm warm, und zwei Sonnenschirme sorgen dafür, dass wir trocken bleiben. Es ist schön nach Hause zu kommen.

Der Guss ist bald vorüber und die Erde dampft, als die Sonne das niedergegangene Wasser wieder verdunsten lässt. Wir entschließen uns, nicht zu Peters Farm weiterzufahren, sondern hier unser Nachtlager aufzuschlagen. Heute Nacht werden wir uns den Luxus gönnen, ein Zimmer zu nehmen. Die *Kamaruta Ranch,* kann es zwar stilistisch nicht mit dem schwäbischen Traumhaus aufnehmen, aber Rays und Jonas´ Gesellschaft machen den Mangel an Gemütlichkeit, den die afrikanische Vorstellung von schönem Wohnen angerichtet hat, mehr als wett. Außerdem sind die Zimmer deutlich billiger, als Peters Gästebungalows, und die Tatsache, dass wir morgen direkt von hier losreiten können, bietet den Vorteil, dass die Pferde nicht erst zum Ausgangspunkt gebracht werden müssen.

Ray wohnt im oberen Stock, des zweigeschossigen Gebäudes, in dem auch der afrikanische Besitzer sein Schlafzimmer hat. Außer der Küche und der Terrasse, gibt es ein völlig überdimensioniertes Wohnzimmer, von dem sämtliche weiteren Räume abgehen, und das an Ungemütlichkeit kaum zu überbieten ist. Afrikaner scheinen eher dazu geneigt zu sein, ihren Reichtum mit Größe als mit Stil zur Schau zu stellen - oder das, was wir Stil nennen, deckt sich nicht mit dem, was unter Kenyatta reich gewordene Kikuyus darunter verstehen.

Die wenigen Möbel und der Fernseher, die sich in dem riesigen Raum fast verlieren, erwecken eher den Anschein, als befände man sich in einer hoffnungslos unmodern eingerichteten, europäischen Wartehalle, als in einem afrikanischen Wohnzimmer.

Keine Maske, keine Trommel, kein Schild oder Speer schmücken die kahlen Wände. Nicht ein einziger afrikanischer Gegenstand erinnert daran, dass der Besitzer ein Einheimischer ist. Vielleicht ist gerade das beabsichtigt. Vielleicht glaubt er, mit der Verleugnung seiner eigenen Kultur, seinen fortschrittlichen Geist unter Beweis zu stellen. Vielleicht ist aber dem Erben dieses Hauses, dessen Hauptbeschäftigung darin zu bestehen scheint, in der eigenen Kneipe, die sich direkt unter der Terrasse befindet, der beste Kunde zu sein, auch nur ganz einfach egal, wie sein Wohnzimmer ausschaut. Ich habe keine Ahnung. Ich weiß nur, dass dieser wenig einladende Raum kein Ort ist, an dem man sich lange aufhalten will - muss man aber auch nicht. Dank der afrikanischen Temperaturen, kann man seine Mußestunden getrost, auch bei Regen oder nach Sonnenuntergang, auf der Terrasse verbringen.

Auch das Zimmer, das Jonas inzwischen für uns vorbereitet hat, würde bequem einer Großfamilie Platz bieten. Es stehen gleich zwei Doppelbetten darin, und zwei weitere könnte man problemlos dazustellen, es wäre noch immer möglich, Tanzstunden auf dem verbleibenden Raum zu veranstalten. Immerhin hängen hier Bastmatten an den Wänden und das Mobiliar ist aus Holz, was dem Schlafzimmer wenigstens einen Anflug von Gemütlichkeit verleiht. An die Enge in unserem kleinen Zweimannzelt gewöhnt, erscheint uns dieses verschwenderisch dimensionierte Schlafzimmer trotzdem irgendwie lächerlich, und wir fühlen uns etwas verloren. Um den Raum irgendwie in Besitz zu nehmen, beschließen wir erst einmal zu duschen und verteilen unsre ausgezogene, staubige Kleidung, gleichmäßig im gesamten Zimmer. Jetzt sieht es wenigsten bewohnt aus.

Jonas hat schon das Wasser angeheizt und mir mitgeteilt, es sei in fünf Minuten warm. Er hat vergessen dazuzusagen, dass es in sieben Minuten heiß, und in zehn Minuten kochend ist. Ich stehe mit eingeschäumten Haaren im Bad, während Horst versucht, mit einer leeren Flasche, kaltes Wasser vom Waschbecken zu zapfen, um es mir, mit dem von der Dusche vermischt, über den Kopf zu gießen. Er verbrüht sich die Finger. Auch dieser Hahn gibt nur siedendheiße Flüssigkeit von sich. Es gibt nur eine Leitung. Selbst die Klospülung funktioniert, wahrscheinlich weltweit einzigartig, nun mit abgekochtem Wasser. Da sage noch mal einer, in Afrika ließen die hygienischen Verhältnisse zu wünschen übrig.

Ich gebe auf und versuche, mit Hilfe des Handtuchs, meine Haare notdürftig vom Schaum zu befreien. Beim Abendessen hat Jonas nichts Besseres zu tun, als mein Missgeschick mit schallendem Gelächter zu kommentieren. Klar, mit seiner kurzgeschorenen Stoppelfrisur, kann er natürlich nicht ermessen, was es heißt, morgen mit einem schulterlangen, verklebten Filz aufzuwachen.

Wir ziehen uns bald zurück, um die ungewohnte Bewegungsfreiheit eines freistehenden Doppelbettes ausgiebig nutzen zu können und später erschöpft, aber befriedigt in weißen frischgewaschenen Laken einzuschlafen.

8.00 Uhr, strahlender Sonnenschein weckt uns nach einer langen, erholsamen Nacht.

Die Überprüfung der Wassertemperatur ergibt, ich habe die Chance meine Haare zu entfilzen, wie wunderbar!!

Horst freut sich über einen autofreien Tag und ist wenig geneigt, seinen gerade eben erst halbwegs verheilten Hintern wieder der Tortour eines 4-Stundenrittes auszusetzen. Sich noch faul in den weißen Laken räkelnd, will er wissen, ob es mir viel ausmachen würde, wenn er sich vom Bett aus direkt auf die Sonnenliegen im Abadare Country Club wälzen würde. Ich habe keinerlei Probleme mit seiner Entscheidung. Wenn er es vorzieht auf das Abenteuer eines Buschrittes zu verzichten, bitte, soll er sich toasten lassen. Dann kann wenigsten einer von uns zuhause mit Ganzkörperbräune aus Afrika protzen. Obwohl, im Februar wird er, fürchte ich, nicht allzu viel Gelegenheit haben, seinen goldgetönten Prachtkörper der Öffentlichkeit zu präsentieren.

Beim Frühstück führen wir mit Ray eine angeregte Diskussion, über die politische Situation in Kenia. In diesem Jahr stehen Wahlen bevor, und ich möchte wissen wie er die derzeitige Regierung Mois beurteilt. Ray ist sehr vorsichtig. Sicher, es gäbe Korruption, aber die habe es auch unter Kenyatta gegeben. Zwar sei unter seiner Führung, zum Beispiel die Infrastruktur deutlich besser in Schuss gewesen, man dürfe aber auch nicht vergessen, dass ihm das Land direkt von den Engländern übergeben worden sei, die Straßen, Schulen und Krankenhäuser ganz einfach in weit besserem Zustand hinterlassen hätten, als sie Präsident Moi zum Zeitpunkt seines Amtsantritts, fünfzehn Jahre später, vorgefunden habe.

Auch Tribalismus sei unter Kenyatta ebenso ein Problem gewesen, wie heute unter Moi. Damals sei das von den Engländern freigegebene Land unter den Kikuyus aufgeteilt worden, und heute bekämen eben die Kalinjin gute Positionen in Regierungskreisen zugeschanzt und hätten bessere Chancen auf Arbeitsplätze.

Plötzlich springt, mit lautem Krachen, die Tür vom Schlafzimmer des Besitzers auf. Der Hausherr stürmt, wie ein aufgestachelter Stier in eine spanische Arena, zum Frühstückstisch und lässt sich auf den freien Stuhl neben mir fallen, um mit vom Alkohol der letzten Nacht noch geröteten, glasigen Augen, zu einem Statement anzuheben. Er muss Rays vorangegangene Ausführungen von seinem Zimmer aus mitverfolgt haben und dürfte nun der Ansicht sein, wir seien völlig falsch informiert worden. Ohne sich mit lästigen Höflichkeitsformeln oder auch nur einem simplen »Guten Morgen«, aufzuhalten, bombardiert er uns mit einer 10-minütigen Schimpftirade auf die derzeitige Regierung im Allgemeinen und Präsident Moi im Besonderen. Scheinbar ohne Luft zu holen, drischt der Mann in rasendem Tempo seine feurigen Worte auf uns nieder, und ich habe Mühe auch nur die Hälfte der leidenschaftlichen Rede mitzubekommen. Spuckend und schnaubend beschwert er sich über überhöhte Steuern und behauptet die Kalinjin, die jetzt das Sagen hätten, seien von jeher Hirten gewesen und hätten keine Ahnung von Ackerbau. Die Wirtschaft läge danieder, und Schuld an allem sei Moi, der mit der Bevorzugung seiner Stammesangehörigen, lauter unfähige Idioten in seine Regierung geholt habe.

Es folgt eine Lobeshymne auf Kenyatta, unter dem angeblich alles besser gewesen sei. Niemand von uns versucht ihn zu unterbrechen. Es wäre wohl auch ein hoffnungsloses Unterfangen. Der Mann ist derartig in Fahrt, dass ich fürchte, er müsse jeden Augenblick die Augen verdrehen und mit einem Kreislaufkollaps zu Boden stürzen. Uns bleibt nichts, als mit offenen

Mündern und verständnislosen Gesichtsausdrücken, diesem absurden Ausbruch zu folgen und einfach abzuwarten. Wir werden überrollt von donnernden Beteuerungen, der erste Präsident Kenias habe nur dann Angehörige seines eigenen Stammes in die Regierung geholt, wenn sie auch die nötigen Qualifikationen für einen entsprechenden Ministerposten aufzuweisen gehabt hätten.

So plötzlich, wie das dramatische Wortgewitter über uns herein gebrochen ist, bricht es auch wieder ab. Als würde er auf die in der Luft liegende Frage, die zu stellen er mir gar nicht erst die Gelegenheit lässt, antworten wollen, beendet der Wahnsinnige das Trommelfeuer seiner Sätze mit dem stolzen Bekenntnis: »..and yes, I´m a Kikuyu!« Dann verstummt er und beginnt in aller Ruhe zu frühstücken.

Als hätte es dieser letzten Aussage noch bedurft!

Minutenlang spricht niemand ein Wort. Wie gelähmt starren wir auf unsere Teller und wagen nicht das Lachen, das uns angesichts dieses grotesken Auftritts in den Kehlen kitzelt herauszulassen. Bis Horst, der bisher nur das Komische der Situation, nicht aber den Inhalt dieses plötzlichen, völlig unerwarteten Ausbruchs mitbekommen hat, um Übersetzung bittet, die ich ihm gerne liefere. Solange ich deutsch spreche, muss ich nicht fürchten, neuerlich den Widerspruchsgeist des Hausbesitzers zu wecken, und ihn zu einem zweiten Donnerwetter zu reizen. Meine Sorge dahingehend stellt sich allerdings als völlig unbegründet heraus. Der Stier scheint ausgepowert und jegliches Interesse an uns verloren zu haben. Er mischt sich auch dann nicht mehr in die Unterhaltung ein, als wir langsam wieder zum Englischen übergehen und die Konversation mit Ray erneut aufnehmen. Er hat alles gesagt, was zu sagen war. Nun kaut er nur noch schweigend und stumpfsinnig vor sich hinstarrend, an seinem Frühstück herum, bis er nach einiger Zeit, genauso übergangslos wie er erschienen ist, ohne uns eines weiteren Wortes zu würdigen, aufsteht und wieder in sein Zimmer verschwindet.

Noch immer wagen wir nicht, laut zu lachen über diesen sonderbaren Auftritt, der Stier könnte uns hören, aber wenigstens dürfen wir endlich unsere Gesichtsmuskeln entspannen und ihnen ein verschwörerisches Grinsen erlauben.

Nachdem wir das Frühstück beendet haben, teilt Ray uns mit, er habe Papierkram zu erledigen und könne uns ebenfalls nicht auf unserem Ritt begleiten. Ich werde also alleine mit Jonas auf Elefantenpirsch gehen.

Auch gut, mir ist alles recht, solange ich nur einen weiteren Vormittag im Busch verbringen darf, ohne durch klimatisiertes Blech von der Natur abgetrennt zu sein.

Weit und breit ist keine Koppel zu entdecken, und ich frage mich, von wo, um alles in der Welt, Jonas die Pferde herschaffen muss. Des Rätsels Lösung zeigt sich bald - sie kommen ganz von selbst. Pünktlich als wüssten sie, dass sie eine Verabredung haben, trotten die Tiere, kaum dass wir das Frühstück beendet haben, im Gänsemarsch durch den Vorgarten und stellen sich, bemerkenswert diszipliniert, hinter dem Haus in wohlgeordneter Schlange auf, um ihre tägliche Ration Kleie zu bekommen. Jonas bindet die beiden Pferde, die für unseren Ritt vorgesehen sind, an einen Holzpflock, und der Rest der Herde verschwindet, nach der Fütterung, wieder völlig friedlich durch die Lücke im blühenden Beet, erstaunlicherweise, ohne die bunten Blumen als Dessert zu genießen. Nicht eines einzigen Blickes würdigen sie die Gartenpflanzen. Zielstrebig wandern sie geradewegs zurück in die Wildnis.

Ohne von Zäunen begrenzt zu werden, suchen sie ihr Futter selbständig auf den weiten Grasflächen, die die Farm umgeben. Sie wandern auf ihrer Nahrungssuche gemeinsam mit Zebra- und Gnuherden über freies Land. Welch ein herrliches Leben für ein Pferd, uneingeschränkt seiner Natur folgen zu können, im Verband der Herde über grüne Ebenen zu galoppieren, am Fluss zu trinken und sich den ganzen Tag der Beschäftigung des Fressens hingeben zu dürfen; und welch ein herrliches Leben auch für den Besitzer, kein Stallausmisten, kein Heuballen-Schichten, nur einmal am Tag ein wenig Füttern, um die Bindung an den Menschen zu erhalten.

Endlich sitze ich wieder auf meinem Hengst. Ach es ist herrlich! Ganz Afrika möchte ich so bereisen, frei sein, die Sonne auf meiner Haut spüren und, warme Morgenluft einsaugend, die atemberaubende Schönheit unendlicher Weiten genießen.

Lange reiten wir still. Die kleinen Flüsschen führen jetzt, nach dem Regen, weit mehr Wasser, als bei unserem letzten Ausflug, und ihr Rauschen klingt noch lange nach, wenn wir sie schon längst durchquert und hinter uns gelassen haben. Es ist so friedlich. Ein Kronenkranich-Pärchen versucht verschreckt seinen Nachwuchs vor uns zu beschützen. Die Kleinen können noch nicht fliegen, also bleiben auch die Eltern am Boden. Aufgeregt flatternd, bringen sie sich zwischen die Pferde und ihre Jungen und versuchen die Zöglinge hinter ihren weit ausgebreiteten Flügeln zu verstecken, ungeachtet der Tatsache, dass sie nun selbst in den Mittelpunkt der vermeintlichen Gefahr geraten. Es ist ein rührendes Schauspiel beispielhaften Elternverhaltens im Tierreich. Wir lassen die schönen Vögel schnell in Ruhe, um sie nicht unnötig in Panik zu versetzen.

Der Ritt unterscheidet sich deutlich von den beiden ersten. Jonas kennt inzwischen mein Reitniveau und weiß, dass er bedenkenlos jedes Tempo anschlagen kann, das ihm gerade recht ist. So kann auch er sich dem Vergnügen der Landschaftsbetrachtung hingeben, ohne Rücksicht auf einen schwachen Reiter nehmen zu müssen.

Das Reiten selbst wird zur Nebensache, die Natur in all ihrer frischen, morgendlichen Schönheit zur Hauptsache. Gemächlich nebeneinander trabend, genießen wir beide die Stille des weiten Landes. Keine angelegten Wege, keine Strommasten, nichts lässt erahnen, das diese Gegend je von Menschen besucht worden ist. Ab und zu weist mich Jonas auf eine Herde Gnus, oder einen Elenantilopenbock hin, der einsam im Schatten eines Baumes ruht, oder er zeigt mir die abenteuerlichen Kreuzungen zwischen Pferd und Zebra, die irgendein Witzbold hier zuwege gebracht hat, die sich aber als unreitbar herausgestellt haben, was zur Folge hat, dass sie, in die Wildnis entlassen, nun eine neue Spezies in der Tierwelt des kenianischen Hochlandes darstellen.

Irgendwann unterbreche ich das Schweigen. Der Maasai neben mir interessiert mich, ich möchte mehr über sein Leben und seine Denkweise erfahren. Die Gunst der Stunde, allein mit einem Angehörigen dieses Nomadenvolkes unterwegs zu sein, nutzend, stelle ich Fragen und Jonas gibt mir bereitwillig Auskunft. Er erzählt von seinem Heimweh nach den grünen Hügeln der Loita Hills, von seinen Freunden, die er schmerzlich vermisst, von seiner Familie und den Rindern, die ihm mehr zu fehlen scheinen als alles andere. Ich bekomme einen tiefen Einblick in die Gefühle, die die Maasai für ihr Vieh hegen, aber auch in die Ursachen, die dieser Bindung zugrunde liegen. Alle Gedanken im Leben der Nomaden drehen sich in der Hauptsache um die Tiere. Sie sind der absolute Mittelpunkt, ihnen gilt alle Liebe, Sorge und Aufmerksamkeit im Leben eines Maasai. Sein gesamtes Tun ist auf die Erhaltung und Vermehrung der Herde gerichtet. Die Anzahl der sich im Besitz eines Mannes befindlichen Tiere entscheidet über sein Ansehen. Nahrung und Währung zugleich, bedeuten sie die gesamte Lebensgrundlage. Wie auch die Samburu, ernähren sich die Maasai von Blut, Milch und, zu besonderen Anlässen, vom Fleisch ihrer Herden; der Brautpreis wird in Rindern gezahlt, Vergehen werden mit der Gabe von Vieh gesühnt, selbst ein Menschenleben, ausgelöscht im Streit oder durch einen Unfall, wird aufgewogen in Kühen, die an die Familie des Verstorbenen zu zahlen sind. Der Glaube der Maasai besagt, dass Gottes Willen zufolge, alle Rinder der Welt in ihren Besitz gehören. In früheren Zeiten sind die *Moran*, die Krieger, also Jonas Altersstufe, auf Raubzüge gegangen, um bei anderen Stämmen das Vieh zu plündern, eine Tradition, die die Regierung im modernen Kenia mittlerweile unter Strafe gestellt hat. Jonas´ Vater hat die Zeichen der Zeit erkannt und seinen Sohn zur Schule geschickt, damit er nun auf legale Weise das Ansehen der Familie erhöhen kann.

Jonas erzählt mir, er arbeitete bei Ray, um das Geld für zwölf Kühe zu verdienen. So viele brauche er, um den Brautpreis für das Mädchen zu zahlen, das für ihn bestimmt ist. Er habe erst sieben, und um eine Familie zu gründen und erhalten zu können, benötige er eigentlich weit mehr Tiere als zwölf. Ich fürchte, er hat noch einen langen Weg vor sich, bis er sein Ziel erreicht haben wird.

Ich erfahre, wie die Wahl der Braut zustande gekommen ist. Bei den Maasai suche sich ein junger Mann nicht das Mädchen aus, sondern die Familie in die er einheiraten will, erzählt Jonas. Lange gewachsene Freundschaften zwischen den einzelnen Clans und Ansehen, also Größe der Herde im Besitz der Wunschfamilie, spielten dabei, als Kriterien, eine Rolle.

Wenn der Vater des zukünftigen Bräutigams mit der Wahl des Sohnes einverstanden sei, gehe der Junge zum Oberhaupt des betreffenden Clans, trage sein Ansuchen vor und bekomme, im Fall, dass man sich auf einen Brautpreis einigen könne, von diesem ein Mädchen zugeteilt.

Ich kann mir nur schwer vorstellen, dass ein junger

Mann, in Jonas´ Alter, wirklich begeistert von einer derart arrangierten Ehe sein kann, aber auf meine dahingehende Frage erklärt er überzeugt, Alter und Aussehen seiner Braut seien ihm völlig egal, sie müsse nur gut zu seinen Tieren sein.

Er ist wohl schon früher mit dem ungläubigen Staunen sich in seiner Obhut befindlicher Touristen konfrontiert worden, die in Anbetracht seiner modernen Erscheinung, nicht fassen konnten, dass sich hinter Jeans und T-Shirt ein nach wie vor ein, seinen Traditionen verschriebener Maasai verbirgt.

Wissend grinsend kommentiert er meinen zweifelnden Gesichtsausdruck: »You white people are addicted to love.«, aber Maasai seien anders.

»Ihr liebt nicht?« frage ich ihn. »Doch«, meint er, » aber wir lieben unsere Kühe, nicht unsere Frauen!«

Er macht sich lustig über die Wichtigkeit, die der Liebe zwischen den Ehepartnern in unserer Kultur eingeräumt wird, und über die Küsse, Umarmungen und ähnliche »komische« Zärtlichkeiten des weißen Mannes, die offensichtlich nicht zu den gängigen Liebespraktiken der Maasai zählen. Er würde höchstens seine Schwester oder seine Mutter zur Begrüßung küssen, alles andere sei merkwürdig und abnormal. Ich amüsiere mich köstlich über seine Ansichten und bin fasziniert von den Unterschieden in unserer Denkweise, aber ich kann noch immer nicht glauben, dass sich Maasai tatsächlich nicht verlieben können, und so bohre ich weiter – und werde fündig.

Als wir beim Thema Treue in der Ehe sind, stellt sich heraus, dass es sehr wohl auch bei seinem Volk so etwas wie Romantik gibt.

Sowohl Ehemänner wie auch verheiratete Frauen leisten sich offensichtlich durchaus verbotene Affären. Zwar stehe an erster Stelle einer solchen freiwilligen Verbindung angeblich der Sex, aber schließlich gibt Jonas zu, dass auch Maasai-Pärchen eine emotionale Beziehung entwickeln würden, die über das rein physische Verlangen hinausgehe; und nach einigem Nachhaken, erfahre ich auch endlich, wie diese Verliebten ihren Gefühlen Ausdruck verleihen.

Jonas erzählt, die heimlichen Paare hätten lange intensive Gespräche, ganze Nächte könnten sie damit verbringen, nur miteinander zu reden und gemeinsam zu lachen. Außerdem entwickelten die Turtelnden eine Art Geheimsprache, die es ihnen ermögliche, mit Blickkontakt und den entsprechenden Formulierungen, in aller Öffentlichkeit miteinander zu kommunizieren, ohne dass andere verstehen würden, was die beiden da miteinander teilen.

Das klingt schön und sehr zärtlich, und ich bin glücklich, schließlich doch noch eine Gemeinsamkeit entdeckt zu haben. Auch wenn die Ausdrucksform der Emotionen sich in den Kulturen, aus denen wir stammen, deutlich voneinander unterscheidet, das Gefühl verliebt zu sein bleibt das Gleiche, ob nun Maasai, Deutsche, oder Österreicher. Wir sind alle Menschen, und in unseren Empfindungen unterscheiden wir uns nur wenig.

Ich will wissen, wie man denn mit Seitensprüngen, wenn sie entdeckt würden, umgehe und erfahre, dass Affären von Ehemännern, zu denen es trotz den bereits vorhandenen Auswahlmöglichkeiten am heimischen Herd wohl dennoch gelegentlich kommt - eine Information die das Klischee vom »ach so potenten Afrikaner«, zu untermauern scheint - ungeahndet blieben, jedenfalls, wenn es sich beim Objekt ihrer Begierde nicht um eine ebenfalls verheiratete Person handelt. Bei Ehefrauen hingegen, führe selbiges Vergehen dazu, dass sie in Schimpf und Schande zu ihrer Familie zurückgejagt und der Liebhaber verprügelt würde.

Allerdings seien Schimpf und Schande von der derart geächteten auch relativ leicht wieder abzuwenden. Eine

Kuh, vom elterlichen Clan als Versöhnungsgeste mitgegeben, glätte die Wogen, meint Jonas, und der Ehesegen hänge wieder gerade, bis zum nächsten Seitensprung.

Es ist ungeheuer spannend mit Jonas die Unterschiede unsrer jeweiligen Lebensform zu erörtern und seine Ansichten zu hören. Als Vertreter einer stark patriarchalischen Gesellschaftsstruktur, muss sich der Arme mit einer emanzipierten, gebildeten Europäerin auseinandersetzen, die sich gegen die Ungerechtigkeiten der Polygamie und dem männlichen Machtmonopol in seiner Kultur ins Zeug legt. Er tut es mit viel Humor und ist sogar bereit einzugestehen, dass einige Regeln seiner Kultur vielleicht zu überdenken wären. Aber auch ich lerne viele Dinge in einem neuen Licht zu sehen.

Die wunderbare Landschaft, durch die wir reiten, tritt dabei fast in den Hintergrund.

Gerade die Tatsache, dass Jonas mit der weißen Kultur vertraut ist, bei Ray mit den Errungenschaften der modernen Zivilisation lebt - und sie ganz selbstverständlich nutzt - und sich dennoch zurücksehnt, zu seinem Leben als Maasai, einem Leben in einer Lehmhütte ohne Dusche und Toilette, mit eintöniger Nahrung und der Unmöglichkeit einer Liebesheirat, macht das Gespräch so bemerkenswert.

Er träumt davon, eines Tages hundert Rinder zu besitzen, drei Frauen zu haben und mit jeder ungefähr acht Kinder zu zeugen.

Er könne sich ja wohl unmöglich leisten, die Schulbildung von 24 Kindern zu finanzieren, gebe ich zu bedenken, und ob eine Auswahl nicht höchst unfair denen gegenüber ausfallen würde, die nicht in den Genuss modernen Wissens kämen?

Ganz selbstverständlich gehe ich davon aus, dass er, genauso wie ich, die Möglichkeit, schulische Bildung zu erwerben, als Privileg betrachten würde – und werde jäh auf den Boden maasaischer Realität geholt. Jonas erklärt mir, er würde natürlich nur die Faulsten zu Schule schicken. - Wie bitte? Wie soll ich das nun wieder verstehen?

Ganz einfach, diejenigen, die keine Ambitionen zeigten, sich mit den Tiere zu beschäftigen, die keine Lust hätten, sich um ihr Wohlergehen zu kümmern, sie zu pflegen und zu den saftigsten Weideplätzen zu führen, seien ganz offensichtlich ungeeignet, erfolgreich ein traditionelles Maasai-Leben zu führen, und für diese Untauglichen, und nur für diese, sei dann ein anderer Weg zu finden, der ihnen ermögliche, ihre Zukunft zu gestalten.

Ich bin irritiert. Da versuchen nun unzählige Entwicklungshelfer und Missionare Afrika in ein modernes Zeitalter zu führen, und dann kommt da dieser Maasai, der in den Genuss einer abgeschlossenen Schulbildung gekommen ist, und boykottiert alle Bemühungen, indem er plant, wahrscheinlich mehr als die Hälfte seiner Nachkommenschaft in Unwissenheit und traditioneller Lebensweise aufzuziehen. Sind wir nicht ganz selbstverständlich davon ausgegangen, Aufklärung führe zur Änderung der althergebrachten Bräuche? Dachten wir nicht, dass die Generation der Gebildeten ganz automatisch dafür Sorge tragen würden, dass ihre Kinder wiederum zu einer neuen, moderneren Art des Denkens erzogen würden?

Dieses Schneeballsystem scheint nicht zu funktionieren, ganz einfach deshalb, weil Jonas seine Schulbildung nicht eindeutig als Privileg definieren kann. Sie eröffnet ihm viele Möglichkeiten, die den meisten Angehörigen seines Stammes versagt bleiben, das sieht er sehr wohl. Er ist interessiert und wissbegierig und hat ein offenes, freundliches, Wesen. Seine Ausbildung, zusammen mit seiner sympathischen Art, öffnet ihm viele Türen. Er war mit Peter Segelfliegen, er schwimmt - oder besser, er säuft beinah ab - im Abadare Country Club, durch seinen

Umgang mit Touristen bekommt er die Chance seinen Horizont zu erweitern, Ansichten mit Menschen einer anderen Kultur auszutauschen, und eines Tages wird er vielleicht sogar mit seinem Arbeitgeber einen Urlaub in Amerika verbringen, in einem richtigen Flugzeug sitzen und einen anderen Kontinent kennen lernen. All das sind Erfahrungen, die seine ungebildeten Altersgenossen nicht machen und die er durchaus zu schätzen weiß. Aber die andere Seite der Medaille bedeutet, seine Bildung hat ihn fortgebracht von zuhause, fort von allem, was ihm vertraut war, von seinen Tieren, von seiner Familie von seinen Freunden, die jetzt vielleicht gerade im Busch Löwen jagen, und fort von der Freiheit seine Zeit selbst einzuteilen. Nur alle paar Monate kann er sich leisten nach Hause zu fahren und für ein paar Wochen das Leben eines Maasai zu führen. Ohne Schulbildung hätte er nie die Erfahrung des schrecklichen Heimwehs machen müssen, dass ihn hier in der Fremde quält.

Ich beginne ihn zu verstehen, und muss wieder einmal die naive Überzeugung, wir brächten nur Gutes, wenn wir Angehörige sogenannter primitiver Kulturen aufklärten und lehrten, in Frage stellen.

Jonas wird eines Tages entscheiden, ob die Erziehung seiner Kinder zu einem modernen Leben die einzig seligmachende ist, oder ob das Festhalten an Traditionen glückbringendere Zukunft verheißt; und wie immer sie ausfallen wird, er, der Maasai, der beide Seiten kennt und beides gelebt hat, hat mehr als ich, das Recht und die Erfahrung eine solche Entscheidung zu fällen, und es steht mir nicht zu, seine Wahl in irgendeiner Form zu werten.

Allerdings bin ich überzeugt davon, dass Jonas´ Anschauungen erheblich deutlicher zugunsten einer modernen Erziehung ausfallen würden, wenn er eine Frau wäre. So positiv seine Berichte über den traditionellen Maasai-Alltag auch ausfallen, es lässt sich nicht leugnen, dass seine Sichtweise eine einseitige ist, nämlich die eines Mannes in einer eindeutig patriarchalischen Gesellschaftsstruktur, was er, wenn auch nur sehr zögernd selbst zugeben muss.

Trotzdem versucht er mich, bezüglich der ungleich verteilen Rechte, in dieser ausschließlich von männlicher Macht dominierten Kultur der Maasai, zu beruhigen. Immerhin hätten junge Mädchen bis zu ihrer Heirat die gleichen Möglichkeiten wie ihre männlichen Altersgenossen, erklärt er mir grinsend, auch ihnen werde absolute sexuelle Freiheit eingeräumt. Jungfräulichkeit bis zur Ehe sei nicht nur keine unbedingte Forderung, sondern geradezu unerwünscht. Um seine Behauptung zu untermauern, berichtet er von einem Freund oder Verwandten, der seine Zukünftige zurück zu ihrer Familie geschickt habe, nachdem er in der Hochzeitsnacht festgestellt hätte, dass sie noch unberührt sei. Ein anderer habe sie entjungfern müssen, bevor er sie als seine Braut akzeptiert habe.

Selbst eine Schwangerschaft vor der Heirat sei kein unbedingter Makel. Nur wenn sie vor der Beschneidung einträte, gelte eine solche als Schande.

Damit sind wir bei einem heiklen Thema. Als Frau kann ich die weibliche Genitalverstümmelung nur abgrundtief verabscheuen. Sie ist grausam, führt nicht selten zu lebensbedrohenden Infektionen und hat die Unfähigkeit, zum Orgasmus zu kommen, zur Folge. Aus Jonas Sicht ist sie nichts weiter, als ein Initiationsritual, wie eben auch die Beschneidung der Männer, die im Leben eines jeden Maasai einen ganz besonderen Stellenwert einnimmt. Stolz erzählt er, wie er selbst sie bei vollem Bewusstsein erlebt habe, ohne dass er einen Laut hätte von sich geben dürfen. Er weiß nicht genau, was passiert wäre, wenn er geschrieen hätte, kein Junge habe das je gewagt, aber er glaubt man hätte ihn getötet.

Jonas weiß sehr wohl, dass sein Vergleich etwas hinkt.

Es ist ihm durchaus bekannt, dass im Falle der weiblichen Beschneidung mit weitaus höheren gesundheitlichen Risiken zu rechen ist und sie schwerwiegendere Folgen nach sich zieht. Trotzdem behauptet er, dieses Ritual sei nötig. Es bedeute für ein Mädchen den Übergang zu einem neuen Leben, dem Leben einer erwachsenen Frau, mit allen Konsequenzen und aller Verantwortung. So würde es von alters her gemacht, und auch die Mädchen selbst erfülle die Beschneidung mit Stolz. Ohne sie, würden sie sich unvollkommen und nicht vollwertig fühlen.

Meine Frage, ob man diesen Übergang nicht etwas weniger schmerzhaft und weniger grausam gestalten könnte, beantwortet er nur mit einem zweifelnden Achselzucken, aber sie lässt mich noch eine Zeitlang nicht los.

Gerade die unterschiedlichen Bräuche der unzähligen Stämme, die in Kenia nebeneinander existieren, die zwar auch immer wieder für Konfliktstoff sorgen, die aber gerade auch in ihrer Verschiedenheit den Reiz Afrikas ausmachen, gilt es zu erhalten und zu respektieren, davon bin ich überzeugt. Das muss aber nicht bedeuten, die weibliche Genitalverstümmelung widerspruchslos hinzunehmen, denke ich. Nur, ganz offensichtlich ist es mit Aufklärung alleine nicht getan. Die möglichen und sicheren Folgen der weiblichen Beschneidung sind den Maasai, wie vielen anderen Stämmen, die diesen Ritus praktizieren, bekannt – und werden toleriert. Auch würde ein weltweites Verbot dieses Brauches, wie ihn einige Menschenrechtsgruppen in Europa und Amerika anstreben, meiner Ansicht nach nicht den erwünschten Erfolg erzielen und würde zudem ein respektloses Ignorieren der Werte und Bräuche ganzer Völker bedeuten. Vielleicht könnten wir mehr erreichen, wenn wir - anstatt diese Tradition einfach nur als grausam und primitiv abzuwerten - versuchten, den Sinn, der dahinter steckt, zu verstehen und zu akzeptieren, um dann eine Alternative vorschlagen zu können, die diese barbarische Form des Initiationsrituals ersetzten könnte, anstatt es ganz aufzulösen.

Mit Jonas erziele ich jedenfalls über dieses Thema heute keine Einigung, aber wir können unsre unterschiedlichen Anschauungen so stehen lassen wie sie sind, ohne dass es darüber zu Spannungen kommt. Im Gegenteil, unser Gespräch ist beiderseitig von Respekt und Akzeptanz für die verschiedenartigen Denkweisen des jeweils Anderen geprägt und bedeutet eine große Bereicherung für mich. Nie zuvor hatte ich Gelegenheit derart ausführlich und tief in die Gefühls- und Gedankenwelt eines Menschen, der aus einer für mich so fremden Kultur stammt, Einblick zu nehmen, wie es hier aufgrund einer gemeinsamen Sprache möglich war, und ich bin Jonas über alle Maßen dankbar für seine Offenheit, die mir diesen lehrreichen Vormittag beschert hat.

Es ist längst Mittag vorbei, als wir uns auf den Rückweg machen. In unsrer angeregten Diskussion hatten wir den eigentlichen Grund unsres Rittes völlig aus den Augen verloren, und wir haben nur zwei Elefanten aus großer Entfernung gesehen, aber ich bin tiefer in Afrika eingedrungen, als ich es mit einer weiteren Begegnung mit den Dickhäutern hätte erreichen können.

Wir treffen Horst im Club. Aus dem goldgetöntem Prachtkörper ist leider nichts geworden. Er ist in der Sonne eingeschlafen und hat nun eher Ähnlichkeit mit einem leicht übergewichtigen Krebs. In ein paar Tagen wird ihm vermutlich die Haut in Fetzen vom Körper hängen.

Noch ein letztes erfrischendes Bad, dann verabschieden wir uns endgültig von unseren Freunden.

Ich schenke Jonas meine Uhr zum Abschied. Sie ist nichts besonderes, nichts weiter, als eine billige

Gebrauchsuhr von Woolworth, extra für diesen Urlaub gekauft, um nicht mein edles Markenexemplar dem Risiko aussetzen zu müssen, im kenianischen Busch abhanden zu kommen. Das Band ist leicht beschädigt, aber sie funktioniert. Jonas ist so glücklich, dass er mir spontan um den Hals fällt. Ich wusste, dass er schon einmal eine Uhr besessen hat, die ihm aber bei einem Ritt mit einem Touristen verloren gegangen ist, worüber er sehr traurig war; trotzdem hätte ich nicht mit dieser Reaktion gerechnet. Hatte ich nicht seinen Ausführungen am Vormittag entnommen, dass derartige Gefühlsäußerungen bei den Maasai nicht gebräuchlich seien? Ich bin so gerührt dass ich mich sehr zusammen nehmen muss, um die Tränen zurückzuhalten. Als Ray mich zum Abschied auf die Wangen küsst und ich mir einbilde, auch seine Augen feucht schimmern zu sehen, ist es dann endgültig fast um meine Fassung geschehen. Es wird vielleicht lange dauern, bis wir uns wiedersehen, aber dass wir uns wiedersehen, davon bin ich fest überzeugt. Wir versprechen zu schreiben, wenn wir wieder in Österreich sind und reißen uns schweren Herzens von unseren neuen Freunden los. Wir werden sie nie vergessen.

Unser nächsten Ziel ist Nakuru, dort werden wir übernachten und morgen den Nationalpark, in dem sich der gleichnamige Sodasee, mit seinen Millionen von Flamingos, befindet, besuchen. Rund 30% der gesamten Weltpopulation, soll sich auf dem salzigen Wasser versammeln. Außerdem erwarten uns sowohl Spitz- als auch Breitmaulnashörner, die dort ausgewildert worden sind und nun intensiv bewacht werden, um ihr endgültiges Aussterben durch Wilderer, zu verhindern. Noch immer gibt es leider Menschen, die sich einbilden das pulverisierte Horn der Tiere könnte tatsächlich männliche müde Glieder in imposante Dauerständer verwandeln, obwohl Wissenschaftler aus aller Welt längst bewiesen haben, dass es sich bei der Annahme, die Tiere trügen ein Potenzmittel auf der Nase, um einen Aberglauben handelt, und die Chemie längst wirkungsvollere Methoden gefunden hat, um einen schlaffen Pimmel wieder aufzurichten.

Auf dem Weg zu unserem Ziel, kreuzen wir, wenn man den werbenden Hinweisschildern an der Straße glauben schenken würde, sage und schreibe vier mal den Äquator. Die Straße ist in ausgesprochen gutem Zustand, und wir schaffen die 270 Kilometer in gut drei Stunden. Der Himmel passt sich unsrer trüben Stimmung, die der schmerzliche Abschied von der Kamaruta Ranch hinterlassen hat, an. Graue Wolken begleiten uns, kaum dass wir die ersten Kilometer nach Westen zurückgelegt haben, und als wir kurz vor Sonnenuntergang in der, mit 160.000 Einwohnern, viertgrößten Stadt des Landes ankommen, regnet es. Obwohl auch hier die Temperatur nicht sehr weit absinkt, hat die Aussicht, noch vor Einbruch der Dunkelheit einen geeigneten Platz für unser Zelt suchen zu müssen, es, nachdem wir es aufgestellt haben, womöglich nicht allein lassen zu können, um irgendwo in der Stadt zu Abend zu essen, wenig Erfreuliches. Der Regen ist nicht sehr stark, trotzdem hätten wir mit Sicherheit Schwierigkeiten, ein Feuer in Gang zu bekommen. Und selbst wenn es uns gelänge, unsre Bohnenkonserven zum Kochen zu bringen, verspricht ein feuchtes Mahl in triefenden Klamotten an einer Flamme, die jeden Augenblick auszugehen droht, nicht gerade überwältigende Gemütlichkeit.

Der Reiseführer wird gewälzt, und wir werden schnell fündig. Unsre ausgehungerten Mägen überzeugen uns davon, das Reisebudget für die Nahrungsbeschaffung großzügig zu belasten, und lieber bei der Übernachtung die begangene Verschwendung wieder einzusparen. Wir entschließen uns, im teuersten Hotel Nakurus zu essen und in einer der billigeren Unterkünfte, außerhalb der Stadt, schon auf dem Weg zum Nationalpark, zu übernachten.

Das *Midland*, ein Mitteklassehotel, das als erste Adresse dieser kenianischen »Großstadt« gilt, hält was unser schlaues Buch versprochen hat. Horsts Lamm in Minzesauce und mein Grillteller sind ausgezeichnet. Auf der überdachten Terrasse sitzen wir im Trockenen, der Service ist wie immer ausgezeichnet, und nachdem unsre Mägen derart luxuriös gefüllt sind, hebt sich auch unsere Laune wieder etwas.

Es ist bereits stockdunkel, als wir uns auf die Suche nach dem *Magniolia Hotel* machen, wo wir vorhaben zu nächtigen. Wir fahren dreimal daran vorbei, bis wir den im Reiseführer beschriebenen, klotzigen Kasten endlich entdecken. Straßenbeleuchtung gibt es keine, und wir haben Mühe, den bewachten Parkplatz zu finden, mit dem unsre Unterkunft ausgestattet sein soll. Schließlich enden wir auf einem Hof, auf dem noch andere Autos abgestellt sind – und erfahren, dass wir hier falsch sind. Ein wenig vertrauenswürdiger Schwarzer klärt uns über unseren Irrtum auf, meint aber, auch er könne unseren Wagen bewachen, gegen Bares natürlich. Erst nach längerer Verhandlung ist er bereit, uns den kostenlosen, zum Hotel gehörigen Platz, der direkt nebenan, hinter einem großen Eisentor liegt, zu zeigen und das Tor für uns zu öffnen. Krachend fällt es hinter uns wieder ins Schloss. Wir sind allein in einem dunklen Hinterhof.

Nur zwei einsame Autowracks stehen verlassen in der Gegend. Mir ist höchst unheimlich. Das hier sieht weiß Gott nicht nach einem Hotelparkplatz aus. Womöglich sind wir in eine Falle gelockt worden. Aus der Dunkelheit lösen sich drei abgerissene Burschen von einer Wand und kommen auf uns zu. Es mag ein Rest von Vorurteil sein, aber die schwarzen, zerlumpten Gestalten in der schwarzen undurchdringlichen Nacht auf mich zukommen zu sehen, löst bei mir eine Heidenangst aus. Wir wären ihnen, im Falle eines Angriffs, eindeutig unterlegen. Zwei unbewaffnete, weiße Touristen, gegen drei, womöglich mit Messern oder Totschlägern ausgerüstete Einheimische, wir hätten keine Chance. Sie sprechen kein Englisch. Auf Suaheli, versuche ich zu erkunden, wo sich der Eingang zum Hotel befindet. Sie bieten an, uns zum Empfang zu begleiten. Ich bin nicht sicher, ob ich über dieses Angebot dankbar sein soll, aber es bleibt uns nichts anderes übrig, als ihnen zu folgen. Ängstlich pressen wir die Rucksäcke, den Fotoapparat und unsere Wertsachen an uns. Die Männer führen uns durch ein enges, unbeleuchtetes Treppenhaus. Von irgendwo klingt Discomusik. Einer der Schwarzen geht voran, dann folgen Horst und ich hintereinander, und die beiden anderen Burschen habe ich im Rücken. Von vorn und von hinten werden wir also von den unheimlichen Gestalten flankiert, und der Aufstieg nimmt kein Ende. Ich habe noch niemals eine Hotelrezeption woanders, als im Erdgeschoss erlebt und bin immer überzeugter, dass uns noch eine böse Überraschung vorausteht. Auch Horst, mit dem ich mich leise auf Deutsch berate, ist nicht mehr sicher, dass es eine gute Idee war, den Schwarzen in dieses Haus zu folgen. Ich sehe uns schon ausgeraubt und mit durchschnittener Kehle, in der Ecke eines dunklen, kenianischen Treppenhauses verbluten.

Endlich sehen wir einen Lichtschein, und unsre alberne Angst löst sich in erleichtertes Wohlgefallen auf. Wir stehen tatsächlich vor einer Theke, die sich im zweiten Stockwerk des Gebäudes befindet, und ein freundliches junges Mädchen fragt nach unseren Wünschen. Etwas beschämt, bedanken wir uns bei den Jungen für ihre Hilfe und bestellen ein Doppelzimmer. Wir müssen eine weitere Etage, aber diesmal im Hellen, erklimmen, bevor uns das Mädchen eine Tür, die mit schweren Schlössern verriegelt ist, aufschließt und uns dann allein lässt.

Auch von innen lässt sich das Zimmer mit drei dicken Riegeln verbarrikadieren. In dieser Festung wird es wohl, selbst ein so zur Hysterie neigender Angsthase, wie ich es bin, beruhigt wagen können, sich dem Schlaf hinzugeben.

Der von einer nackten Glühbirne ungemütlich hell erleuchtete Raum ist winzig, die Laken zerschlissen, aber sauber, und im Bad gibt es sogar warmes Wasser. Die Formulierung »im Bad« trifft den Nagel tatsächlich auf den Kopf. Die Dusche hängt nicht in einer abgetrennten Kabine, sondern ganz einfach in der Mitte des Raumes, so dass, wenn man den Hahn aufdreht, alles nass wird. Diese Konstruktion hat zwar den Nachteil, dass man, bevor man sich der gründlichen Körperreinigung hingeben kann, tunlichst alle Handtücher aus dem Raum entfernen sollte, aber ich komme, zum ersten Mal in meinem Leben, in den ungewöhnlichen Genuss, duschen zu können, während ich gleichzeitig auf der Toilette sitze.

Von den Betten ist lediglich eines zu nutzen. Das zweite hat nur unter einem breiten Fensterbrett Platz gefunden, das am Kopfende, dieses sowieso schon ausnehmend kurze Schlafmöbel, durch seine vorstehende Kante noch einmal um gut zwanzig Zentimeter verkürzt. Um uns nicht der Gefahr auszusetzen, mit einer schmerzenden Beule am Kopf aufzuwachen, beschließen wir, nur ein Bett zu nutzen und uns, wie wir es vom Zelt her gewohnt sind, auf engem Raum zusammenzukuscheln. Die durchgelegene Matratze, die sich in der Mitte zu einer tiefen Kuhle verformt, wenn wir beide darauf liegen, wird zumindest das Rausfallen verhindern.

Während ich meine Tagebuchaufzeichnungen vervollkommne, macht sich Horst daran, dem hässlichen Zimmer wenigstens etwas wohnliche Atmosphäre zu verleihen. Im Rucksack findet er Kerzen, und nachdem er sie im ganzen Raum verteilt, angezündet und der übertrieben hellen Birne an der Decke, die die kahlen, abgewohnten Wände schonungslos zur Schau stellt, den

Strom abgedreht hat, ist es ihm tatsächlich gelungen, sogar diesem schäbigen Raum etwas Gemütlichkeit abzutrotzen.

Wir spielen Karten und lassen den Tag Revue passieren, und ich stelle fest, dass auch der grässlichste Unterschlupf der Welt, so etwas wie ein Zuhause sein kann, solange nur mein dicker Fels in der Brandung bei mir ist.

18. Februar 2002

Was für eine phantastische Nacht!! Bis halb zwei hat uns der Bar-Lärm aus dem unteren Stockwerk wachgehalten, und seit halb sechs hupen die Matatus auf der Straße, als wollten sie einen Wettbewerb im Nervtöten veranstalten. Die wenigen Stunden dazwischen, waren wir in der Vertiefung der durchgelegenen Matratze so eng zusammengequetscht, dass unsre gemeinsame Körperwärme, verstärkt noch durch Horsts Sonnenbrand, das Bett in eine Art Fangopackung verwandelt hat. Der Schweiß ist uns aus allen Poren getreten, und wir haben uns die halbe Nacht unruhig in der salzigen Lake gewälzt.

Ein unerwartet üppiges Frühstück entschädigt uns für den versauten Schlaf. Es gibt Eier, Toast, Würstchen, Bananen, Papayas, Tee und Saft, und wir sind schnell wieder mit der Welt versöhnt.

Es regnet noch immer, und der Himmel ist grau und diesig. Unter diesen Umständen macht es wenig Sinn, den Park zu besuchen. Wir machen uns auf, weiter in den Süden zu gelangen, in der Hoffnung, so dem Regen entfliehen zu können, der zwar den Einheimischen deutlich Freude bereitet, aber für Touristen, die im europäischen Winter nach Afrika reisen, um Sonne zu tanken, wenig ansprechend ist.

Nur wenige Kilometer müssen wir fahren, bis die Wolken ihren Machtkampf gegen die Sonne aufgeben. Bald hängen nur noch die Reste, wie in Fetzen gerissene, weiße Stoffbahnen, am blauen Himmel. Dramatisch werfen sie noch immer dunkle Schatten auf die darunter liegende Erde; aber dort, wo die Sonne sich bereits vollends durchsetzen kann, liegt das weite Land schon wieder in leuchtenden Farben vor uns.

Wir beschließen, wenigstens dem Elementeita Lake einen Besuch abzustatten. Dieser kleinste der Sodaseen im kenianischen Riftvalley, liegt in einem privaten Naturschutzgebiet, das umgeben ist von dem Land der Familie Delamere. Wieder einmal bewegen wir uns auf geschichtsträchtigen Spuren. Lord Delamere, der große Freund der Maasai und einer der ersten weißen Siedler in Kenia, ist uns aus Karen Blixens Erzählungen und Briefen bestens vertraut, und es ist ein aufregendes Gefühl nun auf den Spuren der alten Siedler zu wandern und selbst an den Orten zu sein, über die ich so viel gelesen habe.

Trotzdem erwarten wir uns nicht allzu viel von diesem, weit weniger bekannten, kleineren Bruder des Nakuru Sees. Aber nachdem wir an einer unscheinbaren Hütte die niedrige Eintrittsgebühr gezahlt und dem lästigen Souvenirverkäufer, der uns nicht von der Seite weichen will, etwa zwanzigmal erklärt haben, dass wir kein Interesse an seinen Flamingofedern hätten, werden wir positiv überrascht, als wir das sodahaltige, fischreiche Gewässer erreichen. Unzählige Vögel tummeln sich hier. Pelikane und Flamingos bilden ein rosa-weißes Band in der Mitte des flachen Sees, auf dessen ruhiger Oberfläche sich die bauschigen Wolkenberge spiegeln. Welch ein friedliches Bild. Der Nakuru See könnte kaum schöner sein. Wir fahren so dicht wie möglich an das Wasser heran, bis sich der Boden unter uns zu weich anfühlt, um gefahrlos eine weitere Annäherung zu erlauben. Wir steigen aus und gehen zu Fuß weiter. Ein paar Kinder, die aus dem Nichts aufgetaucht sind und sich nun an unsre Fersen heften, um ihre Vogelfedern anzupreisen oder zu betteln, folgen uns. Auch nachdem ich ihnen mehr als deutlich erklärt habe, dass ich nichts kaufen wolle und leider auch keine Kugelschreiber mehr zu verschenken hätte, bleiben sie in unsrer Nähe. Mit ihren großen Augen, uns aus schmutzigen Gesichtern stumm anstarrend, kleben sie an uns, wie Bienen am Honigtopf und versuchen krampfhaft, Blickkontakt herbeizuzwingen, um uns vielleicht doch noch erweichen zu können. Es tut mir furchtbar leid, aber Geld will ich ihnen nicht geben, und wir haben weder Bonbons noch irgendwelche andere, für sie nützlichen Gegenstände, die wir verteilen könnten. Es bleibt uns nichts anderes übrig, als die hartnäckigen Zwerge schlicht zu ignorieren.

Mit den Kindern im Schlepptau, wandern wir, über den weichen Sand am ausgetrockneten Rand des Sees, hin zu seinem Ufer. Immer matschiger wird der Grund. Wir sinken tief in den feuchten Boden ein und schleppen den nassen Sand an unseren Füßen mit.

Die Vögel scheinen wenig erfreut, über die störende Annäherung. In rosafarbenen Wolken erheben sie sich, um sich weiter in der Mitte des Wassers wieder niederzulassen. In kräftigem Orange leuchten ihre ausgebreiteten, mit schwarzen Rändern wunderschön gezeichneten Flügel, wenn sie übers Wasser gleiten. Es ist ein beeidruckendes Schauspiel. Lange wandern wir am Ufer entlang, bewundern die eleganten Vögel und genießen den Ausblick auf das friedliche, stille Wasser.

Schließlich verlassen wir den See, um unsere Fahrt in den Süden fortzusetzen. Wir haben nur noch wenige Tage Zeit und ein Besuch an der Küste, bei der Manuel Alexander School in Ukunda, ist unerlässlich. Schließlich wollen wir uns mit eigenen Augen davon überzeugen, dass die Gelder aus dem österreichischen Waldviertel, die uns anvertraut waren, in ein sinnvolles Projekt geflossen sind.

Dass die Fahrt erneut über Nairobi führt trifft sich gut. Die Aufbewahrungsflüssigkeit für meine Kontaktlinsen ist ausgeronnen, und dieses Importprodukt ist, wenn überhaupt, wahrscheinlich nur in der Hauptstadt nachzukaufen.

Der Zeitdruck zwingt uns auf dem vielbefahrenen Nakuru-Highway zu bleiben, obwohl ich lieber weniger ausgetretene Pfade benutzen würde. Es zieht mich in die Wildnis. Als wir uns der nun schon vertrauten Gegend von Naivasha nähern, werde ich wehmütig. So viel haben wir schon erlebt. Unsre Flucht vor den Nilpferden kommt mir endlos lange her vor. Die verbleibenden Tage scheinen so kurz, im Vergleich zu der Zeit, die schon vergangen ist. Ich möchte hier bleiben. Ich will nicht zurück in die Großstadt, nicht in meine Wohnung in Berlin, im dritten Stock. Es erscheint mir einfach pervers, Menschen aus Platzgründen zu stapeln, als seien sie leblose Gegenstände, die man in Kartons übereinander auf Regalen verstauen könnte. Ich will nicht zurück in Beton und Asphalt, der mich abschirmt von der Natur von der ich ein Teil bin. Ich möchte die Erde spüren können.

Karen Blixen schreibt in einem Brief an ihre Mutter: *»Es ist sicher für die Menschen richtig, als Nomaden zu leben, und unnatürlich, sein Heim immer an derselben Stelle zu haben; man fühlt sich erst richtig frei, wenn man die Ebenen in jeder Richtung, die einem gefällt, durchqueren, bei Sonnenuntergang an den Fluss kommen, sein Lager aufschlagen und wissen kann, dass man am nächsten Abend unter anderen Bäumen, mit einer anderen Aussicht vor Augen einschlafen wird.«*

Wie recht sie hat! Erst hier in Afrika ist mir schmerzlich bewusst geworden, wie weit unser moderner, zivilisierter Alltag uns von uns selbst entfremdet. Hier habe ich mich meiner Wurzeln erinnert und ein Gefühl des Einsseins mit der Natur und mit mir selbst erlebt, das ich nie mehr missen möchte. Ach hätte ich doch nur nie einen Beruf gewählt, der mich derart an die Zivilisation bindet.

Ich versuche meine trüben Gedanken zu vertreiben. Noch bin ich hier, und ich werde noch ein paar Nächte im Zelt, in der Wildnis verbringen können.

Auch Nairobi zeigt sich uns anders als beim ersten Mal. Ohne Stadtplan finden wir ins Zentrum, Horst verwechselt nicht mehr Scheibenwischer und Blinker und als mittlerweile routinierter Linksfahrer, kann er, trotz des Verkehrs, ebenfalls die Augen offen halten nach einem Optiker.

Wir werden tatsächlich fündig. Zwar ist die dringend gebrauchte Flüssigkeit teurer als bei uns, aber immerhin, ich bekomme sie. Die Suche nach einem Geschäft, das Dia-Filme anbietet, gestaltet sich weit schwieriger, aber

nach mehreren fehlgeschlagenen Versuchen und einigem Herumfragen, haben wir auch hier Erfolg. Schließlich erstehen wir noch die ersehnte Petroleumlampe und das dazugehörige Öl. Dann verlassen wir die Millionenstadt wieder und setzen unsre Fahrt nach Süden fort.

Bei Athi River biegen wir vom sogenannten Mombasa Highway ab, wobei der Name »Highway« auch hier eine schamlose Irreführung ist. Das schmale Teerband, auf dem sich der gesamte LKW-Verkehr zwischen Nairobi und der Küste abspielt, hat weder Mittelstreifen, noch Randbefestigung. Die trockne Erde zu beiden Seiten der Fahrbahn ist vom Regen ausgespült, und immer wieder zeugen umgekippte Trucks von den üblen Folgen, des so entstandenen Niveauunterschiedes. Bei dem Versuch, einem anderen, in halsbrecherischem Tempo entgegenkommenden Lastwagen auszuweichen, sind sie im wahrsten Sinne des Wortes von der Straße gefallen.

Die Straße nach Namanga ist deutlich breiter, in besserem Zustand und weniger befahren.

Einige Kilometer nach der Abzweigung breitet sich endlich wieder die weite Steppe aus, die augenblicklich die Seele wieder aufatmen und die Freiheit im scheinbar unbegrenzten Raum genießen lässt. Eine Zebraherde grast direkt an der Straße und stellt den Wildreichtum dieser Gegend, so nah an der Hauptstadt unter Beweis.

Wir haben einen Abstecher auf der *Maasai Ostrich Farm* eingeplant.

Als einzige Gäste kommen wir in den Genuss einer sehr persönlichen Begrüßung, als wir auf dem noblen Anwesen ankommen. Eigentlich wollen wir nur etwas trinken und dann die Farm besichtigen, aber nachdem wir die in Straußenleder gebundene Speisekarte, die uns ein freundlicher Kellner mit vornehmsten Manieren vorgelegt hat, studiert haben, können wir nicht wiederstehen; wenigstens eine Kleinigkeit, dieses ungewöhnlichen lukullischen Angebots müssen wir probieren.

Wir entscheiden uns für Straußen-Carpaccio und Straußenleber-Pastete.

Während wir auf der Terrasse, unter strohgedeckten Sonnenschirmen, kalte Getränke schlürfen, gesellt sich ein schwarzer, rundlicher Herr zu uns und heißt uns herzlich willkommen. Er sei der Manager, stellt er sich vor und schwatzt munter drauflos. Verschwörerisch flüsternd, vertraut er uns das Geheimnis an, die Farm gehöre Moi persönlich, und wenn wir in der Präsidentensuite übernachten wollten, würde er uns einen Spezialpreis machen. Ich bin skeptisch, nachdem er dieses Geheimnis bereits nach kaum zwei Minuten unsres Kennenlernens preisgegeben hat, kann es entweder so groß nicht sein, oder es entspricht ganz einfach nicht den Tatsachen. Der redselige Dicke scheint meine Ungläubigkeit zu bemerken und verspricht, uns nach dem Essen die Suite zu zeigen.

Die Vorspeisen, die wir bestellt haben, stellen sich als

wahre Köstlichkeiten heraus. Das zarte Fleisch des Carpaccios ist ein Gedicht, und auch Horst behauptet, niemals vorher eine bessere Pastete genossen zu haben. Unsre derart verwöhnten Gaumen schreien augenblicklich nach mehr. Der Blick auf den Swimmingpool gibt den letzten Ausschlag, wir werden den Rest des Tages hier verbringen und uns zum Abendessen den Luxus eines vollen Straußenmenüs leisten.

Als der eifrige Manager zurückkommt, teilen wir ihm unseren Entschluss mit, fragen aber, ob wir vielleicht unser Zelt aufstellen dürften. Wir würden unsren Geldbeutel lieber mit einem gigantischen Mahl belasten, als mit einer Übernachtung im Bett des Präsidenten, und außerdem liebten wir die Nähe zu den Geräuschen der Steppennacht, auf die wir zuhause schon bald wieder würden verzichten müssen.

Der gute Mann hat vollstes Verständnis. Um nur 300 Ksh dürfen wir unser tragbares Zuhause hinstellen, wohin wir wollen und sogar die heißen Duschen in den Umkleidekabinen des Swimmingpools benutzen. Trotzdem will er uns unbedingt zeigen, was uns entgangen ist.

Einmal mehr werden wir Zeuge afrikanischen Geschmacks. Die Suite besticht mehr durch Größe, denn durch Stil. Zwar wurden teure Materialien, wie Marmor und edle Hölzer, bei der Einrichtung verwendet, aber die protzigen Säle entbehren jeglicher Gemütlichkeit und könnten höchstens einen arabischen Ölscheich, der im Gefolge eines 27-köpfigen Harems reist, beeindrucken. Unser Manager platzt fast vor Stolz, angesichts des Reichtums, den er managen darf, und so zolle ich dem Geschmack des Präsidenten höflich meine Anerkennung, behalte meine Ansichten für mich und bin ausgesprochen froh, über Horsts mangelnde Englischkenntnisse. Sein Gesichtsausdruck verrät mir deutlich, dass er sich eines ironischen Kommentars nur schwer enthalten könnte, wenn er denn dazu imstande wäre.

Die anschließende Führung über die Farm übernimmt Isaak, der höfliche Kellner.

Nachdem wir unsre Schuhe in einer desinfizierenden Flüssigkeit gereinigt haben, dürfen wir auf das Gelände, das die Gehege der Strauße beherbergt.

Die Vögel sind nach Alter und Geschlecht geordnet. Isaak erklärt uns was sie fressen, wie sie aufgezogen werden, in welchem Alter sie das beste Carpaccio abgeben und dass alles von ihnen verwertet würde, Haut, Federn und Fleisch. Aufgrund seines sehr afrikanischen Akzents, habe ich allerdings einige Mühe ihm zu folgen. Erst bei der dritten Erwähnung des Begriffs *Hostishes*, dämmert mir, dass er von Ostriches, den Straußen im Allgemeinen redet. Bis dahin halte ich das Wort für eine mir unbekannte Bezeichnung für eine bestimmte Altersgruppe und versuche verzweifelt herauszufinden, um welche es sich handeln könnte.

Die Viecher sind äußerst aggressiv, wenn sie in die Enge getrieben werden, und in voll ausgewachsener Größe alles andere, als ungefährlich. Mit ihren kräftigen Beinen können sie leicht einen Menschen zu Tode trampeln. Wir werden Zeuge, wie ein männlicher Strauß einen der Wärter, der das Gehege säubern will, attackiert. Sein Helfer kann das Tier glücklicherweise mit einer langen Stange auf Abstand halten. Auch wir werden, hinter dem sicheren Zaun stehend, mit drohendem Fauchen bedacht. Eine uns freundlicher gesinnte Straußendame, duldet immerhin hochmütig, dass ich sie mit den Stängeln ihres Lieblingsbuschs, den mir Isaak gezeigt hat, füttere. Allerdings lassen ihre Essmanieren sehr zu wünschen übrig. Ich muss schauen, dass ich meine Finger in Sicherheit bringe, wenn sie mir das Kraut blitzartig, gierig aus der Hand reißt.

Am Ende der Tour haben wir die Möglichkeit zu einem

Straußenritt. Horst, der wohl Angst hat sich blamieren zu müssen, kneift feige, aber ich will mir einen Versuch nicht entgehen lassen.

Drei Burschen, John, Ali und den Namen des dritten haben ich vergessen, erwarten uns in einem eingezäunten Viereck. Gemeinsam halten sie den männlichen Strauß, der gleich mein Reittier werde soll. Der Vogel scheint wenig begeistert von der Aussicht, eine übergewichtige Mzungu tragen zu müssen. Mit einer Schlinge, die an einer langen Stange befestigt ist, haben sie ihn eingefangen, und jetzt wehrt er sich heftig, als ihm das glatte Stück Leder, das als eine Art Sattel dient, auf den Rücken gebunden wird. Endlich ist es geschafft. Der wenig Halt versprechende Fetzten ist angebracht, es kann losgehen. Ich erhalte letzte Instruktionen, und während Ali und John den Vogel festhalten, hilft mir der dritte der Burschen, mich auf seinen Rücken zu hieven. Das unhöfliche Federvieh macht mich sogleich und wenig taktvoll auf mein Übergewicht aufmerksam. Noch bevor ich richtig sitze, knickt es ein und wirft mich wieder ab. Na danke schön, so fett bin ich nun auch wieder nicht.

Zweiter Versuch, diesmal gelingt der Aufstieg, aber ich fürchte, ich mache schon jetzt keine besonders elegante Figur. Das allgemeine Gelächter, bestätigt mich in meiner Annahme. John erklärt mir, wie ich welches Bein anwinkeln muss, und schließlich sitze ich ganz passabel auf dem Rücken des unhöflichen Monsters und harre der Dinge, die jetzt kommen werden. Zu dritt halten die Jungs das Tier, als es sich in Bewegung setzt, damit es nicht zu schnell werden kann. Schon nach wenigen Schritten hänge ich komplett windschief auf dem rutschigen Stück Leder und brauche einen Stopp, um nicht herunterzurutschen. Das kann doch wohl nicht wahr sein! Ich bin eine geübte Reiterin, es muss mir doch möglich sein, mich auch auf diesem Federtier halten zu können; aber wieder rutsche ich nach hinten, kaum dass sich das Tier in Bewegung gesetzt hat, und nur die stützende Hand unter meinem Hintern, ich weiß nicht von welchem meiner drei Begleiter, bewahrt mich vor dem Herunterfallen.

Vom Eingang des Geheges kommt wenig aufbauende Unterstützung. Selbst zu feige, einen Versuch zu wagen, bricht mein liebenswerter Mann, selbstsicher auf den eigenen Beinen stehend, in brüllendes Gelächter aus, ob der komischen Figur, die ich auf dem mittlerweile ziemlich genervten Strauß abgebe.

Ich gebe nicht auf. Wieder und wieder versuche ich verzweifelt aus eigener Kraft das Gleichgewicht zu halten, während das seltsame Reittier unter mir, weiterhin von drei Schwarzen daran gehindert wird, zu voller Geschwindigkeit aufzulaufen. Am Ende gelingt es mir, mich etwa 100 Meter lang auf dem gebremsten Vogel zu halten. Ich gebe zu, meine Stilnote würde sicher nicht besonders gut ausfallen, aber nachdem kein Preisrichter anwesend und Horst nicht in der Position ist, mich kritisieren zu dürfen, muss ich mir darüber keine Gedanken machen.

Stolz, wenigstens soviel zuwege gebracht zu haben, lasse ich mich erschöpft vom Rücken des gemarterten Tieres rutschen und bin heilfroh wieder festen Boden unter den Füssen zu haben.

Nachdem Horst meine alberne Erscheinung auf dem rennenden Strauß gehässigerweise mit der Kamera festgehalten hat, überreden ihn die drei Vogelbändiger nun seinerseits wenigstens für ein Photo aufzusteigen. Natürlich wird er zu Hause beim Betrachten der Bilder weitaus besser abschneiden, der Feigling sitzt schließlich nur auf dem stehenden Biest.

Bevor wir uns entgültig verabschieden, liefert Ali noch eine Demonstration von einem gelungenen Straußenritt. Er braucht seine beiden Helfer nicht einmal um aufzusteigen. Der drahtige kleine Kerl springt einfach auf den bereits rennenden Vogel und hält sich, auf einer geraden Strecke in vollem Tempo, auf dessen Rücken, als sei es die leichteste Übung der Welt.

Frustriert stelle ich fest, dass mir ein Pferd eindeutig sympathischer ist.

Den Rest des Nachmittags verbringen wir am Swimmingpool. Horst platziert seinen noch immer roten Hummerkörper im Schatten und schläft augenblicklich ein, während ich mich mit Beryl Markhams »*Westwärts mit der Nacht*« in die pralle Sonne lege und davon träume, über die Savanne zu fliegen.

Isaak serviert Tonic Water, und das Leben ist einfach wunderbar.

Eine Zeitlang teilen wir den Pool noch mit einem älteren, englisch sprechenden Ehepaar und vermutlich deren Enkelkind, aber schon bald ziehen sie sich zurück und wir sind allein.

Ich fühle mich, als sei ich eine reiche Villenbesitzerin, die an ihrem eigenen Swimmingpool liegt und sich den Luxus eines persönlichen Bediensteten leisten kann.

Auch wenn mir dieses Leben vielleicht auf Dauer zu langweilig wäre, im Augenblick ist es einfach phantastisch.

Als es dunkel wird, bauen wir das Zelt ganz in der Nähe der Duschen auf, und ich frage Isaak, ob es möglich wäre uns das Abendessen am Pool zu servieren. »No problem, Mam«, ist die Antwort, und die höfliche Anrede »Mam« klingt angenehm in meinen Ohren nach. Sie verstärkt das wohlige Gefühl, reich und privilegiert zu sein.

Horst hat festgestellt, dass ich in Nairobi Spiritus, anstatt Petroleum gekauft habe und fragt Isaak, ob die Lampe wohl auch damit funktionieren würde.

Wohl kaum, aber er könne nachschauen, ob Parafin im Haus sei, entgegnet er höflich und entschwindet eiligst, um das Gewünschte aufzutreiben. Nach wenigen Minuten ist er zurück, um uns bedauernd mitzuteilen, dass der Vorrat aufgebraucht sei, er habe aber schon nach frischem Lampenöl geschickt, und es müsse in Bälde hier sein.

Der Mann ist einfach unglaublich. Wir sind allein 7 Km von der nächsten geteerten Straße entfernt und weitere 15 Km vom nächsten, auf der Karte eingezeichneten Ort. Es ist mir ein Rätsel, wo er das Parafin auftreiben will. Aber Isaak, die Perle, macht tatsächlich das Unmöglich möglich. Eine halbe Stunde später brennt unsere neue Lampe und erleuchtet, gemeinsam mit einer Kerze, den gedeckten Tisch.

Wir essen uns die Speisekarte rauf und runter, Straußenfleisch in allen Variationen. Dazu trinken wir südafrikanischen Chardonnay, den ersten wirklich kalten und noch dazu ausgezeichneten Wein in Kenia.

In der lauen Nachtluft zirpen die Grillen, und die Lichter des Farmhauses spiegeln sich matt im Wasser des Swimmingpools. Von fern klingt das kehlige Ächzen der Strauße. Es erinnert an das Brüllen eines Löwen und bringt uns Afrika ganz nah. Es ist ein stilvolles, romantisches Abendessen am Swimmingpool, mit Kerzenlicht und Wein, und dennoch umgeben von Wildnis. Mir kommen die Tränen, so schön ist diese Nacht. Als Horst plötzlich bewusst wird, welcher Tag heute ist, scheint es mir fast, als habe eine höhere Macht diesen Abend so für uns gestaltet. Heute vor dreizehn Jahren haben wir uns zum ersten Mal geküsst. Auch ich hatte das Datum völlig übersehen. Es gibt wohl keine schönere Art unser Zusammensein zu feiern.

Ich danke dem Schicksal, oder was immer unsere Wege leitet, dass es uns hierher geführt hat. Noch lange sitzen wir unter dem afrikanischen Sternenhimmel, leeren eine zweite Flasche Wein, betrachten unser gemeinsames Leben und fragen uns, was es wohl noch bringen mag, bis wir endlich, viel später als sonst auf dieser Reise - und deutlich betrunkener -, schlafen gehen.

19. Februar 2002

Als wir aufwachen, hat Isaak den Tisch am Pool schon gedeckt, und das englische Frühstück wartet bereits auf uns.

Horst hat sich entschieden, dass er eine ganze Straußenhaut mitnehmen möchte. An sich sind im Angebot des farmeigenen Shops, neben Eiern und Staubwedeln aus Federn, nur Taschen, Sandalen, Gürtel und ähnliche, aus dem Leder der Tiere gearbeitete Utensilien zu erstehen, die meinen Mann aber weit weniger interessieren, als die vollständige, in ihrer Naturform belassene Haut.

Isaak verspricht uns den Manager zu schicken, damit wir ihm unser Anliegen vortragen können.

Wer immer der redselige Dicke von gestern war, der Manager war er jedenfalls nicht. Dieser heißt Jim, ist weiß, in Simbabwe geboren, in Uganda aufgewachsen und lebt seit zwanzig Jahren in Kenia. Glücklicher Mensch!

Er selbst sieht sein Glück, in Kenia leben zu dürfen, mit gemischten Gefühlen. Die Straußenzucht habe er aus dem Nichts aufgebaut, erzählt er. Eigentlich könne er sich nicht beschweren, der Betrieb selbst funktioniere hervorragend, nur mit dem Verkauf hapere es. Obwohl die Farm tatsächlich dem Präsidenten gehört, unser Unter- oder Pseudomanager von gestern hat sich zumindest in diesem Punkt an die Wahrheit gehalten, würden ihm von Regierungsseite immer wieder Steine in den Weg gelegt. Zwar habe er eine Sondergenehmigung, die ihm erlaube, seine Produkte direkt von der Farm aus zu verkaufen, aber er dürfe sie nur hier anbieten. Weitere Geschäfte, in den Tourismusgebieten, blieben ihm als Absatzmöglichkeit versagt. Der Grund sei reine Bürokratie, schimpft der Mann. Bis heute sei es nicht gelungen, die Zucht der Vögel definitionsgemäß in die Agrarkultur einzureihen. Damit fielen die gezüchteten Tiere, genauso wie die freilebenden, unter den Artenschutz, und ihre Produkte dürften nicht verkauft werden. Jedes Mal, wenn es ihm bisher gelungen sei, einen der zuständigen Minister von der Notwendigkeit einer dahingehenden Gesetzesänderung zu überzeugen, sei dieser kurz darauf abgesetzt worden. Auf meine Frage, warum er sich nicht direkt an Moi wende, antwortet er, das halte er für zu gefährlich. Wir seien nicht in Europa, hier in Kenia könne es durchaus gesundheitsschädigende Folgen haben, einen Minister zu übergehen.

Tja, auch das ist Afrika. Es gehört offensichtlich noch mehr Fingerspitzengefühl dazu, sich durch den kenianischen Ämterdschungel zu kämpfen, als man braucht, um mit österreichischen Beamten erfolgreich umgehen zu können.

Am Ende unsrer Konversation bekommen wir schließlich die gewünschte Haut, und ich frage mich langsam, wie wohl die vielen Erinnerungsstücke, die wir mittlerweile zusammengesammelt haben, in unseren Ruckssäcken Platz finden sollen.

Isaak bekommt noch ein fürstliches, aber absolut verdientes Trinkgeld, dann verabschieden wir uns endgültig von der Straußenfarm und setzen unseren Weg nach Süden fort.

Wir fahren durch dünn besiedelte Landschaft, immer tiefer ins Gebiet der Maasai. Nur wenige Hügel erheben sich in aus der Weite der grünen Savanne. Hier und da begegnen wir einzelnen Hirten, die sich in ihren farbenfrohen roten Gewändern deutlich von der Natur abheben.

Die mit rostbraunem Lehm gefärbten langen Haare der Nomadenkrieger leuchten in der Sonne, und von ihrer dunklen, glänzenden Haut hebt sich der üppige Perlenschmuck wunderschön ab. Stolz und edel sehen sie aus, wenn sie, einen Speer in der Hand haltend, reglos in der Landschaft stehen, während ihre großen Rinderherden hinter ihnen in der Steppe grasen. Die Tiere unterscheiden sich deutlich von den mir vertrauten europäischen Milchkühen. Mit weit ausladenden, mächtigen Hörnern und kamelartigen Höckern, scheinen sie ungezähmter und wilder, als ihren biederen Verwandten im zivilisierten Österreich. Diese archaischen Bilder, scheinen mich in längst vergangene Zeiten zurückzuversetzen und ich wünschte, ich spräche die Sprache dieser Nomaden, um mit ihnen am Feuer sitzen und ihren überlieferten Erzählungen lauschen zu können.

Ich kann mir nicht helfen, ich bewundere dieses unbeugsame Volk, dass sich bis heute standhaft weigert, seine freie Lebensweise den Gesetzen der modernen Gesellschaft unterzuordnen.

Immer wieder verändert sich die Landschaft. War sie zunächst karg und baumlos, säumen nun mächtige Schirmakazien unseren Weg. Dieser eigenartige Baum mit seiner abgeflachten Krone ist für mich, mehr als jede andere Pflanze, Sinnbild von Afrika. Der Anblick seiner einsamen Silhouette vor dem glutroten Abendhimmel, verkörpert Weite, Schönheit und Erhabenheit und nach diesem Bild habe ich mich ein Jahr lang zurückgesehnt.

Unzählige Webervögelnester hängen in ihren Ästen. Angeblich haben die weiblichen Vertreter dieser hübschen gelben Vögel einen interessanten Weg gefunden, ihre Männer für sich arbeiten zu lassen, sie erhören ihre Freier ganz einfach erst dann, wenn sie ihnen einen angemessenen Lebensstandard bieten können.

Mister Webervogel muss das Heim alleine bauen, immer ängstlich darauf bedacht, nicht hinter der benachbarten männlichen Konkurrenz zurückzustehen. Die verwöhnten Damen flattern dann von Nest zu Nest, um zu gustieren. Erst wenn sie die ihnen genehme Unterkunft gefunden haben, die eine adäquate Kinderstube für den zu erwartenden Nachwuchs darstellt, wird der Erbauer der gewählten Unterkunft erhört und darf sich an der Produktion des Kindersegens beteiligen; eine durchaus nachahmenswerte Methode.

Verlassene Maasai-Dörfer kleben, sich farblich kaum von der Landschaft abhebend, an den dicht bewachsenen Hügeln und zeugen von der wandernden Lebensweise der Menschen in dieser Gegend. Irgendwann, wenn ihre Tiere dort, wo sie sich jetzt aufhalten, nicht mehr genügend Futter finden, werden die Nomaden zurückkommen und ihre alten Manyattas wieder beziehen.

Vor uns erhebt sich, der höchste freistehende Berg der Welt, der sagenumwobene Kilimanjaro. Sein Anblick wird uns auf unserem gesamten heutigen Weg begleiten. Die schneebedeckte Spitze liegt verborgen in der weißen Wolkenschicht, die wie Watte am Himmel hängt, und lässt gerade dadurch dieses berühmte Weltkulturerbe noch imposanter erscheinen. Als stelle der Berg eine mystische Verbindung zwischen uns armseligen Menschen und den mächtigen Göttern im Himmel her, ragt sein Gipfel in für unsere Augen nicht mehr sichtbare Höhen. Unzählige Geschichten ranken sich um dieses vulkanische Gebilde, und sein Anblick macht es leicht, nachzuvollziehen, warum er für die Stämme, die an seinem Fuße leben, ein Heiligtum ist.

Nach etwa zwei Stunden erreichen wir den kleinen Ort Namanga, der direkt an der Grenze zu Tansania liegt. Die Farbenpracht, die uns hier erwartet, ist verblüffend. In strahlendem Gelb üppig blühende Bäume säumen die

Straße am Ortseingang und leuchten uns in einer Fülle entgegen, als hätten sich die Bewohner in den Kopf gesetzt, den »Unser-Dorf-soll-schöner-werden-Wettbewerb« zu gewinnen.

Auch das Städtchen selbst leuchtet. Fast ausschließlich Maasai bevölkern die Straßen und bieten ihre Waren auf dem Markt feil. Krieger, Kinder, junge und alte Frauen wuseln durcheinander und verwandeln das staubige Zentrum in ein wogendes Meer aus Rottönen.

Die Grenze ist fast nicht als solche zu erkennen. Ein unscheinbarer Holzbalken zeigt an, wo ausländische Reisende ihre Papiere vorzeigen müssen. Für die Maasai, deren Lebensraum sich unabhängig von der willkürlich von den Kolonialmächten am Reißbrett gezogenen Linie, auf tansanisches wie auf kenianisches Gebiet erstreckt, scheint der Balken keinerlei Bedeutung zu haben.

Die Nomaden sind häufig gar nicht im Besitz eines Passes. Sie wandern unbehelligt zwischen den beiden Ländern hin und her.

Endlich, nachdem wir zweimal daran vorbeigefahren sind, finden wir die Abzweigung, die zum Amboseli-Nationalpark führt. Ein verwittertes Schild informiert uns, dass wir wieder eine Smard-Card brauchen, um dieses Naturschutzgebiet betreten zu dürfen.

Wir beschließen, den Hinweis zu übersehen und weiterzufahren. Nach unseren Erfahrungen im Abadare-Nationalpark sind wir überzeugt, dass man auch hier irgendeine Lösung finden wird, um uns einlassen zu können.

Die gut befahrbare Teerstrecke endet hier und geht über in eine steinige Sandpiste. Durch dichtes Buschwerk schlängelt sich der staubige Pfad, als führe er uns in eine andere Welt. Kein Auto, kein Mensch begegnen uns mehr. Wir sind allein mit der Natur. Nur das schmale Sandband durchschneidet die Wildnis, die in ihrer Einsamkeit und Abgeschiedenheit den Eindruck vermittelt, als habe sie vor uns noch niemand betreten - bis der wahrscheinlich absurdeste Hinweis auf frühere menschliche Anwesenheit uns eines Besseren belehrt.

Nachdem wir uns bereits fast eine Stunde durch die staubigen Biegungen des schmalen, holprigen Pfades gequält haben, steht plötzlich am Wegesrand ein einsames verrostetes Verkehrsschild, das uns auf eine kommende Linkskurve aufmerksam macht.

Wir trauen unsren Augen kaum. Das ist vollkommen verrückt. Es muss sich um eine optische Täuschung handeln.

Fast mitleiderregend steht diese vergessene Errungenschaft menschlicher Zivilisation windschief in der Wildnis, als wollte sie verzweifelt versuchen, die Anwesenheit einer richtigen Straße vorzutäuschen. Es ist wohl das Paradoxeste, was ich je gesehen habe. Das blecherne Ding könnte kaum irgendwo unpassender erscheinen als hier. Als kurz darauf ein zweites Schild eine Fahrbahnverengung anzeigt, brechen wir endgültig in brüllendes Gelächter aus.

Vielleicht zeugen diese beiden verlassenen Verkehrschilder davon, dass sich irgendwann, in grauer Vorzeit an dieser Stelle einmal ein geteerter Weg befunden hat, bevor El Ninjo über das Land gefegt ist und es in seinen Urzustand zurückverwandelt hat, heute wirken diese armseligen Zivilisationsreste mitten im Busch, nur noch wie eine groteske humoristische Einlage, die von der Vergänglichkeit menschlicher Werke erzählt.

Wir erreichen das Namanga Gate, den nordöstlichen Eingang zum Amboseli-Nationalpark.

Um gute Stimmung zu machen, leite ich die Konversation mit dem Ranger auf Suaheli ein. Nachdem wir die üblichen Höflichkeitsfloskeln ausgetauscht haben, erkläre ich ihm, wir hätten ein Problem, wir hätten nämlich keine Smard-Card.

»Bahati mbaya - Pech«, entgegnet er mit einem lapidaren Schulterzucken. Ich scheine nicht viel Erfolg gehabt zu haben, bei meinem Versuch ihn für mich einzunehmen. Ob es nicht vielleicht doch irgendeine Möglichkeit gebe, ohne diese unerlässliche Karte in den Park zu gelangen, frage ich auf Englisch weiter.

Der Schwarze schüttelt den Kopf. »No, there is no other way!« Seine Antwort klingt erschreckend endgültig. Ich sehe uns, schon zurück durch den Staub kriechen und einen endlos langen Umweg machen müssen. Womöglich werden wir am Ende gar nicht mehr die Küste erreichen.

Der Ranger hat nur auf meinen verzweifelten Gesichtsausdruck gewartet. Er verzieht den Mund zu einem breiten Grinsen und enthüllt seine strahlend weißen Zähne, um glucksend weiterzusprechen: »But you can buy one here at the gate.«

Dieser Schuft, lachend weidet er sich an meiner Erleichterung und holt triumphierend, als handele sich um eine wertvolle Eintrittskarte ins Paradies, das begehrte Objekt aus seiner Schublade.

Endlich sind wir im Park und wieder mit einer neuen faszinierenden Landschaft konfrontiert.

Eine riesige, ausgetrocknete Salzpfanne erstreckt sich über den gesamten Westen des Naturschutzgebietes. Bretteben liegt die nahezu vegetationslose Wüste vor uns, unterbrochen nur von vereinzelten, skurrilen Baumskeletten. Mahnend liegen sie in der gleißenden Hitze, als wollten sie aufzeigen, wie lebensfeindlich diese Gegend ist. Nur eine einzelne noch lebende Akazie scheint den Gegenbeweis antreten zu wollen. Es ist mir ein Rätsel, woher sie ihre Nahrung nimmt.

Die heiße flirrende Luft hält uns mit Fata Morganas von Meer und Palmenstränden zum Narren. Bisweilen glauben wir auch, riesige Zebraherden zu erkennen, aber wenn wir näher kommen, lösen sie sich auf, und es bleibt nichts, als die weiße, salzige Ebene.

Immer wieder bilden sich Windhosen, und wirbeln aufsteigende Sandfontänen über den kahlen Boden. Ein einsames Weißbartgnu, von seiner Herde abgetrennt, steht reglos, als sei es ausgestopft, auf einer winzigen Insel aus mageren, dürren Grashalmen und starrt uns an.

Fast gespenstisch mutet diese trockne, flache Weite an.

Erst als wir die Sumpfgebiete erreichen, stoßen wir auf große Tierherden. Elefanten ohne Zahl suhlen sich im Wasser, während die Madenhacker ihnen die Parasiten aus der Haut picken.

Lange beobachten wir die spielerischen Rangkämpfe junger Bullen, die sich mit ihren Rüsseln ineinander verhaken und sich gegenseitig stoßen und schubsen, bis einer von ihnen zu Boden geht.

Herden von Weißbartgnus mit ihren Jungen, Zebras, Thomson-Gazellen und Büffel begleiten uns auf dem Weg durch die riesigen, tierreichen Grasflächen des Parks.

Als wir bei der *Amboseli Serena Lodge* ankommen, schwärmen die Safaribusse gerade aus. Es ist fünf Uhr abends, Zeit auf Löwenpirsch zu gehen, aber mein gefräßiger Mann muss unbedingt ausgerechnet jetzt einkehren, um seinen vorlauten Magen ruhig zu stellen.

Die Kellner in der Logde sind nicht besonders freundlich, die Toiletten weisen unübersehbare Spuren der Touristenscharen auf, die kürzlich geschlossen hier ihre Notdurft verrichtet haben dürften, aber das von der Massenabfertigung deutlich geplünderte Büffet, bietet immerhin noch genügend Nahrungsreste, um Horst zufrieden zu stellen, und so kommen wir nach einem kurzen Aufenthalt, doch noch zu einer abendlichen Pirschfahrt.

Zwar begegnen wir auf dem Weg zum einzigen eingezeichneten Campingplatz des Parks keinen Löwen, dafür kreuzen ein Schakal und zwei Tüpfelhyänen unseren Weg; und dann muss Horst unbedingt aussteigen und das Skelett eines Elefantenschädels näher betrachten.

In der flachen, übersichtlichen Landschaft ist sein Manöver nicht zu übersehen, und wir bekommen, als er gerade wieder zum Auto zurückgehen will, Gesellschaft von zwei Rangern. Eine Staubwolke hinter sich herziehend, brausen sie in einem Jeep über die Steppe, bis sie uns erreicht haben und uns barsch darüber aufklären, dass es verboten sei, den Wagen zu verlassen.

Er hätte pinkeln müssen, meint Horst; welch selten dämliche Entschuldigung! Wenn die beiden uns beobachtet haben, müssen sie auch gesehen haben, dass Horst in der Hocke neben dem Schädel gesessen hat; und als Vertreter desselben Geschlechts, dürfte ihnen wohl auch bekannt sein, dass Männer selten in dieser Position ihr Wasser abgeben, es sei denn, sie werden von zeternden Ehefrauen, die keine Lust haben, dreimal täglich den Toilettenrand von den Spuren mangelnden männlichen Zielvermögens zu befreien, dazu gezwungen. Glücklicherweise verstehen sie Horsts sonderbares Englisch nicht und ich greife schnell ein, bevor mein Mann weitere Albernheiten von sich geben kann. Ich entschuldige mich und zerre den siegessicher Kichernden zurück zum Wagen, wo er mir den Grund seiner Freude mitteilt. Unbemerkt von den Aufpassern hat er unerlaubterweise ein Stück eines Elefantenzahns aus dem Kiefer des Schädels gepult.

Stolz wie ein kleiner Junge, der heimlich die Zigaretten des Vaters stibitzt hat, präsentiert er mir seine Eroberung. Männer! Sie können wohl in jedem Alter kindisch sein.

Kurz bevor wir den Campingplatz erreichen, entschädigt mich ein wahrhaft traumhafter Sonnen-untergang für den entgangenen König der Tiere. Glutrot färbt sich der Himmel hinter der schwarzen Silhouette des Waldes und taucht zerfetzte Wolkenbänder in flammendes Licht. Dunkle Baumriesen heben sich bedrohlich von dem dramatischen Feuerhimmel ab.

Der Platz ist unüberschaubar groß und mit dichtem

Strauchwerk bewachsen. Schmale Pfade zwischen den Büschen führen auf vereinzelte kleine Lichtungen, die sich zum Zeltaufbau eignen. So weit wir erkennen können, sind wir die einzigen Camper in dieser Wildnis. Wir fahren bis ans äußerste Ende des eingezäunten Areals, um unser Lager aufzuschlagen. Direkt hinter einer dünnen Buschreihe beginnt die weite Savanne, das Jagdgebiet der Löwen. Zwei hoch gespannte, stromgeladenen Drähte schützen uns vor Elefanten und Büffeln. Gegen die kleineren gefährlichen Tiere muss das Lagerfeuer um 300 Ksh helfen; soviel hat das Brennholz gekostet, das fünf Burschen mit zwei Schubkarren herangeschafft haben.

Wir bauen unser Zelt so auf, dass der Eingang nach Westen zeigt. Von der Decke aus, schaue ich direkt auf den dicken Stamm einer mächtigen Schirmakazie, die ihr ausladendes Blätterdach schützend über uns hält. Dunkel hebt sie sich von dem letzten fahlen Licht des Tages ab. Dahinter schimmert weit entfernt, purpurn der Himmel am Horizont.

Schnell erleuchtet ein heimeliges Lagerfeuer die beginnende Nacht - mittlerweile haben wir Übung in der Kunst des Feuermachens -, Horst kocht wieder einmal Bohnen, und es gibt Tee. Es ist ein einfaches Mahl, ohne besonderen Luxus, aber die wildromantischen Stimmung des afrikanischen Busches steht um nichts dem gestrigen Abend mit Kerzenlicht, Straußenmenü und südafrikanischem Wein nach.

Es ist friedlich. Die Grillen zirpen und noch deutet nichts daraufhin, dass schon bald die nächtliche Jagd der Raubtiere beginnen wird, der Kampf ums Überleben in der Wildnis. Mitten in dieser ruhigen, idyllischen Stimmung kommt mein Mann auf den aberwitzigen Gedanken, seine Klarinette auszupacken.

Ich bin entsetzt! Dabei habe ich selbst ihm den Vorschlag gemacht, das Instrument mitzunehmen.

Zuhause in Österreich habe ich davon geträumt, am Lagerfeuer den einsam klagenden Tönen von Horsts Musik in der Stille der afrikanischen Nacht lauschen zu können, aber damals hatte ich eine völlig falsche Vorstellung von einer afrikanischen Nacht. Hier im Busch ist sie alles andere als still. Von weit höre ich unbekannte Tierlaute, im Strauchwerk raschelt es, und die Zikaden konzertieren schöner, als jedes Musikinstrument es könnte. Jetzt erscheint mir der Klang einer Klarinette störend und völlig deplaziert. Vorsichtig frage ich Horst, ob er Mozarts kleine Nachtmusik wirklich für die hier passende Untermalung halte, aber mein eifriger Musiker lässt sich nicht beirren. Er befindet sich auf Entzug und schraubt, ohne auf meinen Einspruch zu achten, kräftig an den von der Sonne ausgedehnten Einzelteilen herum, die sich hartnäckig weigern, sich zu einem funktionstüchtigen Instrument zusammenfügen zu lassen.

Afrika und seine Witterungsverhältnisse lösen schließlich mein Problem auf ihre eigene Weise. Als mein Mann endlich den Zusammenbau seines Lieblings zustande gebracht hat und ihm die ersten Töne entlocken will, malt sich peinliches Entsetzen auf seine Züge. Das in der Hitze gequollene Holz entlässt nichts, als schrilles, quiekendes Gekrächze, das jäh die Romantik der Nacht durchschneidet. Horsts musikalische Darbietung, übertrifft an Hässlichkeit noch die grauenhaftesten Töne, der unbegabtesten Anfänger unter seinen Schülern.

Frustriert gibt er sich nach einigen weiteren Versuchen geschlagen und ich bin unendlich erleichtert. Dankbar genieße ich den Sieg, den Afrikas ungezähmte Romantik über Österreichs klassische Kultur errungen hat, während Horst seine Wunden leckt und traurig, sie ein letztes Mal streichelnd, seine Klarinette wieder im Rucksack verstaut. Aber bald genießt auch er wieder die ungewohnten Laute um uns herum, obwohl er es nicht lassen kann, mit mir darüber zu streiten, ob sich seine Musik nicht doch wunderbar in die nächtlichen Geräusche gemischt hätte, wenn es ihm nur gelungen wäre, sie so wie er sie im Kopf gehabt hätte, vortragen zu können.

Nachdem wir unser Geschirr abgewaschen und wieder im Auto verstaut haben, gehen wir schlafen – oder jedenfalls Horst geht schlafen. Ich liege wach und lausche. Die Nacht ist viel zu aufregend, um sie mit Schlaf zu vergeuden. Als die letzten Vögel und auch die Zikaden ihr Konzert eingestellt haben, beginnt es erst, das pralle, ungezähmte Leben draußen in der Savanne. Das schrille Lachen einer Hyäne durchschneidet die Nacht. Aus nächster Nähe dringt ihr wildes Gekicher an mein Ohr. Sie muss direkt hinter dem Zelt sein. Dann mischt sich ein zweiter Laut in das fast menschlich anmutende, höhnische Gelächter des Aasfressers. Fast ebenso nah klingt ein helles Knurren. Ich kann es nicht definieren, zu wenig weiß ich über die Sprache der Tiere. Es erinnert an das unwillige Drohen einer Katze, nur ist es lauter, viel lauter. Ein Leopard vielleicht, oder ein Gepard?

Weiter draußen schreit ein Gnu und ich male mir aus, wie es vielleicht mit diesem letzten Laut gerissen wird. Und dann, endlich, höre ich ihn, den König der Tiere. Weit weg zwar, aber es ist unverkennbar ein Löwe. Sein heißeres Husten kenne ich; aus allen anderen Lauten heraus würde ich es erkennen.

Aufgeregt versuche ich Horst zu wecken, um dieses Erlebnis mit ihm zu teilen, aber mein prosaischer Mann hat keinen Sinn für die Einzigartigkeit des Augenblicks, er grunzt nur ein paar unverständliche Worte, dreht sich um und schläft augenblicklich wieder ein. Ich fasse es nicht! Noch nie waren wir so dicht an der Wildnis, noch nie zuvor Ohrenzeugen des aufregenden Kampfs ums Überleben in der Natur - und mein Mann hat nichts Besseres zu tun als zu schlafen. Wenigstens ist er ausnahmsweise dabei leise und überdeckt nicht mit seinem sonst unüberhörbaren Schnarchen die aufregenden Laute der Jagd.

Wieder und wieder brüllt der Löwe. Ein anderes Tier schreit und jagt mir Schauer über den Rücken, dann lacht wieder die Hyäne. Ich habe keine Angst, auch wenn sie nur wenige Meter von mir entfernt zu sein scheint. Es ist nicht so, dass ich begeistert wäre von der Aussicht, jetzt sterben zu müssen, aber wenn ich den Tod durch ein Raubtier vergleiche mit dem, des langsamen Dahinsiechens in einem Krankenhausbett, zöge ich Ersteren vor. Es erscheint mir achtbarer, sauberer, irgendwie richtiger, einem Löwen zum Opfer zu fallen, als vor meinem Ende, von einer Krankheit in ein erniedrigtes, erbärmliches Stück Elend verwandelt zu werden, dem eine wohlmeinende Krankenschwester den Hintern abputzen und die Sabber vom Mund wischen muss.

Hier bekommt der Tod einen greifbaren Sinn. Er sichert das Überleben des Jägers, eines stolzen, kraftvollen Jägers. Lange denke ich über das Leben der Raubkatzen nach. Keine kleinliche Moral, oder schwächliche Sentimentalität halten sie davon ab, ihrer Natur zu folgen und zu töten, um selbst leben zu können.

Begriffe wie *gut* oder *böse* gelten für sie nicht. Aber gelten sie für uns nicht auch nur deshalb, weil wir ihnen Bedeutung beimessen? Sind es wirklich objektive Begriffe? Ich glaube es nicht. Ich denke unsere Wertmaßstäbe sind von uns Menschen selbst erfunden, es gibt sie nicht wirklich. Sie dienen Kirchen, Eltern und Autoritätspersonen dazu Schuldgefühle zu erzeugen und uns leichter dirigieren zu können. In Wirklichkeit gibt es weder richtig noch falsch. Es *gibt* nur einfach. Es ist! Vielleicht unterscheiden wir uns nur dadurch von den Tieren, dass wir unsere Existenz nicht schlicht hinnehmen können. Immer haben wir das Bedürfnis sie zu deuten, ihr einen Sinn zu verleihen.

Als Jungendliche hatte ich einmal einen Traum. Ich war ein Mann. Nackt, nur mit einem Lendenschurz bekleidet, stand ich, ein Messer in der erhobenen Hand haltend, vor einem Tiger der zum Sprung ansetze. Ich bin aufgewacht bevor ich erleben konnte ob ich die Attacke des prachtvollen Tieres überlebt hätte. Aber bis heute habe ich das Bild der aufgestellten Haare an der Innenseite der Schenkel vor mir, als die Raubkatze über mir war. Es war ein schöner, ein sehr sinnlicher Traum; aber erst heute verstehe ich ihn. Ich war auf einer Stufe mit dem Tier, ich war eins mit der Natur, ich habe nicht gewertet.

Wild, ungebändigt und ehrlich spielt sich das Leben in der offenen Savanne ab. Satter, brutaler Lebenswille bestimmt die Jagd der Raubtiere und keine Gesetze, als die der Natur, gelten hier in der Wildnis. Und obwohl ich in meinem sicheren Zelt liege, fühle ich mich als Teil dieser Wildnis. Ich höre die Schreie der sterbenden Tiere, das Fauchen und Knurren in nächster Nähe und am liebsten würde ich aufstehen und mich nackt dem Leben da draußen stellen - doch glücklicherweise schlafe ich ein, bevor ich meinen Mut unter Beweis stellen kann.

20. Februar 2002

Ich wecke Horst um Viertel vor sechs und treibe ihn zur Eile an. Ich will unbedingt noch etwas von den Spuren des nächtlichen Kampfes sehen, der sich zwischen gestern und heute in der Dunkelheit abgespielt hat.

In wenigen Minuten ist unser Zelt zusammengelegt und mit den restlichen Utensilien im Auto verstaut. Noch in der Dämmerung begeben wir uns auf die morgendliche Pirsch, doch es ist nichts zu sehen.

Friedlich liegt das Land im fahlen Morgenlicht vor uns, als sei absolut nichts passiert in der letzten Nacht. Ein paar Gnus, oder Zebras werden ihr Leben gelassen haben, aber die Natur geht einfach darüber hinweg, indem sie ein unbeteiligtes Gesicht aufsetzt. Freundlich geht die Sonne hinter dem Kilimanjaro auf, der uns heute offen seine schneebedeckte Kuppe zeigt, während vor ihm, in seinem Schatten, schon die Elefanten ein Morgenbad nehmen.

Über zwei Stunden durchkreuzen wir den Park, sehen Zebras, Antilopen, Elefanten, aber keine Löwen. Ich will schon enttäuscht aufgeben, dann endlich begegnen wir ihnen doch noch.

Zwei Safaribusse stehen schon eine geraume Zeit an ein und derselben Stelle und lassen uns vermuten, dass sich dort ein Raubtier aufhalten könnte. Wann immer man auf eine Ansammlung von Bussen träfe, läge der Grund dafür in der Anwesenheit einer Katze, wurde uns wiederholt als Tipp mit auf den Weg gegeben.

Als wir ankommen sind bereits noch zwei weitere Safari-Fahrzeuge eingetroffen, und tatsächlich, Bwana Simba gibt sich die Ehre und hält Hof.

Mit seiner Gespielin liegt er gelangweilt im Gras und ignoriert die gaffende Menge. Immer mehr Busse stoßen zu uns, mittlerweile sind es sieben. Gemeinsam mit unserem kleinen Auto stehen die Fahrzeuge dichtgedrängt am gleichen Fleck, und über fünfzig Menschen halten ihre Ferngläser an die Augen und starren gebannt auf das Löwenpärchen. Im Grunde ist es völlig albern. Die Tiere bewegen sich nicht einmal. Sie tun nichts weiter, als bewegungslos in der Sonne zu dösen. Aber trotz ihrer eintönigen Performance und ungeachtet der Tatsache, dass sie mehr als zweihundert Meter entfernt von uns liegen und mit bloßem Auge nur ungenau zu erkennen sind, ist ihr Publikum gefesselt und begeistert.

Es sind eben Löwen. Das Wissen um ihre Gefährlichkeit allein genügt, um uns in ihren Bann zu ziehen. Wir alle haben wahrscheinlich in diversen Zoos schon Vertreter dieser Raubkatzen aus weit größerer Nähe gesehen, aber diese Tiere hier, die jede Nacht frei und selbstständig ihre Nahrung erjagen, üben eine andere Faszination aus.

Sie lassen ihre hinter Gitterstäben eingesperrten Verwandten blass und verkümmert erscheinen.

Den Rest unsrer Pirschfahrt verschlafe ich, schließlich habe ich das in der Nacht Versäumte nachzuholen. Um halb zehn fährt Horst in die *Amboseli Lodge* ein und weckt mich, um uns zum Frühstück Mensch gewordenen Hyänen auszuliefern.

Sage und schreibe 24 Dollar müssen wir für unser nicht einmal besonders üppiges Morgenmahl blechen. Die Kellner sind noch unwirscher als in der Serena Lodge, die Toiletten komplett verschissen, und als wir an der Rezeption zahlen wollen, wird unser Geld nicht akzeptiert.

Eine etwas dümmlich dreinschauende Schwarze erklärt uns, unsre Dollarscheine seien alt und nicht mehr gültig. Das ist lächerlich. Wir haben sie vor nicht einmal drei Wochen bei einer österreichischen Bank erstanden, es muss sich um einen Irrtum handeln. Aber trotz aller Beteuerungen unsererseits, , beharrt die borniert Dame stumpfsinnig auf ihrer Ansicht, die Noten seien nicht in Ordnung. Wir wollen den Manager sprechen.

Nach einer halben Stunde Wartezeit erscheint er endlich, ein Weißer mit undefinierbarem Akzent und einem Billardqueue in der Hand. Zwar klärt er seine Angestellte über ihren Irrtum auf, aber weder von ihr, noch von ihm selbst kommt irgendeine Äußerung, die auch nur im Entferntesten an eine Entschuldigung erinnern könnte.

Eilig entschwindet der vielbeschäftigte Mann wieder zu

seinem unterbrochenen Spiel und überlässt der geistlosen Dame an der Rezeption wieder das Feld allein.

Die Preise hier sind ausschließlich in Dollar angeschrieben, trotzdem kann dieses Trampel mir das Wechselgeld angeblich nur in Kenia-Schilling auszahlen, zu einem Kurs, den man schlicht als Abzocke bezeichnen muss.

Dieser Platz ist eindeutig keine empfehlenswerte Adresse; internationale Preise, aber weit entfernt von internationalem Service.

Genervt verlassen wir so schnell wie möglich die ungastliche Stätte. Auf dem Parkplatz stellen wir fest, dass immerhin während des Frühstücks unser Auto gewaschen worden ist, was allerdings wieder ein Trinkgeld fällig macht.

Geplant ist, den Park am Kimana Gate zu verlassen, von dort den Tsavo-West Nationalpark zu erreichen und auf dessen Ostseite, wieder auf den Mombasa-Highway zu stoßen; aber als wir am Gate ankommen, wird uns mitgeteilt, wir dürften diese Strecke nur in Gesellschaft eines bewaffneten Guides befahren. Tansanische Räuberbanden machten die Straße zwischen den beiden Parks unsicher.

Von den Erfahrungen in der Amboseli-Lodge noch geprägt, glaube ich an keine Wegelagerer außerhalb des Parks, sondern halte die Warnung für den neuerlichen Versuch Touristen zu schröpfen und habe nicht die geringste Lust für die Gesellschaft eines gewehrtragenden Bodyguards zu zahlen. Da uns ohne Aufpasser die Durchfahrt verwehrt wird, kehren wir um und nehmen den Umweg über das Erimito Gate in Kauf.

Allerdings ist uns zu diesem Zeitpunkt nicht klar, wie groß der Umweg tatsächlich ist.

Nachdem wir endlich das Naturschutzgebiet verlassen haben und einige Kilometer nach Osten gefahren sind, müssten wir eigentlich auf eine Gabelung stoßen, - tun wir aber nicht. Die Sandpiste wendet sich nach Norden und bleibt dieser Richtung treu, ohne dass eine Abzweigung auftauchen würde. Haben wir sie verpasst?

Unschlüssig ob wir zurückfahren, oder darauf hoffen sollen, dass sie noch vor uns liegt, befragen wir einen Maasai, der am Wegesrand seine Rinder hütet. Er erklärt uns, die auf meiner Karte eingezeichnete Straße gebe es nicht mehr.

Na großartig, das heißt wir müssen weiter nach Norden fahren und somit einen Umweg von über achtzig Kilometern in Kauf nehmen. Wenigstens wird ein großer Teil davon geteert sein. Bis dahin haben wir allerdings noch ein ganzes Stück holprige Dreckstraße zurückzulegen.

Langsam kriechen wir vorbei an Ziegen- und Rinderherden und an ihren großgewachsenen, schlanken Hirten. Es ist ein so schönes Bild, wenn sie in ihre roten Tücher gehüllt, reich geschmückt und den Speer in der Hand haltend, im Gänsemarsch über das dünn besiedelte Land ziehen; und langsam kehrt meine gute Laune zurück und die Genervtheit weicht einer versöhnlichen, friedlichen Stimmung.

Wir sind schon fast am Mombasa-Highway angelangt, als wir in einiger Entfernung, vor uns auf der Piste zwei riesige Wasserfontänen wahrnehmen, die den Weg in einen lehmigen Bach verwandeln. Ein Rohr dürfte geplatzt sein.

Zwar führt ein trockner Ausweichpfad an dem neu entstandenen Fluss vorbei, aber riesige Steinbrocken versperren uns die Einfahrt zu dieser Alternativroute.

Am Rand der überschwemmten Piste steht eine Gruppe junger Maasai, die uns eifrig zu sich her winken. Ich vermute sie haben die Nebenfahrbahn gesperrt, in der Hoffnung, wir mögen im Schlamm stecken bleiben und sie könnten sich durch ihre Hilfe beim Anschieben ein Trinkgeld verdienen. Aber die geschäftstüchtigen jungen

Männer haben leider Pech. Unser braver 4-Wheeler schafft die Durchquerung des Wassers problemlos und wir sehen ihre enttäuschten, nassgespritzten Gesichter nur noch im Rückspiegel.

Endlich erreichen wir den Highway, die meist befahrene Straße Kenias. So sieht sie auch aus. Schlagloch reiht sich an Schlagloch und die schweren Trucks, die bei ihren Ausweichmanövern hemmungslos die gesamte Breite der Straße benutzen, versetzen mich mehr als einmal in Angst und Schrecken.

An der ersten Tankstelle löschen wir unseren Durst und den des Autos, und essen Maandazi, während ein eifriger Angestellter unser Fahrzeug zum zweiten Mal an diesem Tage wäscht. Zwar ist das ein wenig sinnvolles Unterfangen - die geteerte Hauptverkehrsader Kenias ist kaum weniger staubig als die Sandpisten in der Wildnis, und in wenigen Kilometern wird der Wagen genauso aussehen wie vorher -, aber der Mann bekommt trotzdem sein erwartetes Trinkgeld.

Die Landschaft hat sich verändert, mächtige Affenbrotbäume haben die Dominanz der Akazien abgelöst. Über tausend Jahre alt können diese Giganten werden. Ihr wasserspeichernder Stamm soll dabei bisweilen einen Umfang von bis zu 50 Metern erreichen. Die grotesken Proportionen des Riesen und seine im Sommer kahlen Äste sorgen dafür, dass Legenden und Mythen sich um ihn ranken. So wird erzählt, er sei einst ein grüner Baum gewesen, aber seine Eitelkeit habe ihn nörgeln und meckern lassen, bis sich Gott endlich erbarmt und ihm auch Blüten geschaffen habe. Doch der Baobab sei nicht zufrieden gewesen, bunter hätten sie sein sollen und größer. Ein zweites Mal habe sich der Schöpfer erweichen lassen und ihn mit dem prächtigsten Blütenkleid ausgestattet, dass in seinem Repertoire vorhanden war. Aber noch immer habe der eitle Baum an seinem Aussehen etwas auszusetzen gehabt. Da sei Gott von heftiger Wut über den Narzissten gepackt worden, heißt es; er habe ihn mit der Wurzel ausgerissen und verkehrt herum wieder in die Erde gestopft.

Zwar dürfe er nun immerhin noch zeitweilig weiße Blüten an seiner in den Himmel ragenden Wurzel tragen, aber zur Strafe für seine Undankbarkeit, habe Gott sie mit einem strengen Aasgeruch behaftet.

Ich finde, die Strafe ist milde ausgefallen. Noch immer hebt sich der mächtige Baobab von allen anderen Bäumen der Schöpfung ab, und mir gefällt seine imposante Form. Wie Monumente stehen sie in der Landschaft und bieten in ihrem hohlen Stamm den in der Trockenzeit wichtigen Wasservorrat für Elefanten.

Plötzlich, hinter Kibwezi, überrascht uns eine tiefgreifende Veränderung. Wir trauen unseren Augen kaum. Vor uns liegt eine funkelnagelneue, absolut schlaglochfreie, schnurgerade Asphaltstraße mit Mittelstreifen und Randbefestigung. Welch ein unerwarteter Luxus. Horst verfällt ins Schwärmen und will augenblicklich Rallye fahren. Leider macht ihm das Auto einen Strich durch die Rechnung. Eine eingebaute Sperre verhindert eine höhere Geschwindigkeit als 80 Km/h. Trotzdem ist es eine unglaubliche Wohltat für unsre Knochen, nicht mehr alle paar Meter in ein Schlagloch zu krachen oder, bei dem abrupten Versuch diesem im letzten Moment auszuweichen, gegen die Türen geschleudert zu werden.

Als wir in Mtito Andei direkt an der Straße gar ein Restaurant mit Schwimmbad, entdecken, sind wir schon fast überzeugt davon, dass wir Afrika versehentlich verlassen haben müssen.

Hungrig sind wir nicht, aber nachdem Schweiß und Staub uns alle Poren verkleben, ist die Aussicht auf ein kühles Bad unwiderstehlich.

Wir bestellen kalte Getränke und dürfen den Pool benutzen. Ein Schild am Beckenrand fordert uns auf, doch bitte vor dem Schwimmen den Staub des Mombasa-Highways gründlich abzuduschen, da sich sonst das Wasser im Becken trüben könnte. Wir wären gern bereit, der Aufforderung zu folgen, aber die Dusche unterwandert leider unseren Versuch. Sie tropft nur so spärlich, dass ich fürchte, unser gesamter restlicher Urlaub würde nicht ausreichen, um unter diesem Rinnsal auch nur die Hälfte des Drecks auf unseren Körpern zu entfernen. Dann eben nicht. Der Zustand des Pools lässt ohnehin vermuten, dass schon vor uns einige Badende an der unfähigen Dusche gescheitert sind. Das Wasser ist grau-grün, und ich kann den Grund nicht sehen, aber das kümmert uns wenig, es bietet trotzdem Abkühlung und hat sogar einen gewissen Reinigungseffekt. Nur meine Haare kleben nach dem Bad in der trüben Brühe noch mehr als vorher.

Nach einer halben Stunde verlassen wir, erfrischt und erholt, den freundlichen Garten. Während unsrer Rast ist das Auto zum dritten Mal für heute gewaschen worden - oder besser, der Dreck ist in gleichmäßigen Schlieren auf dem Lack verteilt. Das Staub-Wasser-Gemisch im Eimer des fleißigen Putzers ist leider eindeutig zu Ungunsten des Wassers ausgefallen. Sein Trinkgeld bekommt er natürlich trotzdem. Schließlich sind die Spuren seiner Arbeit deutlich zu sehen.

Der weitere Weg führt uns mitten durch den Tsavo-Nationalpark. Pavian-Horden tummeln sich neben der Straße, die das Naturschutzgebiet in Tsavo-West-, und Tsavo-Ost-Nationalpark unterteilt.

Bis Voi, wo unsre heutige Etappe enden soll, sind es nur noch knapp hundert Kilometer, eine Strecke, die wir dank der neuen Straße, in anderthalb Stunden schaffen.

Durch dichten Busch brausen wir mit einer sagenhaften Durchschnittsgeschwindigkeit von nahezu 70 Stundenkilometern, bis wir den nichtssagenden Ort erreichen und endlich wieder Geld umwechseln können.

Die *Red Elephant Safari Lodge* soll unser heutiges Endziel sein. Auf ihrem Gelände darf man angeblich auch campen, was uns zu dieser Wahl veranlasst hat.

Die Unterkunft liegt direkt am Eingang des Parks, außer Sichtweite jeglicher Zivilisation und in absoluter Idylle. Nur mit dem Zelten gibt es ein Problem. Zwar wäre es im Prinzip möglich, erklärt uns der deutsche Besitzer, aber zur Zeit sei es ganz einfach zu gefährlich. Die Maisfelder hinter der Lodge stünden in voller Reife, was die Elefanten dazu veranlasse, jede Nacht über das Gelände der Lodge zu spazieren, um sich daran gütlich zu tun. Ein in ihrem Weg stehendes Zelt, würde sie kaum veranlassen, einen Umweg in Kauf zu nehmen. Wenn wir also vorhätten, den morgigen Tag zu erleben, sollten wir tunlichst eine andere Übernachtungsmöglichkeit wählen.

Unser Reisebudget liegt schon ziemlich in den letzten Zügen, aber unser Gastgeber hat Verständnis und kommt uns mit dem Preis für ein Zimmer derart großzügig entgegen, dass wir sein Angebot unmöglich ausschlagen können.

Als wir unseren Schlafplatz dann sehen, sind wir vollends entzückt. Der kleine Raum ist einfach, aber saugemütlich, sehr rustikal und mit viel Holz und Stein eingerichtet. Ein intaktes Moskitonetz verwandelt die gemauerte Schlafstatt in ein Himmelbett, und das Zimmer besitzt eine eigene Veranda mit Blick auf den Busch. Morgens und abends gibt es jeweils für ein paar Stunden Strom aus dem Generator, ansonsten stehen Kerzen zur Beleuchtung bereit. Abendessen und Frühstück in dem einladenden, nach allen Seiten offenen Kernstück des freundlichen Anwesens, das, neben dem Empfang und einer Bar, ein heimeliges Speisezimmer beherbergt, sind inklusive, ebenso wie die Benutzung eines kleinen Swimmingpools, zu dessen Besuch uns der Besitzer sogleich herzlich einlädt.

Schnell werfen wir uns in unser Badezeug und treffen

ihn und seine Frau, samt 14jähriger Tochter am Wasser und erfahren eine neue Lebensgeschichte.

Die Beiden kommen aus der ehemaligen DDR und haben sich vor 11 Jahren, nach nur einem einzigen Pauschalurlaub in Kenia, spontan entschlossen, ihre Brücken zuhause abzubrechen und in diesem Land einen Neuanfang zu wagen. Sie haben alles verkauft, sind mit ihrer damals dreieinhalbjährigen Tochter nach Afrika geflogen, haben sich ein Safarifahrzeug zugelegt und damit begonnen den Beachboys, die am Strand Touristen für Ausflüge in die Nationalparks keilen, Konkurrenz zu machen.

Mit Erfolg, wie man sieht. Heute besitzen sie die Lodge und ein Reisebüro in Deutschland. Ihre Tochter geht zuhause zur Schule, und die ganze Familie lebt abwechselnd hier wie dort, während ein einheimischer Manager, in ihrer Abwesenheit, den Betrieb bei den roten Elefanten führt.

Sie berichten von ihren Erfahrungen, Rückschlägen und Lernprozessen und haben so manche Anekdote zu erzählen. Ich lausche mit offenen Ohren und sauge die Informationen begierig ein, während ein Teil von mir auf träumerische Wanderschaft geht. Die beiden machen nicht den Eindruck von professionellen Abenteuerern, sie sind etwa in unserem Alter und scheinen ganz normale Durchschnittsmenschen zu sein - wie wir.....

Nur ihr Mut, ihr Unternehmungsgeist und die Bereitschaft, Neuem gegenüber offen zu sein, haben ihnen zu einem Leben zwischen Afrika und Europa verholfen, das sie ganz offensichtlich erfüllt.

Ihr Beispiel inspiriert uns, unseren eigenen Träumen nachzuhängen und Pläne zu schmieden.

Noch lange sitzen wir an diesem Tag, nach dem schmackhaften, dreigängigen Abendessen, auf unserer Veranda und diskutieren bei Kerzenlicht darüber, wie wir unsre eigene Lodge gestalten würden.

Rustikal, aber stilvoll sollte sie sein, darin sind wir uns einig. Ich möchte Safaris zu Pferd anbieten und die Picknicks im Busch, von Kellnern mit formvollendetem Benehmen, auf weißen Tischdecken servieren lassen.

Abends gäbe es Dinner bei Kerzenlicht und klassischer Musik, in afrikanischem Ambiente. Gerade die Vermischung der Gegensätze stelle ich mir reizvoll vor. Ich möchte die positivsten Erscheinungsformen beider Kulturen zu einem paradiesischen Erlebnis für meine Gäste verbinden.

Horst, als leidenschaftlicher Koch, geht sogar noch einen Schritt weiter. Er greift zu Papier und Stift und entwirft bereits seine vollständige Speisekarte.

Zu schade, dass unsere Kreativität nicht ausreicht, um einen funktionstüchtigen Plan zur Beschaffung des nötigen Anfangskapitals zu entwickeln. Aber wir werden nicht aufgeben. Wir sind ein gutes Team, und wir ziehen am gleichen Strang; und eines Tages wird unser Traum Wirklichkeit werden, davon bin ich überzeugt.

Wir werden in Afrika leben.

Spät ziehen wir uns in unser Himmelbett zurück; die Tür zur Veranda bleibt offen, und die Zikaden begleiten uns in den Schlaf.

21. Februar 2002

Wieder ein Abschied.

Beim üppigen Frühstücksbüfett überlegen wir, ob wir nicht eine weitere Nacht hier bleiben und im Tsavo-Nationalpark, noch ein letztes Mal die Wildnis genießen können. Dank der fantastischen Straße nach Mombasa, erscheint der Hin- und Rückweg an einem Tag möglich.

Aber unser Gastgeber zerschlägt meine Hoffnungen, als er uns darüber aufklärt, dass die Straße leider nicht bis Mombasa in diesem Zustand bleibe.

Nur das Stück das El Ninjo zur Gänze vernichtet habe, sei neu gebaut worden. Er hat eine weitere Anekdote auf Lager. Es habe damals eine Ausschreibung gegeben, ein chinesisches Bauunternehmen habe den Zuschlag erhalten und Strafgefangene zur Arbeit nach Afrika geschickt, was erkläre, warum es ihnen gelungen sei, sämtliche Angebote anderer Firmen weit zu unterbieten. Der Erfolg sei gewesen, dass es, nach Beendigung der Bauarbeiten, keine Hunde in der Gegend um die Luxusstraße mehr gegeben habe. Sie dürften den Essgewohnheiten der Chinesen zum Opfer gefallen sein.

Es fällt mir schwer mich zu trennen, aber es muss sein.

Sehnsüchtig lasse ich, auf dem Weg nach Mombasa, meine Blicke über das weite, scheinbar unberührte Buschland schweifen. Wie gerne würde ich die Straße verlassen und mich wieder in unwegsames Gelände begeben, hin zu den Taita Hills, die sich steil aus der Ebene erheben, als wollten sie mich zu sich locken. Dicke, bauschige Wolken hängen am Himmel und kündigen die nahe Regenzeit an. Ich werde nicht mehr hier sein, wenn sich das trockne Land in ein blühendes Meer verwandelt. Wehmut presst mir die Brust zusammen, während ich die Bilder der Landschaft in mich einsauge.

Dann ändert sich die Aussicht. Die ersten Kokospalmen verraten bereits die Nähe der Küste, und schon bald sind wir mitten in einer neuen Vegetation. Bananenstauden und Palmenhaine in sattem Grün lösen das trockne Buschland ab und verbessern meine Stimmung. Eine neue Landschaft, ein neues Abenteuer, noch ist die Reise nicht zuende. Die Schule wartet, und ich bin neugierig, wie sich uns die vertraute Gegend am Meer präsentiert.

Mombasa ist laut, bunt und belebt, wie ich es von unserem letzten Aufenthalt in Erinnerung habe, aber die moslemisch geprägte Stadt erscheint uns, nach den Erfahrungen dieses Urlaubs, nicht mehr so fremd wie beim ersten Besuch, sondern fröhlich und lebendig. Es ist ein bisschen wie »nach Hause kommen«.

Die Fähre ist überlaufen wie immer, hektisches Treiben herrscht an der Abfertigung und Massen an Fußgängern stehen hinter dem Geländer, das sie von den Autos trennt; aber keiner von ihnen starrt uns neugierig an, wir gehören dazu. Auch fehlen heute die Souvenirverkäufer, die mich im letzten Jahr ängstlich das Fenster des Reisebusses haben schließen lassen, um ihren aufdringlich grabschenden Händen zu entgehen.

Vielleicht kennen sie die Ankunftszeiten der Chartermaschinen aus Europa und kreuzen nur auf, wenn Busladungen von Touristen, die zum Strand gekarrt werden wollen, zu erwarten sind. Einzelne Reisende bleiben unbehelligt.

Es ist schön mitten in dem bunten Treiben zu sitzen und Sätze mit »Weißt Du noch...?« anzufangen.

Den Weg zur Schule müssen wir erfragen. Ukunda ist uns fremd geworden. Die Streusiedlung hat sich vergrößert seit unserem letzten Besuch, wir erkennen nichts wieder. In unübersichtlichem Gewühl sind die Wellblechhütten und Holzbaracken angeordnet. Der Ort scheint aus allen Nähten zu platzen. Hier, in der Nähe der reichen Touristen, sammeln sich Einheimische aus ganz Kenia, in der Hoffnung einen Job zu finden. Nicht viele haben Erfolg. Schmutz und Armut findet sich überall. Bettler, Krüppel und verwahrloste Gestalten mischen sich mit besser gekleideten Schwarzen in billigen Anzügen und Kindern in Schuluniform. Wer immer hier lebt, mehr als eine Hütte, besitzen wahrscheinlich auch die Bestverdienenden unter ihnen nicht. Trotzdem lachen die Menschen, sind freundlich und bringen es fertig, ihrem Leben noch etwas Positives abzugewinnen.

Ihre gute Laune ist ansteckend. Ein paar Kinder weisen

uns die Richtung und dann sehen wir auch schon das Schild : »*Manuel Alexander School and Kindergarten*«.

Der Direktor empfängt uns und führt uns herum. Auf dem Spielplatz zwischen den einfachen Gebäuden, die jeweils ein Klassenzimmer beherbergen und die mit hübschen Makuti-Dächern gedeckt sind , spielen ein paar Kinder in rosa-schwarzer Uniform. Als sie uns sehen, unterbrechen sie abrupt ihre fröhliches Spiel und schauen uns verschüchtert nach. Ich habe irgendwo gelesen, früher sei schwarzen Kindern mit dem weißen Mann gedroht worden, der käme und sie auffräße, falls sie nicht artig seien. Meine eigene Großmutter hat noch die gleiche Drohung benutzt, nur war es bei ihr ein schwarzer Mann, der weiße Kinder frisst.

Fast scheint es, als seien die Kinder auch heute noch nicht sicher, ob sie uns trauen können. Überall wo wir gehen, erstirbt das unbefangene Lachen. Scheu schauen uns die Kinder an und folgen uns mit ihren Blicken.

Der Direktor zeigt uns die Klassenzimmer, erklärt uns den Lehrplan und dankt uns für unsere Unterstützung, die, mit den Spenden vieler anderer, die Existenz dieser Schule erst möglich macht.

Ich freue mich sehr, als er mir erzählt, dass auch die eigene Kultur unterrichtet wird. Die Kinder erfahren, neben modernem Stoff, auch Wissenswertes über die Stämme Afrikas und ihre Traditionen. So würden zum Beispiel Feste veranstaltet, erfahren wir, die sie selbst mitgestalten könnten, wo sie, durch Tänze und musikalische Darbietungen, ihre eigene Kultur präsentieren könnten und die der anderen Kinder veranschaulicht bekämen.

Am Ende der umfassenden Führung, steht der Besuch eines Klassenzimmers. Wir werden vorgestellt, und ein schüchterner Chor artiger Kinderstimmen begrüßt uns höflich. Ich fühle mich höchst unbehaglich, in der Rolle des großen, weißen Gönners, der scheinbar kommt, um sich seinen Dank für die edle Spende abzuholen; aber dem Direktor gelingt es, mit ein paar Scherzen die Kinder zum Lachen zu bringen, und langsam entspanne auch ich mich. Am Ende bin ich froh mich überzeugt zu haben, dass das uns anvertraute Geld in gute Hände gekommen ist.

Die Manuel Alexander School ist ein beeindruckendes Projekt. Hier scheinen Kinder, ohne religiöse Zwangsbekehrung und, dank organisierter Patenschaften, auch unabhängig von den Einkommensverhältnissen ihrer Eltern, eine fundierte Ausbildung zu bekommen, die es ihnen ermöglicht, eine der weiterführenden Schulen zu besuchen, die ihre Chancen auf einen Arbeitsplatz erhöht. Eine eigene Secondary School ist ebenfalls in Planung und wird hoffentlich dazu beitragen, Kenia zu einer Bildungsschicht zu verhelfen, die imstande ist, die Interessen des Landes international zu vertreten, ohne sich dabei von westlichen Industriestaaten manipulieren zu lassen, und der es dennoch gelingt, die Werte der unterschiedlichsten afrikanischen Kulturen zu erhalten und zu pflegen.

Nach dem Besuch der Schule, suchen wir unser Nachtquartier auf. Nur ein Platz scheint, nach der Lektüre des Reiseführers, wirklich zum Campen geeignet, und tatsächlich stellt sich die Empfehlung des klugen Buches wieder einmal als Volltreffer heraus.

Marliese, die deutsche Mitbesitzerin von *Kanini´s Island Cottages*, begrüßt uns, als seien wir alte Freunde, und wir sind augenblicklich mitten im Gespräch. Sie und ihr Freund sind gerade dabei ihren eigenen Bungalow neu decken zu lassen und Marliese ist schwer im Stress, weil alles etwas chaotisch ist. Da die zu vermietenden Cottages nicht voll besetzt sind, bietet sie uns an, für den gleichen Preis den wir fürs Zelten einkalkuliert haben, ein Zimmer mit Küchenbenutzung zu beziehen. Wir könnten natürlich auch unser Zelt aufbauen und trotzdem die Küche benutzen, meint sie.

Spätestens nachdem wir das gemütliche Zimmer gesehen haben, entscheiden wir uns, das nette Angebot anzunehmen. Wir sind die einzigen Gäste in dem, mit fünf Schlafräumen ausgestatteten *Jumbo-Cottage* und haben Küche und Veranda, von der wir direkt auf den palmengesäumten Swimmingpool schauen können, ganz für uns allein. Marliese muss zurück zu ihrer Baustelle. Sie lädt uns ein, später, nach dem Essen, mit ihr und ihrem Freund einen Kaffee zu trinken; dann lässt sie uns allein und wir fahren einkaufen, um am Abend den ungewohnten Luxus einer voll ausgestatteten Küche gebührend feiern zu können.

Nun sind wir eigentlich wieder auf vertrautem Gelände, aber irgendwie auch nicht. Zwar haben wir die Straße zum Einkaufszentrum schon letztes Jahr benutzt, aber auch hier hat sich vieles verändert. Etwa so stelle ich mir Mallorca vor. Es ist entsetzlich! Afrika ist kaum mehr zu spüren. Nicht nur die Tatsache, dass alles in Deutsch angeschrieben ist, sondern auch was auf den Schildern angepriesen wird, lässt mich erschauern und verweist deutlich auf die Klientel, die hier an der Küste anzutreffen ist. Es tut mir schrecklich leid, es gelingt mir nicht nachzuvollziehen, warum Menschen nach Afrika reisen, um dort Sauerkraut und Würstchen oder Schnitzel mit Pommes zu verzehren.

Als mir im Laden dann ein feister Schwabe den Vortritt lässt und in tiefstem Dialekt versucht, mich in ein Gespräch zu verwickeln - ganz selbstverständlich davon ausgehend, dass ich natürlich deutsch, oder das was er dafür hält, spreche -, wird mir endgültig schlecht, und ich habe augenblicklich Heimweh nach dem Hochland. Das hier ist nicht Afrika.

Nein, ich fürchte auch das hier ist Afrika, aber eine Seite die nicht sehen will. Eine grauenhafte Vision von einem

Afrika der Zukunft, wenn die Globalisierungswelle auch das letzte Dorf erreicht haben wird, wenn McDonalds-Läden und Schnitzelwirte das ganze Land überziehen und der dann moderne, hervorragende Zustand des Straßennetzes, die landesweite Verbreitung deutscher Kleinwägen zur Folge haben wird; und wenn auch der letzte Samburu im Norden Kenias, in Nike-Schuhen auf Arbeitssuche gehen wird. Welch eine Horrorvorstellung!

Das Einzige, was mich tröstet, ist die Tatsache, dass ich die Umsetzung dieser Vision in die Realität ganz sicher nicht mehr erleben werde. Aber der Vorgeschmack reicht auch schon aus, um mich gründlich zu verstören.

Schnell erledigen wir unsre Einkäufe und unser Rückzug auf das Gelände von Kaninis Island hat fast etwas von einer Flucht.

Eigentlich hatten wir vor, unser Hotel vom letzten Jahr zu besuchen und einen Strandspaziergang zu machen, aber mir ist die Lust auf Massentourismus gründlich vergangen. Lieber bleiben wir in der Abgeschiedenheit unsres Domizils und genießen den kleinen Pool in Afrika-Form und die Gesellschaft von Marliese und Paulo, ihrem einheimischen Lebensgefährten.

Während Horst kocht, genieße ich die Dusche. Es ist das luxuriöseste Exemplar seiner Gattung, dem ich auf der gesamten Reise begegnet bin. Die Temperatur des Wassers ist nicht nur beliebig einstellbar, es kommt auch mit Druck aus dem funktionstüchtigen Duschkopf.

Sauber und ohne verbrannte Kopfhaut, treffe ich Horst auf der Veranda. Er hat schon angerichtet, und ich werde mit einer fantastischen Kreation meines Superkochs verwöhnt. Es gibt Tilapia auf Curry-Krabben-Sauce, mit Süßkartoffeln. Dazu trinken wir kalten Papayawein.

Die zweite Flasche nehmen wir mit zu Marliese und Paulo.

Marliese zeigt uns ihr eigenes Heim und erzählt uns über die Entstehungsgeschichte dieser Anlage. Auch sie hat sich mit Mut und Durchhaltevermögen einen Traum erfüllt. Wie wir kam sie vor einigen Jahren, im Rahmen eines Pauschalurlaubs, an die Küste und machte sich, mit mehr Abenteuergeist, als wir bei unserem ersten Aufenthalt aufgebracht haben, daran, auch die Gegend außerhalb der Hotelanlagen zu erkunden. Empört darüber, dass es ihr nicht erlaubt wurde, ihre neu gewonnen einheimischen Freunde in ihr Feriendomizil auf ein Getränk einzuladen, entschied sie, diese Form der Apartheid gehöre abgeschafft und entwarf kurzerhand den Plan, ihre eigene Ferienanlage zu gründen.

Zwar habe auch sie Rückschläge in Kauf nehmen und eine rosa-rote Brille aufsetzen müssen, wie sie sagt, um die Anfangsschwierigkeiten zu überwinden, aber sie habe ihren Entschluss keine Sekunde bereut. Der Erfolg gibt ihr recht. Kanini´s Island Cottages ist sicher kein Unternehmen, dass ihr zu großem Reichtum verhilft, aber die Anlage, in der nicht nur Touristen, sondern auch ihre Gäste willkommen sind, sichert ihr ein gutes Auskommen jenseits der Kälte - in klimatischer wie in menschlicher Hinsicht.

Wir erzählen von unseren Träumen, und Marliese hat auch prompt eine Idee, welches an der Küste noch fehlende Unternehmen, uns ein Leben in Kenia ermöglichen würde: Essen auf Rädern für alte deutsche Frauen, die, von ihren Maasai-Liebhabern sitzen gelassen, oft ohne Englischkenntnisse und ohne Verwandtschaft, zu der sie zurückkehren könnten, in großer Zahl an der Küste ihren einsamen Lebensabend fristen würden. Wenn man die Damen zu den Mahlzeiten zusammenbringen würde und vielleicht, als zusätzlichen Service, gemeinsame Unternehmungen organisieren könnte, fände das bestimmt großen Anklang. Eine wenig verlockende Vorstellung!

Abgesehen davon, dass ältliche weiße Damen, deren naiver Glaube, an die dauerhafte, unverbrüchliche und möglichst noch monogame Liebe eines zwanzig Jahre jüngeren, gutgewachsenen stolzen Maasais, sie in die Einsamkeit getrieben hat, nicht gerade zu der Klientel gehören, mit der ich mich den Rest meines Lebens umgeben möchte, ist auch das schwüle, ganzjährig feucht-warme Küstenklima nichts, was mich lockt. Selbst jetzt in der Nacht kleben mir die Klamotten am Körper und ich sehne mich nach einer kühlen Brise.

Nein, was mich reizt ist ein anderes Afrika. Ich vermisse schon jetzt die weiten, unbewohnten Grassavannen des Hochlandes, wo mein Blick frei bis zum Horizont schweifen kann, die frische, klare Morgenluft und die trockne, flimmernde Hitze des Tages, von der man sich in angenehm kühlen Sternennächten erholen kann. Mich zieht es in die Einsamkeit und in die Wildnis.

Ich möchte näher an Afrikas Tierwelt leben und morgens darüber klagen können, dass Elefanten meinen Garten zertrampelt haben, während ich stirnrunzelnd den Blick in den wolkenlos strahlenden Himmel richte und auf den Regen hoffe und bange, ob meine Brunnen bis zu seinem Eintreffen wohl noch genügend Wasser liefern werden.

Und ich möchte Menschen um mich haben, die einer fremden Kultur angehören und dieser noch treu sind.

Ein Satz aus der Verfilmung von Stefanie Zweigs Roman »Nirgendwo in Afrika«, hat mich tief bewegt. Die jüdische Mutter, die, zur Flucht aus dem Hitler-Deutschland gezwungen, in Kenia landet und sich zunächst gar nicht mit ihrem neuen Leben anfreunden kann, erklärt ihrer Tochter, wenn sie eines in Afrika gelernt hätte, dann sei es, dass Unterschiede etwas Wertvolles seien.

Ich kann ihr nur aus tiefstem Herzen beipflichten. Sie sind es, die das Leben interessant und lebendig machen. Gerade die Widersprüchlichkeit, die sich in Afrika in so vielen Facetten zeigt und die klare Unterscheidungen zwischen gut und böse, zwischen richtig und falsch unmöglich macht, ist es, die mich inspiriert und die mich so sehr zu diesem Kontinent hinzieht.

Ich träume von einer Welt, wo Menschen lernen in dem Spannungsverhältnis zu leben und Unterschiede bestehen lassen können, ohne sie zu werten.

Die Afrikaner haben uns Europäern auf diesem Gebiet einiges voraus. Seit Menschengedenken leben hier die unterschiedlichsten Stämme nebeneinander. Von Geburt an wächst man auf, in dem Wissen, dass die eigenen Werte und Bräuche relativ und eben nur für die eigene Kultur gültig sind. Diese Erfahrung lehrt ein Maß an Toleranz, von dem wir in Europa sehr weit entfernt sind.

Natürlich gibt es auch Auseinandersetzungen in Afrika, seit jeher bekriegen sich Stämme, aber dabei geht es um das eigene Überleben und nicht um die Verbreitung eigener Ideale. Wenn das Land nicht genug Nahrung für alle Menschen hergibt, werden immer die Stärkeren die Schwächeren vertreiben; das mag nicht schön sein, aber es ist ganz natürlich und notwendig. Dagegen halte ich es weder für natürlich noch für notwendig, Menschen wegen ihrer Hautfarbe, ihrer Religion oder ihren Anschauungen zu bekämpfen.

Wäre es nicht auch möglich, dass die Kulturen nebeneinander leben ohne einander zu zerstören? Afrika mit seinen unterschiedlichen Ethnien hat eine solche Lebensform jahrhundertelang praktiziert. Selbst die Kämpfe um fruchtbares Land hatten selten die vollständige Auslöschung der unterlegenen Stämme zur Folge. Erst die weiße Rasse hat, durch ihre modernen Waffen, die großangelegte Zerstörung ganzer Volksgruppen ermöglicht oder, durch Missionierung und Ausbeutung der in Afrika vorhandenen Ressourcen, die Menschen hier vor die Wahl gestellt, ihre eigene Kultur zu verleugnen und sich der modernen Lebensweise anzupassen - oder unterzugehen.

So vieles haben wir schon vernichtet, aber bis heute ist es Afrika gelungen sich seine Toleranz zu erhalten, möge es diesem wunderbaren Kontinent auch gelingen, sich seine Unterschiede zu erhalten und möge es mir gelingen hier zu leben, ohne mich an der weiteren Zerstörung der afrikanischen Kultur und der Traditionen zu beteiligen.

Lange sitzen wir auf der Veranda und diskutieren mit Paulo und Marliese darüber, was Kenia braucht und wie es möglich ist, als Europäer verantwortungsvoll in diesem Land zu leben.

Als wir uns endlich verabschieden stellen wir fest, das Kanini´s Island, neben interessanterer Gesellschaft, einen weiteren Vorteil gegenüber den anonymen Hotelanlagen bietet. Regeln, wie sie im Großbetrieb des Massentourismus nötig sein mögen, gibt es hier nicht. Ein romantisches, mitternächtliches Bad im Afrika-Pool ist erlaubt und entschädigt uns für das drückende Klima.

Wir genießen die Abkühlung unter Palmen und dem funkelnden Sternenhimmel und lassen uns anschließend am Beckenrand von der tropischen Nachtluft trocknen, bis wir endlich schlafen gehen.

22. Februar 2002

Trotz der wenig vertrauenserweckenden Riesenameisen am Fußboden und der drückenden Schwüle im Zimmer, haben wir einigermaßen gut geschlafen. Der Ventilator an der Decke hat zumindest für einen feuchtwarmen Luftzug gesorgt, ohne den wir, wenn wir die Nacht im Zelt verbracht hätten, wohl vollständig schlaflos geblieben wären.

Nichts wie raus und ins Wasser. Ein Bad vor dem Frühstück weckt unsre verschwitzten Lebensgeister und macht uns frisch für einen neuen Tag.

Eigentlich hatten wir den Besuch am Meer auf heute verschoben, aber noch immer kann uns die Aussicht auf Touristenscharen, nicht wirklich locken. Es zieht uns beide zurück in die Wildnis, und so entschließen wir uns, das Meer Tante Trude und ihrem bierbäuchigen Mann zu überlassen und statt dessen einen Ausflug in das wenig besuchte Shimba-Hills-Nationalreservat zu machen.

Während ich auf der schattigen Veranda meine Tagebuchaufzeichnungen vervollständige, brät Horst in der Küche Speck, Eier und Bratwürstchen, die wir bei unserem gestrigen Einkauf erstanden haben. Außerdem richtet er ein Picknickpaket für unterwegs her.

Leider kann ich das wunderbare Frühstück nicht zur Gänze genießen. Ich habe meinen Teller gerade mal zur Hälfte geleert, als plötzlich, von oben, ein braunes, schleimiges, undefinierbares Etwas mitten auf mein Spiegelei klatscht. Was zum Teufel ist das? Ein Blick zum Dach bringt des Rätsels Lösung. Eine der Fledermäuse, die schlafend in dem Makutigeflecht über der Veranda hängen, hat die Unverschämtheit besessen, ihren Darm genau über meinem Teller zu entleerten.

Na Mahlzeit!

Wenigstens hat Horst, in alter Gewohnheit, mindestens für eine fünfköpfige Familie aufgetischt, und so sind noch genügend Würstchen vorhanden, um meinen Hunger zu stillen. Eilig schützen wir sie, mittels eines Küchenhandtuchs, vor weiterer Fledermausscheiße.

Endlich sind wir aufbruchbereit. Bei feuchtheißem Klima verlassen wir unser Domizil und folgen der Küstenstraße in Richtung Mombasa, bis zur Abzweigung nach Kwale. Von dort an geht es bergauf, vorbei an Kokospalmen und Mangobäumen, durch immer dünner besiedeltes Gebiet, hinauf zu den Shimba Hills. Nicht einmal eine Stunde von der Küste entfernt, ist das Land wieder völlig verändert. Die Luft ist klarer und die Hitze trocken. Von Hemmingways »*grünen Hügeln Afrikas*«, bieten sich dem Auge phantastische Ausblicke über das weite Buschland und die Küstegebiete. Hier kann man wieder atmen.

Wir sind am Gate angekommen. Leider gibt es keine Karte des Reservates zu kaufen, und in unserem Reiseführer ist das mit 320 Quadratkilometern vergleichsweise kleine Naturschutzgebiet, eher stiefmütterlich behandelt. Nur eine halbseitige Schwarz-Weiß-Grafik beschreibt die Routen in seinem Gebiet. Schon bald stellt sich heraus, dass das im Buch angegebene Wegenetz unvollständig ist und sich die dort erwähnten Fixpunkte nicht mit denen decken, die sich auf den Hinweisschildern, an den Wegkreuzungen befinden. Dazu kommt, dass das Reservat zum Teil dicht bewaldet ist, was die Übersicht über ein weites Gelände erschwert.

Schnell geben wir es auf, nach bestimmten Aussichtspunkten zu suchen, legen die Karte zur Seite und fahren aufs Geratewohl, ohne auf eine bestimmte Richtung zu achten und lassen uns nur von den angelegten Pfaden, die die Wildnis durchschneiden, leiten. Aufgrund der dichten Vegetation bekommen wir wenig Tiere zu sehen. Nur wo der Wald sich lichtet, stoßen wir ab und zu auf ein paar Giraffen, aber da wir in erster Linie wegen der Landschaft gekommen sind, stört uns das wenig. Durch dichten Regenwald führt uns der Weg und zeigt uns fremdartige Bäume, die hoch über uns ragen und uns mit eigentümlichen Formen in ihren Bann ziehen. Immer wieder öffnet sich der ungewöhnliche Wald und gibt den Blick frei auf das atemberaubende Panorama des umliegenden Buschlandes, um uns gleich darauf wieder in sein schattiges Dunkel zu hüllen.

Eine besondere Attraktion dieses Reservates sind die seltenen Rappenantilopen, die außer hier, weltweit nur noch in zwei tansanischen Schutzgebieten vorkommen. Besonders die einzelgängerischen männlichen Tiere seien aber, aufgrund der dichten Vegetation nur schwer zu beobachten, heißt es.

Wir haben Glück. Als das Grün des Waldes sich wieder einmal öffnet, steht er vor uns, der prächtige, schwarze Bock. Als sei er sich seiner Besonderheit bewusst, präsentiert er sich auf der Lichtung wie ein Wahrzeichen. Bewegungslos stellt er seine imposanten, nach hinten gebogenen Hörner zur Schau, und sein dunkles Fell glänzt in der Sonne.

Wir fahren weiter, bis uns ein Schild den Weg zu den *Shedrick-Falls* weist. Die Fälle sind erfreulicherweise auch auf meiner Karte eingezeichnet, und so beschließen wir, dem Schild zu folgen, um uns wieder orientieren zu können.

Ein paarmal geraten wir noch in die Irre, aber schließlich werden wir doch fündig. Kein Mensch ist zu sehen, auch der Rangerposten scheint ausgestorben. Das nimmt uns die Möglichkeit, uns mit einem bewaffneten Führer auszustatten, und so bleibt uns nichts anderes übrig, als den Abstieg zu dem Wasserfall verbotenerweise alleine zu wagen.

Eine Stunde sollte man für Hin- und Rückweg einkalkulieren, rät Herr Fiebig, der Verfasser unsres schlauen Buches. Noch nie haben wir uns in der Wildnis, ungeschützt so weit von unserem Auto entfernt, und mir ist etwas mulmig. Aber mein unerschrockener Mann will keine Bedenken hören. Abenteuerlustig sucht er nach einem geeigneten Stock, schnitzt mit seinem Taschenmesser das eine Ende zu einer Spitze und bildet sich nun tatsächlich ein, einen Speer gebastelt zu haben. Mit seiner neuen, wenig vertrauenerweckenden Waffe in der einen und der Machete in der anderen Hand, steht mein stolzer Krieger vor mir und meint, mich derart gerüstet, vor aller Unbill beschützen zu können, während ich die Vorstellung, er müsste mit seinem Stöckchen einem wildgewordenen Büffel gegenübertreten, nicht wirklich beruhigend finde. Aber ich möchte seinen Optimismus nicht zerstören. Was tut also eine liebevolle Ehefrau? Sie schweigt, folgt ihrem vermeintlichen Helden in die Gefahr und tut wenigstens so, als fühle sie sich in seiner hehren Gesellschaft tatsächlich sicher.

Wir packen einen mickrigen Rest Trinkwasser und die Sandwichs, die Horst am Morgen vorbereitet hat, in den kleinen Rucksack, und natürlich darf auch der Fotoapparat nicht fehlen - vielleicht habe ich Gelegenheit, die letzten Minuten meines Lebens wenigsten zu dokumentieren - und machen uns an den Abstieg.

Flaches Gras und wenige dürre Büsche ermöglichen zunächst eine gute Rundumsicht, und langsam entspanne ich mich. Ein Tier wäre kilometerweit zu sehen, und vielleicht hätten wir, im Falle einer aufkreuzenden Elefantenherde, noch die Chance rechtzeitig, bevor wir zertrampelt würden, das sichere Auto zu erreichen.

Aber je weiter wir gehen, desto weiter entfernt sich unser Fahrzeug. Und dann ändert sich auch die Bewachsung. Es gibt keine Büsche mehr, nur noch weite, offene Savanne, in der uns das Gras bis zur Hüfte reicht. Genauso sah die Gegend aus, in der wir letztes Jahr zu Fuß, auf das 15-köpfige Löwenrudel gestoßen sind, damals allerdings in Begleitung eines bewaffneten Rangers.

Meine Knie werden ziemlich weich, als ich die Größe der Fläche sehe, die wir überwinden müssen, und ich versuche erneut Horst zum Umkehren zu überreden, aber natürlich will mein todesmutiger Abenteurer nichts davon wissen. Also weiter.

Immerhin passen Zweibeiner angeblich nicht ins Beuteschema von Löwen, bleibt nur zu hoffen, dass die womöglich im Gras verborgenen Raubkatzen keine Analphabeten sind und die gleiche Literatur gelesen haben wie ich, die sie über diesen Sachverhalt informiert hat. Was aber, wenn ich versehentlich in sie hineinstolpere und sie, beleidigt so rüde in ihrer Mittagsruhe gestört zu werden, sich durch mein plötzliches Auftauchen eines Rückzugs beraubt sehen und aus reiner Verteidigungshaltung zum Angriff übergehen? Horst mit seinem Stöckchen, hätte vermutlich höchstes Chancen sie dazu zu bringen, vor Lachen zu sterben, und auch das nur, wenn Löwen ausreichend kitzelig sind, worüber, meines Wissens nach, keine wissenschaftlichen Studien vorliegen.

Ich halte es für eine kluge Entscheidung, nicht auf meinen Helden zu vertrauen und statt dessen lieber sämtliche Raubtiere im Umkreis von mindesten einem Kilometer, lautstark auf unser Kommen aufmerksam zu machen, um ihnen die Möglichkeit zu geben, sich kampflos zurückzuziehen. Ich fange an zu singen. Spontan fällt mir nichts Besseres ein, als aus voller Kehle »Das Wandern ist des Müllers Lust« zu schmettern. Horst, der vor mir geht, bleibt abrupt stehen und dreht sich um. Sein Gesichtsausdruck zeigt deutlich, dass er sich fragt, ob seine Frau nun endgültig den Verstand verloren habe. Aber bevor er den Mund aufmachen und mich fragen kann, ob ich übergeschnappt sei, lasse ich ihn an meinen Überlegungen teilhaben, und es gelingt mir, ihn von ihrer Logik zu überzeugen, auch wenn er die Auswahl meines Geräuschrepertoires für eine ziemliche Geschmacksverirrung hält. Er macht ein paar andere Vorschläge, aber auf die Schnelle fallen ihm nur Kompositionen ein, zu denen keiner von uns beiden die Songtexte kennt; und so landen wir, nach ein paar angefangenen Fragmenten, schließlich wieder beim deutschen Volksliedgut, und geben das wahrscheinlich blödeste Bild ab, dass man sich vorstellen kann; zwei weiße Touristen, bewaffnet mit Machete und einem lächerlichen Holzstöckchen, die mit schlotternden Knien durch die afrikanische Wildnis marschieren und dabei todesmutig, zweistimmig »das Wandern ist des Müllers Lust«, in die Savanne grölen.

Wahrscheinlich sind längst alle Löwen am Lachkrampf gestorben, auch ohne dass Horst sie kitzeln musste.

Endlich haben wir das Grasland hinter uns gelassen, aber die Gefahr ist noch nicht gebannt. Dichter Galeriewald zeigt jetzt die Nähe des Flusses an, dessen Rauschen schon an unser Ohr dringt. Unübersichtliches Dickicht versperrt die Sicht, als es plötzlich rechts vor uns raschelt. Mir bleibt fast das Herz stehen. Gemeinsam schreien wir was immer sich hinter den Büschen bewegt an, es möge verschwinden - und es gehorcht. Äste knacken, es krischt und kracht im Gestrüpp, und den Geräuschen nach zu urteilen, entfernt sich irgendein größeres Tier.

Vorsichtig, ich wage kaum noch zu atmen, gehen wir weiter, als es wieder raschelt, diesmal direkt neben uns. Langsam ziehen wir uns ein Stück zurück, bevor wir wieder unser Vertreibungsgebrüll anstimmen. Nichts. Was immer sich im Dickicht versteckt hält, zeigt nicht die geringste Lust, sich in die Flucht schlagen zu lassen. Es raschelt weiter. Wir versuchen es ein zweites Mal, aber wieder sind wir erfolglos. Das Rascheln wird nur lauter, aber es kommt noch immer von der gleichen Stelle.

Mein Puls rast. Was sollen wir tun? Solange das Tier im Gebüsch sich nicht entfernt, können wir nicht weitergehen. Horst hebt einen Stein auf und will ihn in das dichte Strauchwerk werfen. In letzter Sekunde kann ich ihn davon abhalten. Was, wenn gerade *das* der Büffel dahinter als unverzeihlichen Angriff empfindet und wutschnaubend damit kommentiert, dass er aus der grünen Wand hervorprescht, um uns unter seinen Hufen zu begraben? Wir versuchen weiter, aus einiger Entfernung, lautstark auf uns aufmerksam zu machen, ohne dass unser Gebrüll jedoch irgendwelche Wirkung zeigt, außer dass es jedes Mal neuerliches Rascheln auslöst.

Endlich verliert Horst die Geduld. Was immer sich dort versteckt hielte, mittlerweile wisse es, dass wir hier seien und habe offensichtlich nichts gegen uns einzuwenden, meint er und schlägt vor, wir sollten einfach weitergehen. Also gut, nervös und auf Beinen aus Gummi, schleiche ich hinter Horst her, der mit hocherhobener Machete auf die Gefahr zu geht. Schritt für Schritt arbeiten wir uns vorwärts. Plötzlich fängt der gesamte Busch vor uns an zu beben, und noch bevor wir Zeit haben zu reagieren, öffnet sich das Dickicht und - weder Büffel noch Elefant -, sondern ein riesiger Schwarm Perlhühner flattert aufgeregt heraus und ergreift panisch die Flucht.

Die armen Tiere haben wahrscheinlich etwa genauso viel Angst gehabt wie ich.

Erleichtert und erschöpft erreichen wir schließlich den Wasserfall und werden für alle Aufregung entschädigt. Welch eine Idylle liegt hier vor uns. Ein lichtes Blätterdach spendet Schatten nach dem nervenraubenden Abstieg in der brennenden Sonne, und aus zwanzig Metern Höhe fällt das Wasser in einen natürlichen Pool, der ein erfrischendes Bad verspricht.

So schnell es geht, reißen wir uns die Klamotten vom Leib und stürzen uns in die lauwarmen Fluten. Horst macht mich auf einen cirka einen Meter langen Nilwaran aufmerksam, aber noch bevor ich mich zu ihm umwenden kann, versteckt er sich blitzschnell hinter den nassen Felsen.

Das Wasser ist flach und auf dem sandigen Untergrund kann man bequem liegen, während Schweiß und Staub vom Körper gespült werden. Auch der Wasserfall selbst ist wunderbar temperiert. Ich stelle mich direkt darunter und sein fester, warmer Strahl massiert mir Rücken und Schultern.

Nach dem Bad lassen wir uns auf den von der Sonne gewärmten Felsen trocknen, essen unsere inzwischen getoasteten Tomaten-Käse-Sandwichs und schieben den beschwerlichen Rückweg solange wie möglich auf. Herr Fiebig muss in beneidenswerter körperlicher Verfassung sein, wenn er den gesamten Ausflug, einschließlich Sprung ins »kühle Nass«, wie er das laue Wasser bezeichnet, in einer Stunde geschafft hat. Wir haben allein mehr als drei viertel Stunden für den Abstieg gebraucht.

Endlich verlassen wir schweren Herzens diesen idyllischen Platz und machen uns daran, den Steilhang wieder zu erklimmen. Die Sonne steht senkrecht am Himmel, als wir den Galeriewald singend und krakeelend verlassen, und meine Haare, die, von der Wasserfalldusche noch nass, meinen Kopf zunächst angenehm gekühlt haben, sind schnell trocken und zu nichts mehr nutze. Den letzten Tropfen Trinkwasser haben wir während des Picknicks verbraucht, und schon nach kurzer Zeit klebt mir die Zunge am Gaumen, und ich vermag meiner heiseren Kehle keine weiteren Töne mehr zu entlocken. Auch Horst verstummt bald und beschränkt sich darauf, mit der Machete auf das hohe Gras, rechts und links des Weges, einzuschlagen, um eventuell lauernde Tiere tiefer in die dichten Halme zu treiben. Immer mühsamer schleppen wir uns unter der gleißenden Sonne bergauf, immer länger werden die Pausen, die wir auf dem schattenlosen Hang einlegen müssen. Unser Auto ist noch lange nicht zu sehen. Ich kann nicht mehr.

Längst ist mir ein Raubkatzenangriff egal. Fast sehne ich den Löwen herbei, dann hätte die Qual ein Ende. Ich sehe Sternchen, mein Kreislauf ist kurz davor, sich zu verabschieden, und langsam steigt Panik in mir hoch.

Horst macht die Anstrengung offensichtlich weniger zu schaffen. Zwar rinnt ihm der Schweiß in wahren Sturzbächen den Rücken herunter, aber er hat noch immer die Energie, die Vegetation jenseits des Weges zu verprügeln und mir gut zuzureden. Mein Körper hingegen verweigert aus irgendwelchen Gründen jegliche Schweißabsonderung. Stattdessen rast mein Puls, meine Hände sind geschwollen, mein Gesicht aufgedunsen, krebsrot und fleckig, und ich fühle mich wie ein Wasserkessel kurz vor der Explosion.

Endlich ist das Auto zu sehen, nur noch wenige hundert Meter, und wir sind am Ziel. Plötzlich wird mir klar, dass wir auch im Wagen kein Wasser mehr haben. Verzweifelt lasse ich mich auf den Boden fallen. Wozu soll ich mich weiter aufwärts quälen, ich werde so oder so verdursten. Wir haben die Anstrengung unterschätzt. Ich bin am Ende.

Horst macht sich ernsthaft Sorgen um mich. Nur mit Mühe kann er mich dazu bewegen, weiter zu kriechen. Alle zehn Meter geben meine Beine nach, und ich brauche eine neue Pause, um nicht ohnmächtig zu werden.

Die Sonne brennt unbarmherzig und ich schwöre, wenn ich das hier überleben sollte, nie mehr den kleinsten Ausflug ohne einen Wasservorrat von mindestens fünf Litern zu machen.

Mit letzter Kraft schleppe ich mich über die Kante des Hangs und breche, hysterisch heulend, neben dem Auto zusammen. Es ist geschafft. Horst kippt mir die zwei Kanister Brauchwasser, die sich Kofferraum befinden, vollständig über den Kopf, um mich abzukühlen und zu verhindern, dass der kochende Schädel platzt und sich sein Inhalt auf den versengten afrikanischen Boden ergießt.

Zwar ist das Wasser fast bis zum Siedepunkt aufgeheizt, aber der Fahrtwind bringt auf der nassen Haut wenigstens etwas Abkühlung. Noch immer hat sich mein Puls nicht beruhigt, und ich fühle mich hundeelend. Wir müssen hier raus, so schnell wie möglich, ich brauche Trinkwasser. Ich versuche meine Panik niederzukämpfen und mich zu orientieren. Die Shedrick-Falls liegen südlich des *Main Gates*, wir müssen also einfach nur bei jeder

Gabelung nach Norden fahren, um auf den Haupteingang und die danebenliegende Lodge zu stoßen.

Ein einzelnes Fahrzeug kreuzt unseren Weg, das erste dem wir begegnen. Der Wagen stoppt und der Fahrer, ein Amerikaner, steigt aus und fragt nach dem Weg zum Haupttor. Sie führen schon stundenlang im Kreis, ohne einem anderen Fahrzeug zu begegnen und ohne den Ausgang zu finden, keucht er atemlos, seine Freundin haben bereits Panikattacken. Ich kann sie verstehen. Wir hätten es selbst eilig, sage ich, ich bräuchte dringend Wasser. »Wasser? Kein Problem!« winkt er ab, er habe genug, erklärt dieser wunderbare Mensch und eilt zu seinem Wagen zurück, um mir eine volle Flasche zu bringen. Er rettet mir das Leben. Noch nie habe ich lauwarme, abgestandene, geschmacklose Brühe so genossen. Nachdem wir unseren ersten Durst gestillt haben und der freundliche Amerikaner meint, wir könnten den Rest der kostbaren Flasche behalten, zeige ich ihm auf meiner Karte, wo im Reservat wir uns befinden und erkläre ihm, er müsse nur nach Norden fahren, um zum Ausgang zu gelangen. Der arme Mann hat keine Übung darin, die Himmelsrichtung nach dem Sonnenstand zu bestimmen, aber er will uns folgen.

Ich kann mittlerweile wieder halbwegs klar denken und uns im Zickzack-Kurs in die angestrebte Richtung leiten. Nach einer halben Stunde erscheint schließlich tatsächlich ein Schild mit der ersehnten Aufschrift »*Main Gate*«. Kaum hat der Amerikaner es entdeckt, setzt er zum Überholen an. Die Panikattacke seiner Freundin muss tatsächlich bedenkliche Ausmaße angenommen haben. Er prescht mit mindestens 80 Stundenkilometern davon und lässt uns in einer Staubwolke auf dem schmalen Sandpfad zurück, ohne sich noch einmal umzudrehen.

Wir sehen ihn nicht wieder.

Problemlos finden wir die einzige Lodge des Parks, wo es Schatten gibt und Wasser. Ich röchle nur: »Maji baridi...«, und der verständnisvolle Kellner beeilt sich höchst amüsiert, seinen hechelnden Gästen das Gewünschte zu bringen. Wir trinken jeder einen vollen Liter eiskalten Mineralwassers, bevor wir zu einer ernsthaften Konversation fähig sind. Erst dann sind wir imstande, unsre Umwelt wieder wahrzunehmen.

Wir sitzen auf der Veranda eines wunderschönen, ganz aus Holz bestehenden Hotels. Sie ist auf Pfählen gebaut und ragt über einen mit Seerosen bewachsenen Elefantenpool, der von dichtem Wald umgeben ist.

Bei alkoholfreien Cocktails erholen wir uns langsam von den Strapazen unseres Ausflugs. Der Kellner, dem ich von unseren Erlebnissen berichte, erzählt, Löwen seien bei den Fällen selten, aber unser Abenteuer sei trotzdem nicht ganz ungefährlich gewesen, selbst mit bewaffneten Führern habe es dort schon Unfälle mit Elefanten und Büffeln gegeben. Dank sei Carl Friedrich Zöllner, dessen bekanntes Volkslied uns vor unliebsamen Begegnungen bewahrt hat.

Auf dem Rückweg zur Küste, entlang der Westseite des Reservates, kommen wir durch idyllische, kleine Ansiedlungen, die auf keiner Karte eingezeichnet sind. Zwischen Bananenstauden und Kokospalmen liegen verstreute Lehmhütten, buntgekleidete Kinder spielen auf der ockergelben Sandstraße und lachen uns zu, wenn wir langsam vorbeifahren. Ein alter Mann winkt uns anzuhalten. Er spricht nur Suaheli und bittet uns, seine beiden Töchter und das Enkelkind ein Stück mitzunehmen, sie wollen ins nächste Dorf zur Kirche. Da unsere großen Rucksäcke in Kanini's Island zurückgeblieben sind, haben wir Platz genug auf dem Rücksitz und können die Bitte erfüllen. Eine der jungen Frauen spricht Englisch und stellt uns ihre Schwester vor, die einen Säugling auf dem Arm hält. Es ist ein Mädchen. Sein kleines schwarzes Gesichtchen schaut unwiderstehlich niedlich aus, wie es aus dem gelben Tuch lugt, in das es eingewickelt ist.

Es stellt sich heraus, dass die Kirche acht Kilometer entfernt ist. Den ganzen Weg wären die Frauen, mit dem Baby, zu Fuß gegangen, wenn wir nicht vorbeigekommen wären; und die gesamte Strecke liegt auf dem Rückweg wieder vor ihnen.

Ich hoffe nur, dass die Kirche ihnen tatsächlich etwas gibt, das diesen Aufwand lohnt.

Die Sonne steht schon tief, als wir unsere Mitfahrer absetzen und wir müssen uns beeilen, wenn wir vor Einbruch der Dunkelheit wenigstens die Küstenstraße erreichen wollen. Ein seltenes Schauspiel hält uns jedoch auf. Wir werden Zeuge eines Buschbrandes. Riesige Flammen verzehren die dürre Vegetation und breiten sich schnell aus. Bis zur Straße reicht das Feuer schon und entwickelt eine ungeheure Hitze. Ich weiß nicht ob es zur Rodung des Busches gelegt worden ist, oder sich selbst entzündet hat, jedenfalls sieht es nicht aus, als ob jemand das Feuer kontrollieren würde. Weiter und weiter fressen sich die mächtigen, orange züngelnden Flammen in den Busch hinein und wir beeilen uns, der Hitze zu entfliehen, bevor sie unsre Autoreifen zum Schmelzen bringt oder der Benzintank explodiert.

Aus sicherer Entfernung beobachten wir das eindrucksvolle Schauspiel, bis die untergegangene Sonne uns endgültig zum Aufbruch mahnt.

Bald haben wir die Küstenstraße, und somit die Touristengebiete wieder erreicht. Wir finden ein Lokal, das weder Schnitzel noch Sauerkraut anbietet, sondern Game-Meat, afrikanisches Wild. Mein Magen tut lautstark seinen Protest kund, als wir kurz überlegen, ob wir nicht vor dem Abendessen erst duschen und uns umziehen sollten. Er lässt sich nicht überhören. Verdreckt und verschwitzt kehren wir also ein. Da wir die einzigen Gäste sind, kann sich wenigstens niemand an unsrem Outfit stören.

Wir bestellen Oryx- und Elenantilopesteaks, und warten ungeduldig, bis uns das Gewünschte gebracht wird. Es ist wieder schwül, und ich fühle mich nicht wohl in meinen schmuddeligen Klamotten, die an der Haut kleben.

Als endlich unser Essen kommt, stellt es sich nicht gerade als Erfüllung heraus. Geschmacklich ist das Fleisch sehr gut, es hat durchaus Ähnlichkeit mit unseren heimischen Wildgerichten, aber es ist deutlich zäher. Nachdem ich letztes Jahr auf einer Schlangenfarm Krokodil, Strauß und zum ersten Mal Zebra, das förmlich auf der Zunge zergangen ist, gekostet habe, bin ich ein wenig enttäuscht von diesen Antilopen.

Wenigsten ist der Hunger gestillt ,und zwischen uns und der Dusche liegen nur noch ein paar hundert Meter.

Marliese und Paolo warten schon auf uns. Nachdem wir die stinkenden, verschwitzten Klamotten von uns geworfen und uns frisch gemacht haben, sitzen wir lange auf ihrer Veranda und plaudern über den Tag. Wir haben viel zu erzählen. Unglaublich, Paolo, der an der Küste wohnt hat die Shedrick-Falls noch nie besucht. Tja, so ist das wohl mit dem Fernweh, das einen das nahliegende Gute übersehen lässt. Ich muss zugeben, ich kenne die Sehenswürdigkeiten Wiens auch hauptsächlich durch die Besuche deutscher Freunde, die ich herumführen musste.

Ein ausgiebiges, mitternächtliches Bad beendet den heutigen Tag, und in dem Bewusstsein, in drei Tagen wieder dem europäischen Winter ausgesetzt zu sein, genieße ich die drückende Schwüle und die Möglichkeit, mich ohne Kleidung in der milden Nachtluft bewegen zu können, anstatt meinen Körper in dicke Daunenjacken einsperren zu müssen.

Afrika die Wiege der Menschheit, hier liegen unser aller Wurzeln. Vielleicht gibt es so was wie ein ererbtes Gedächtnis, und vielleicht liegt darin der Grund, warum ich das Gefühl habe, hierher zu gehören, nach Hause gekommen zu sein.

Ach bräuchte ich doch nie mehr zurückkehren, in das lebensfeindliche Klima Europas, wo dicke Mauern uns vor der Kälte und voreinander schützen müssen.

Wir gehen schlafen, mit dem festen Entschluss unser Leben zu ändern. Irgendwie muss es möglich sein, die Zeit der Freiheit und der Nähe zur Natur auszudehnen.

23. Februar 2002

Wehmütig verabschieden wir uns nach einem reichhaltigen Frühstück, diesmal ohne Fledermausscheiße, von unseren Gastgebern.

Etwa 500 Kilometer liegen heute vor uns. Wir haben vor, bis Nairobi durchzufahren, um den morgigen Tag in der Umgebung der Hauptstadt zu verbringen.

Es wird eine traurige Etappe unsrer Reise. Ein letztes Mal ziehen die Palmen an uns vorbei, als wir die Küstengegend verlassen, und das üppige Grün verwandelt sich in trocknes Buschland. Die unendliche Weite des Landes in mich einsaugend, verabschiede ich mich von den prächtigen Baobabs, von den roten Burgen der Termiten und von den Wildtieren, die uns unterwegs begegnen.

Jeder Meter, den wir zurücklegen, tut weh. Es wird so lange dauern, bis wir das alles wiedersehen.

Links von uns erhebt sich die Chyulu-Range und lockt mit ihren Geheimnissen. Sehr tierreich soll das Gebiet um die Bergkette sein. Ihr Anblick weckt Sehnsüchte, die ich erst nächstes Jahr werde befriedigen können. So vieles haben ich noch nicht gesehen, und an so vielen Orten hätte ich länger verweilen mögen.

Wir sind sehr schweigsam auf der Fahrt. Auch Horst schmerzt der Abschied. Nur ab und zu teilen wir uns in tiefen Seufzern mit, ansonsten hängt jeder für sich seinen Emotionen nach.

Etwa auf der Hälfte der Strecke essen wir im *Hunter´s Lodge* ein paar Sandwichs. Das Gebäude selbst hat eindeutig schon bessere Zeiten gesehen, aber der hübsche Garten, der an einer Quelle liegt bietet ein angenehm schattiges Plätzen für die kurze Rast.

Weiter geht die Fahrt durch »mein« Afrika und die Schirmakazien, die mir zum Abschied zuzuwinken scheinen, treiben mir die Tränen in die Augen. Ich möchte sie festhalten und für immer ihr Bild bewahren.

Es scheint mir, als verliere ich Meter für Meter ein Stück von mir und lasse es zurück in der unendlichen Schönheit Afrikas, die weiter existieren wird, wenn ich schon längst nicht mehr hier sein werde. Ich werde die Regenzeit nicht erleben, wenn sich die Natur kraftstrotzend von der Dürre erholt, und die Wildtiere wieder genügend Nahrung finden, um neuen Nachwuchs zu versorgen. Nur den Wandel eines Tages darf ich ein letztes Mal in der offenen Savanne miterleben.

Wir sind noch ein ganzes Stück von der Hauptstadt entfernt, als die Sonne sich zum Untergehen neigt. Glutrot färbt sich der Himmel noch einmal über dem unberührten, weiten Land, als wolle er uns, mit diesem letzten, friedlichen Bild einer afrikanischen Abendstimmung, aus seiner sanften Umarmung entlassen.

Es ist dunkel, als wir die Vororte der hektischen Großstadt erreichen, und wir haben Mühe, den im Reiseführer beschriebenen Campingplatz zu finden.

Endlich, nachdem wir mehrere Male irrtümlicherweise am Tor eines Luxusanwesens gestanden haben, finden wir die richtige Einfahrt und kommen mitten ins pralle Leben.

Trucker, Tramper und Abenteurer der ganzen Welt haben sich hier versammelt. Das Lokal ist voll von bärtigen, wilden Typen in Safari-Outfit und sonnengebräunten, jungen Frauen mit Rucksack und zusammengebundenen Haaren. Am schwarzen Brett, neben der Bar werden Mitfahrer für Touren in den unwirtlichen Norden Kenias oder nach Äthiopien gesucht und Safaris zu den letzten Menschenaffen Ugandas angeboten, und mein Fernweh bekommt augenblicklich neue Nahrung.

Wir trinken etwas und genießen das bunte Treiben dieser Gesellschaft aus Extremurlaubern, Weltreisenden und Individualisten, bevor wir unser Zelt aufbauen.

Zum Essen bleiben wir nicht. Horst hat sich in den Kopf gesetzt, dem berühmten *Carnivore* einen Besuch abzustatten. Der Name bedeutet so viel wie »Fleischfresser«, und das Lokal ist bekannt für seine Grillspezialitäten. Eigentlich bin ich müde und wenig unternehmungslustig. Ich würde gerne hier am Campingplatz essen und den Abenteuergeschichten anderer Reisender lauschen, aber schließlich lasse ich mich doch überreden.

Wir duschen und werfen uns in die letzten sauberen Klamotten, die sich in den Tiefen des Rucksacks finden, und rüsten uns für ein städtisches Dinnervergnügen.

Das riesige Lokal ist leicht zu finden. Internationales Publikum wird von der Attraktion angezogen, wobei Touristen aus Asien und Amerika eindeutig in der Überzahl sind. Trotz seiner Größe strahlt das kellerartige Gewölbe viel Gemütlichkeit aus. Es ist urig und rustikal eingerichtet. Ein freundlicher Kellner führt uns zu einem der wenigen freien Tische. Die Nacht ist kühl, aber überall im Lokal sind gusseiserne Gestelle mit glühenden Holzkohlen verteilt, die angenehm wärmen.

Wir bestellen eine gemischte Wild-Grillplatte für zwei Personen und kommen nun doch noch in den Genuss zarter Antilopen.

Ich frage mich kurz, ob ich ein Problem damit haben sollte, die schönen Tiere zu essen, aber schließlich komme ich zu dem Schluss, dass ich wohl davon ausgehen kann, dass sie einem kontrollierten Abschuss zum Opfer gefallen sind, der gewährleistet, dass ihre Art nicht vom Aussterben bedroht ist.

Das Töten von Tieren an sich, zum Zwecke der Nahrungsaufnahme, hat mein Gewissen noch nie belastet. Es ist Teil meiner Natur Fleisch zu essen. Raubtiere tun nichts anderes und ich gedenke nicht, mir selbst weniger Rechte einzuräumen als einem Löwen. Keinem meiner vegetarischen Freunde, von denen nebenbei sehr viele Lederschuhe oder Lederjacken tragen, ist es bisher gelungen, in mir moralische Bedenken beim Genuss von Fleisch zu wecken. Was mir mehr zu schaffen macht, ist die zum Teil nicht artgerechte Haltung der Tiere vor ihrem Tod.

Bei Zebra- und Antilopenfleisch habe ich zumindest die Gewähr, dass das Vorleben meiner Steaks ein schöneres war, als das der meisten unsrer heimischen Rindfleischgerichte, die ihr gesamtes lebendiges Dasein in einem dunklen Stall haben fristen müssen.

Das Essen ist fantastisch und ausgesprochen reichlich.

Wieder zurück auf dem Campingplatz, herrscht noch immer reges Treiben in der Bar, aber bis zu unsrem Zelt dringt nur leises Gemurmel.

Wir holen uns eine Flasche Wein und ziehen uns ein letztes Mal auf unsere Decke vorm Zelt, unter den afrikanischen Sternenhimmel zurück. Ein letztes Mal zünden wir unsere Lampe an. Morgen nacht, wenn wir im Hotel schlafen, werden wir sie wohl nicht mehr brauchen. Im matten Schein des Öllichts, drehen wir die Zeit zurück und erleben den gesamten Urlaub noch einmal. Es war der schönste, der uns je beschert war, aber noch immer werden wir das Gefühl nicht los, Afrika nicht wirklich zu kennen. Wir haben eine Ahnung von einem einzigen Land dieses geheimnisvollen Kontinents bekommen, aber es gibt noch vieles, was er uns lehren kann.

Als es uns zu kühl wird ziehen wir uns ins Zelt zurück, kuscheln uns in den Schlafsack und betrachten durch das Netz im Dach unsres treuen, kleinen Zuhauses die funkelnden Sterne über uns und schlafen ein, mit der Gewissheit, dass wir wiederkommen werden, um noch tiefer in den Mythos des schwarzen Kontinentes einzudringen.

24. Februar 2002

Halb acht, es ist frisch und bedeckt, als habe sich der Himmel zugezogen, um uns den Abschied zu erleichtern. Wir bauen unser Zelt zusammen und gehen in die Bar und lassen uns mit großem Appetit das Traveller-Frühstück schmecken, das die Küche zu bieten hat. Obwohl gestern, noch lange nachdem wir uns schlafen gelegt hatten, Betrieb geherrscht hat, ist auch jetzt schon wieder Leben im Lokal. Einige übernächtigte Gestalten sind schon wach, andere wohl eher noch.

Die Pferderennen finden erst am Nachmittag statt, so haben wir vorher Zeit, das *Langata Giraffe Center* zu besuchen, das sich dem Schutz der seltenen Rothschild-Giraffe verschrieben hat. Auf einer cirka 5 Meter hohen Aussichtsterrasse, kann man den edlen Tieren Auge in Auge gegenüberstehen und sie streicheln, während sie sich füttern lassen. Ihre höckerigen Köpfe, die normalerweise auf den langen Hälsen eher klein aussehen, überraschen aus dieser Perspektive. Deutlich größer als ein Pferdekopf, schieben sie sich über das Geländer und betteln mit dunklen, langbewimperten Augen, um die jede Frau sie beneiden könnte, um Leckerbissen. Um sicherzugehen, dass den Tieren nicht von unvernünftigen Touristen oder den Schulklassen, die häufig von Nairobi Ausflüge in das Zentrum unternehmen, mit Maandazi oder Thunfischtoasts der Magen verdorben wird, steht geeignetes pelletiertes Futter zur freien Entnahme bereit, und ein gutaussehender, junger Schwarzer in Ranger-Uniform passt auf, dass den Giraffen kein Leid geschieht.

Die Tiere sind offensichtlich angetan von der Knabberei. Weit recken sie die Hälse und strecken ihre blauen Zungen heraus, um an das Futter zu gelangen, das ich ihnen in einiger Entfernung vor die Nase halte.

Ich gebe zu, es ist durchaus interessant, Giraffen aus der Nähe betrachten zu können und in ihre schönen Augen zu blicken, aber in der freien Natur, vor dem Hintergrund der Grassavanne, oder wenn sie im dichten Buschland plötzlich, wenn die Vegetation sich lichtet, in der Sonne leuchtend, vor einem stehen, gefallen sie mir besser. Sie heben sich wie kaum ein anderes Tier der Wildnis von ihrer Umgebung ab, und es war jedes Mal ein erhebendes Gefühl, wenn diese eleganten Tiere mit ihrer einzigartigen Zeichnung, auf unseren Pirschfahrten vor mir aufgetaucht sind, wie ein einzelner, freundlicher Farbtupfer in der trocknen Landschaft oder vor dem Hintergrund des grünen Galeriewaldes, der wie das plötzliche Lächeln der Natur, einen schlagartig in gute Laune versetzt.

Von der Fütterungsterrasse aus, kann man einen Blick auf das *Giraffe Manor,* eine der teuersten Unterkünfte ganz Kenias werfen. Berühmte Popgrößen, wie Mick Jagger, Hollywood-Stars und superreiche Politiker sollen schon in dem efeubewachsenen, alten englischen Landhaus, das zur Luxus-Herberge umgebaut wurde, genächtigt haben. Über 500$ pro Person kostet angeblich eine Übernachtung in dem noblen Anwesen, Giraffenköpfe, die morgens durchs Fenster schauen und zum Frühstück rufen, inbegriffen.

Ich beneide die VIPs dieser Welt nicht um die Möglichkeit, sich den Schlaf in den Betten von *Giraffe Manor* leisten zu können, aber die Tatsache, dass es Menschen gibt, die in der Lage und bereit sind, für eine einzige Nacht zu zweit über 1000$ Dollar auszugeben, wurmt mich zutiefst. Welch eine Verschwendung! Wie lange könnte man für diese Summe Urlaub machen, und wieviel mehr sehen und erleben, als nur die dunklen Augen einer zahmen Giraffe über seine Träume wachen zu lassen.

Wir verabschieden uns von den langwimprigen Schönheiten, und klettern wieder zur Erde, wo zahme Warzenschweine kniend die Reste des Futters verzehren, das den blauen Zungen hoch über ihren Köpfen, entgangen ist.

Dann ist es Zeit, unser Auto auf Hochglanz bringen zu lassen, damit es heute Abend den prüfenden Augen des Autovermieters standhalten kann. Mit einem freundlichen Hotelangestellten, der mit einem einzigen Eimer Wasser versuchen würde, den Wagen von den Spuren der dreiwöchigen Reise zu befreien. ist es diesmal nicht getan. Wir brauchen professionelle Hilfe.

In der Nähe des Giraffen-Zentrums haben wir eine Tankstelle mit Waschanlage gesehen. Wir handeln einen Preis von 600 Ksh aus, und der geübte Autowäscher im Blaumann macht sich sofort ans Werk. Er braucht mehr als eine Stunde, um den schwer gezeichneten Wagen wieder in den Zustand zu verwandeln, in dem er war, als wir ihn übernommen haben.

Unser gesamtes Reisegepäck stapelt sich auf dem freien

Platz vor der Waschanlage. Und während der gute Mann dem Innenraum des Fahrzeugs mit Wasser und viel Seifenschaum zu Leibe rückt, versuchen wir verzweifelt unsere Unterhosen und Souvenirs davor zu bewahren, vom Wind davon geweht zu werden, und gleichzeitig etwas Ordnung in das Chaos zu bringen. Ersteres gelingt, zweites weniger. Wir werden das gründliche Neupacken unsrer Rucksäcke auf heute Abend verschieben müssen, wenn wir im Hotel sind.

Als endlich wieder alles im Kofferraum verstaut ist, bekommt auch die Karosserie zunächst eine Handwäsche mit Seifenlauge, danach eine Hochdruck-Vorwäsche, um dann endlich in die automatische Waschanlage zu rollen. Der Aufwand hat sich gelohnt. Das Auto ist nicht mehr wiederzuerkennen. Leider treten auch die Kratzer deutlich zutage, die die dornigen Büsche im Galeriewald des Samburu-Nationalreservats, dem Lack zugefügt haben. Bleibt nur zu hoffen, dass ein Autovermieter in Kenia weiß, welchen Strapazen seine Leihwagen in diesem Land ausgesetzt sind und kleinere Schürfwunden von vornherein im Preis mit einkalkuliert.

Um zwei Uhr sind wir auf der Pferderennbahn. Hier trifft sich seit fast einem halben Jahrhundert die weiße Upper-Class, um ihre edlen Tiere ins Rennen zu schicken. Schon Beryl Markham hat Mitte der fünfziger Jahre auf dieser Rennbahn ihr gelungenes Comeback als Pferdetrainerin gefeiert.

Seit ihrer großen Zeit hat sich einiges verändert. Die weißen Club-Mitglieder und Pferdebesitzer sitzen auf einer erhöhten Plattform, hinter Glas geschützt, und verkörpern noch immer das koloniale Kenia, während sich heute auch das einfache Volk auf den unteren Tribünen und dem Gelände neben der Bahn vergnügt.

Die Atmosphäre gleicht einem Volksfest. Unzählige schwarze Kinder mit bunt bemalten Gesichtern rennen zwischen den Beinen der Erwachsenen herum, die sich an

Popcorn- und Imbissständen tummeln. Wir verschaffen uns eine Wettkarte, versorgen uns mit Getränken und ergattern einen Platz auf der Tribüne, um gespannt das erste Rennen zu verfolgen.

In der Pause studiere ich das Papier in meiner Hand. Eine Einleitung für Anfänger erklärt, wie die Wettkarte zu lesen sei. Wir haben keinerlei Erfahrung mit Pferderennen, auch zuhause haben wir noch nie eines besucht. Wir sollten also die Einleitung gründlich lesen, bevor wir uns entschließen, eine kleine Summe auf einen der rasenden Vierbeiner zu setzen, denke ich und übersetze Horst das wichtige Papier. Aber wie meistens hört er nur mit einem Ohr zu.

Siegessicher setze ich 100 Ksh auf ein Pferd, auf Platz und gewinne immerhin mit einer Quote von 1:1,6. Horsts Ehrgeiz ist angestachelt. Er reißt mir die Wettkarte aus der Hand, wählt seinen Favoriten für das nächste Rennen und ich kriege einen Lachkrampf. Sein Favorit ist eine absolute Niete. Laut Karte hat er noch nie ein Rennen gewonnen, und keines der antretenden Pferde hat weniger Chancen, das heutige für sich zu entscheiden. Entweder hat mein Mann die Lesart der Wettkarte nicht verstanden, oder er hat sich gar nicht erst die Mühe gemacht das Papier richtig zu studieren. Wahrscheinlich ist er bei der dritten für ihn unverständlichen Vokabel, also noch innerhalb des ersten Satzes, ausgestiegen und hat auf gut Glück seine Wahl getroffen.

Der Arme muss sich eine Menge Spott von mir gefallen lassen, bis die Pferde endlich starten. Und dann, ich fasse es nicht, setzt sich der Außenseiter an die Spitze, und Horst gewinnt seine Wette tatsächlich mit einer Quote von 1:6,6.

Großkotzig und selbstherrlich schreitet er zur Kasse um die Millionen abzuholen. Leider hat er auch nur 100 Ksh gesetzt, und so reichen seine Millionen gerade mal, um die Autowäsche wieder reinzukriegen, und selbst dieser

Triumph bleibt ihm nicht lange. Bei seiner eigenwilligen Wettart, kann ihm so viel Glück natürlich nicht hold bleiben, und so ist der schnelle Gewinn bald ebenso schnell wieder verloren, und wir müssen letztendlich die Reinigung unseres Fahrzeugs doch wieder vom Urlaubsbudget abbuchen.

Wir setzen noch ein paarmal nach meiner Version, und am Schluss verlassen wir die Rennbahn mit einem Plus von 200 Ksh.

Der Tag neigt sich dem Ende zu, und wir machen uns auf die Suche nach unserem Hotel, wo wir uns auch von unserem treuen Gefährt trennen werden.

Im Prospekt der Autovermietung sah die Unterkunft durchaus ansprechend aus, aber die Wirklichkeit unterscheidet sich deutlich von den Hochglanzfotos der Werbebroschüre. Trotzdem, wir haben gut gewählt. Das schäbige Hinterhausgebäude, dessen winzige Zimmer die gemütliche Atmosphäre von Bahnhofsklos ausstrahlen, macht den Abschied leichter.

Die Inspektion des Auto fällt zur Zufriedenheit des mürrischen Angestellten aus, doch die entgültige Abrechnung versetzt mir dennoch einen Schock, und ich glaube an einen Fehler. Leider ist aber alles mit rechten Dingen zugegangen, wir sind nur ganz einfach weit mehr Kilometer gefahren, als uns bewusst war.

Ich zahle die Differenz zwischen Anzahlung und Endsumme mit Kreditkarte, bekomme meinen Blankoscheck zurück, den ich als Sicherheit habe hinterlassen müssen, gebe die Schlüssel ab und das war´s. Die Reise ist endgültig zuende. Drei Wochen hat uns dieses kleine, blaue Gefährt durch die unwegsamsten Gebiete Kenias getragen, und uns, abgesehen von einer kleinen Reifenpanne, nicht einmal im Stich gelassen.

Jetzt müssen wir uns von ihm verabschieden. Andere Reisende werden kommen, ihn mieten und ihre eigenen Abenteuer mit ihm erleben. Traurig holen wir unser restliches Gepäck aus dem Kofferraum. Die Plastikwanne und die übrigen Lebensmittel verschenkt Horst an den Parkplatzwächter des Hotels, der sein Glück kaum fassen kann und sich tausendmal bedankt. Sein glänzendes schwarzes Gesicht strahlt, als habe er im Lotto gewonnen, und im Augenblick würde ich gerne mit ihm tauschen und hier bleiben können.

Mein Herz krampft sich zusammen, als wir den Inhalt unsrer Rucksäcke im Zimmer auf dem Bett ausleeren und versuchen, die diversen Souvenirs so zu verpacken, dass wir Chancen haben, sie heil nach Hause zu bringen. Zu jedem Stück fallen mir Konversationsfetzen und Begebenheiten ein und schon jetzt, in diesem schäbigen Hotelzimmer, scheinen sie so unerreichbar weit weg. Es ist unglaublich, wie viel wir in den drei Wochen unsres Urlaubs erlebt haben; und jetzt ist es vorbei, morgen um diese Zeit wird wieder der zivilisierte Alltag beginnen, mit fest reglementierten Zeiten und ohne Überraschungen. Und ich werde umgeben sein von Menschen, für die nur drei ganz normale Wochen vergangen sind, und die mich für verrückt halten werden, wenn ich etwas anderes behaupte.

Schließlich sind unsere Rucksäcke gepackt. Wir haben tatsächlich alles untergebracht. Die Schlafsäcke sind aufgerollt, die Iso-Matten verschnürt, unser Gepäck ist abflugbereit, bis auf die Zahnbürsten und das Waschzeug, das wir morgen früh noch brauchen werden.

Deprimiert sitzen wir auf dem Bett und überlegen, wie wir den Abend würdig gestalten können.

Noch einmal greife ich zu dem wunderbar ausführlichen Reiseführer, der zuoberst verpackt ist, und suche nach einer Restaurantempfehlung.

Ich stoße auf ein äthiopisches Speiselokal, dass meine Neugier weckt. Lukullische Spezialitäten aus Äthiopien, das klingt wie Schnee in der Sahara oder Hitzschlag am Nordpol, was wird uns dort wohl erwarten?

Wir gehen hinunter und bitten an der Rezeption, uns ein Taxi zu rufen. Das ginge leider nicht, wir müssten eine halbe Stunde warten, alle Wagen seien zur Zeit besetzt, erklärt uns der gleiche Angestellte, der schon unsern Leihwagen so unfreundlich entgegengenommen hat. Die Konkurrenz zu rufen, ist er offensichtlich nicht bereit.

Sogleich macht sich der Parkplatzwächter, der unseren Disput mitbekommen hat, daran sich für die Lebensmittel zu revanchieren. Wir sollten nur kurz warten, fordert er uns auf, verschwindet und überlässt uns die Überwachung des Geländes.

Nach wenigen Minuten ist er zurück. Hinter ihm her kriecht ein scheppernder Schrotthaufen mühsam auf den Hof des Hotels. »Das Taxi«, strahlt der hilfsbereite Mann stolz und deutet auf das rostende Blech.

Eifrig steigt der Fahrer aus und öffnet mir die Tür zum Rücksitz. Ich wundere mich nur, dass sie nicht augenblicklich aus der Verankerung fällt. Ob er das Restaurant *Addis Abeba* kenne, will ich wissen, er hat den Namen noch nie gehört. Na gut, ich habe die Adresse und einen Stadtplan, wir werden schon hinfinden.

Wo es ungefähr sei, fragt er und runzelt bedenklich die Stirn bei der Erwähnung *Westlands*. Das sei weit, jammert er sorgenvoll, wahrscheinlich um den Preis in die Höhe zu treiben. Tatsächlich befinden wir uns schon fast an der Grenze dieses Stadtviertels, aber angesichts des erbärmlichen Zustands seines Wagens, der befürchten lässt, dass jeder Ausflug, der weiter als bis zur nächsten Straßenecke führt, einen langen gefährlichen Rückweg zu Fuß für den ihn bedeuten könnte, kann ich die Sorge des armen Mannes verstehen. Wir werden uns trotzdem einig.

Röchelnd und knirschend setzt sich die Rostlaube in Bewegung. Der unfreundliche Angestellte von der Rezeption hat nun doch Mitleid. Er kommt hinter uns her und gibt uns eine Visitenkarte mit der Telefonnummer des Hotels, falls unser abenteuerliches Gefährt unterwegs den Geist aufgeben sollte, beziehungsweise, damit wir für den Rückweg ein etwas vertrauenswürdigeres Taxi bestellen können.

Langsam quält sich das rostende Vehikel durch Nairobis dichten nächtlichen Verkehr. Hupende Matatus und unzählige Fußgänger machen das Vorwärtskommen nur schwer möglich. Der Fahrer bittet uns die Fenster hochzukurbeln, um diese Uhrzeit seien die Straßen der Großstadt gefährlich.

Endlich haben wir unser Ziel erreicht, *Woodvale Grove* war leicht zu finden, aber nun stehen wir in der dunklen Straße, und weit und breit ist kein Lokal zu entdecken. Finstere Gestalten lungern in Hauseingängen und scheinen nur auf ein Opfer zu warten, das auszurauben sich lohnen könnte. Trotzdem bittet mein wagemutiger Mann unseren Chauffeur, am Ende der Straße anzuhalten, steigt aus und geht zu Fuß zurück, in der Hoffnung, so das Lokal weniger leicht zu übersehen. Aber auch er ist erfolglos. Selbst die wenigen Passanten die ihm begegnen, scheinen es nicht zu kennen.

Wir wollen schon aufgeben - Horst ist unbeschadet wieder am Auto angekommen -, als wir doch noch fündig werden. Ein Herr, in Anzug und Krawatte, kennt das Restaurant und hilft uns gerne. Wir stünden direkt davor, teilt er uns mit. Jetzt wo er es sagt – ein winziges unscheinbares Schild am Eingang des hohen, verwaist wirkenden Gebäudes, vor dem wir uns befinden, weist schüchtern darauf hin, dass sich in einem der oberen Stockwerke ein äthiopisches Speiselokal versteckt.

Wir kommen schlagartig in eine andere Welt. Wie in einem Märchen aus tausend und einer Nacht fühlen wir uns, als wir das Lokal betreten. Der Raum wird nur von Kerzen erleuchtet, und es riecht nach Räucherstäbchen. Wir werden zu einer der großen, fellbespannten Trommeln geführt, die als Tische dienen; einfache

Schemel dienen als Sitzgelegenheit.

Ein Kellner mit einer Messingschüssel und dazu passender Kanne tritt zu uns und fordert uns nacheinander auf, die Hände über die Schüssel zu halten, damit er sie mit warmem Wasser übergießen kann. Anschließend bekommen wir saubere weiße Tücher, um uns abzutrocknen. Die stimmungsvolle Prozedur ist eine sehr schöne Einleitung für unser Abschiedsessens.

Wir bestellen eine gemischte Platte, die uns ermöglicht, von jedem Gericht auf der Karte eine Kostprobe zu nehmen. Während wir auf das Essen warten, haben wir Zeit, die anderen Gäste im Lokal zu betrachten. Es sind nicht viele. An einem Nebentisch sitzen zwei Schwarze, ihre Gesichtsform lässt uns vermuten, dass es sich um Äthiopier handelt, was wohl für die Authentizität der Küche sprechen würde, und gegenüber sind drei englischsprachige Weiße in eine heftige Diskussion vertieft. Eine der beiden Frauen am Tisch zieht mit heftigen nervösen Gesichtszuckungen unsre Aufmerksamkeit besonders auf sich. Irgendwie scheint sie nicht in die ruhige Atmosphäre diese Raumes zu passen.

Schließlich wird uns ein flacher verschossener Korb, von sicher einem halben Meter Durchmesser gebracht. Nachdem der Kellner ihn vor uns abgestellt hat, öffnet er mit einer leichten Verbeugung den Deckel und präsentiert uns das ungewöhnliche Mahl. Auf einem Fladen von etwa der Konsistenz eines Schwamms, Njeri genannt, der den gesamten Boden des Gefäßes ausfüllt, sind unterschiedliche Fleischsaucen und Gemüsesorten verteilt. Dazu wird ein zweiter Korb mit den sonderbaren Fladen gereicht, die wie Handtücher zusammengefaltet sind.

Gegessen wird mit den Fingern. In dem stimmungsvollen, fremdländischen Ambiente genießen wir die ausgesprochen schmackhaften Kostproben äthiopischer Küche, die mit uns unbekannten Gewürzen zubereitet sind. Unser letztes Mahl in Afrika wird zu einem exotischen Genuss für alle Sinne. Würdig ein Abschiedsessen zu sein.

Soweit wie möglich ziehen wir diesen letzten Abend in die Länge, aber irgendwann überkommt uns die Müdigkeit, und wir müssen zurück in unser schäbiges Hotel, wo wir auf durchgelegenen Matratzen ohne Moskitonetz unsere letzte Nacht in Kenia verbringen werden.

Es wird eine unruhige Nacht. Um halb eins werde ich zum ersten Mal wach. Mein sonst so friedlicher, eher mit dem Temperament eines Lamms ausgestatteter Ehemann, steht mit gespreizten Beinen auf dem Bett, schlägt wild um sich und spuckt vulgär-österreichische Flüche. Er ist auf Moskitojagd. Ängstlich versuche ich mich vor seinen Füßen in Sicherheit zu bringen, während er, mit seinen Sandalen bewaffnet, wutschäumend auf der Matratze herumspringt, um in wilder Mordlust die Plagegeister zu erschlagen. Sein Zustand lässt erahnen, dass er in dieser Nacht schon ein paarmal ihr Opfer geworden ist. Erst als die gesamte Wand mit Blutflecken übersät ist - seinem Blut, wie er anklagend bemerkt -, beruhigt er sich langsam. Nachdem er sich vergewissert hat, dass keine Fliege sein Gemetzel überlebt hat, legt er sich befriedigt grunzend wieder schlafen, allerdings fangen fast augenblicklich die Matatus an zu hupen.

Im Halbschlaf träume ich, wir wären noch gar nicht in Nairobi, sondern auf irgendeiner Sandpiste, weit entfernt vom Flughafen. Während wir noch bangen, ob wir es rechtzeitig bis zum Abflug schaffen werden, stoppen vermummte Gestalten unser Auto, um uns auszurauben. Ich finde es unglaublich dumm von den Dieben, Touristen am Ende ihres Urlaubs zu überfallen, wenn alles Geld schon ausgegeben ist...

25. Februar 2002

...dann ist es endlich sieben Uhr, Zeit zum Aufstehen.

Nach einem kärglichen Frühstück im Hinterhof, auf der wenig anheimelnden Terrasse des Hotels, bringt uns ein hauseigener Wagen zum Flughafen.

Die Sonne scheint strahlend. Es ist ein schöner Tag. Ein letztes Mal werfe ich einen Blick auf die freundlichen Menschen, die zu Fuß auf Nairobis Straßen ein lebendiges buntes Treiben veranstalten, dann verlassen wir die Innenstadt. Es geht vorbei an den Grenzen des Nairobi-Nationalparks, hinaus in die dünner besiedelten Gebiete am Stadtrand. Noch einmal kann ich einen Blick auf weites, flaches Land werfen und mich von den Schirmakazien verabschieden, bei deren Anblick mir zum Heulen zumute ist. Ich will nicht weg.

Dann ist es soweit, wir sind am Flughafen, unser Gepäck ist eingecheckt, wir werden zum Einsteigen aufgerufen. Ich betrachte die Gesichter der anderen Reisenden und wundere mich darüber, dass ihnen der Abschied so leicht zu fallen scheint. Niemand sonst scheint die Qual zu spüren, die mir das Herz zusammenpresst. Nur Horst ist da und teilt meine Trauer.

Als das Flugzeug startet, kann ich ein Schluchzen nicht mehr zurückhalten. Horst legt tröstend den Arm um mich, während wir schweigend aus dem Fenster schauen. Die Tränen laufen mir übers Gesicht, als wir über die grünen Hügel der Abadares fliegen. Ich mache mir nicht die Mühe, sie wegzuwischen. Ich suche die Orte an denen wir gewesen sind, sehe die weiten, grünen Ebenen und die trockne, endlose Wüste und habe das Gefühl, einen Teil von mir dort gelassen zu haben. Ich habe schon jetzt Heimweh nach Afrika.

Beryl Markham behauptet, wer zurückschaue käme nicht wieder.

Nun ich habe zurückgeschaut, aber ich werde trotzdem wiederkommen, ganz sicher, und irgendwann für immer.